Kirsten Klahold

Oberschwaben

Wandern für die Seele

20 Wohlfühlwege

Alle Touren auf einen Blick

AUSZEITEN

WEITBLICKE

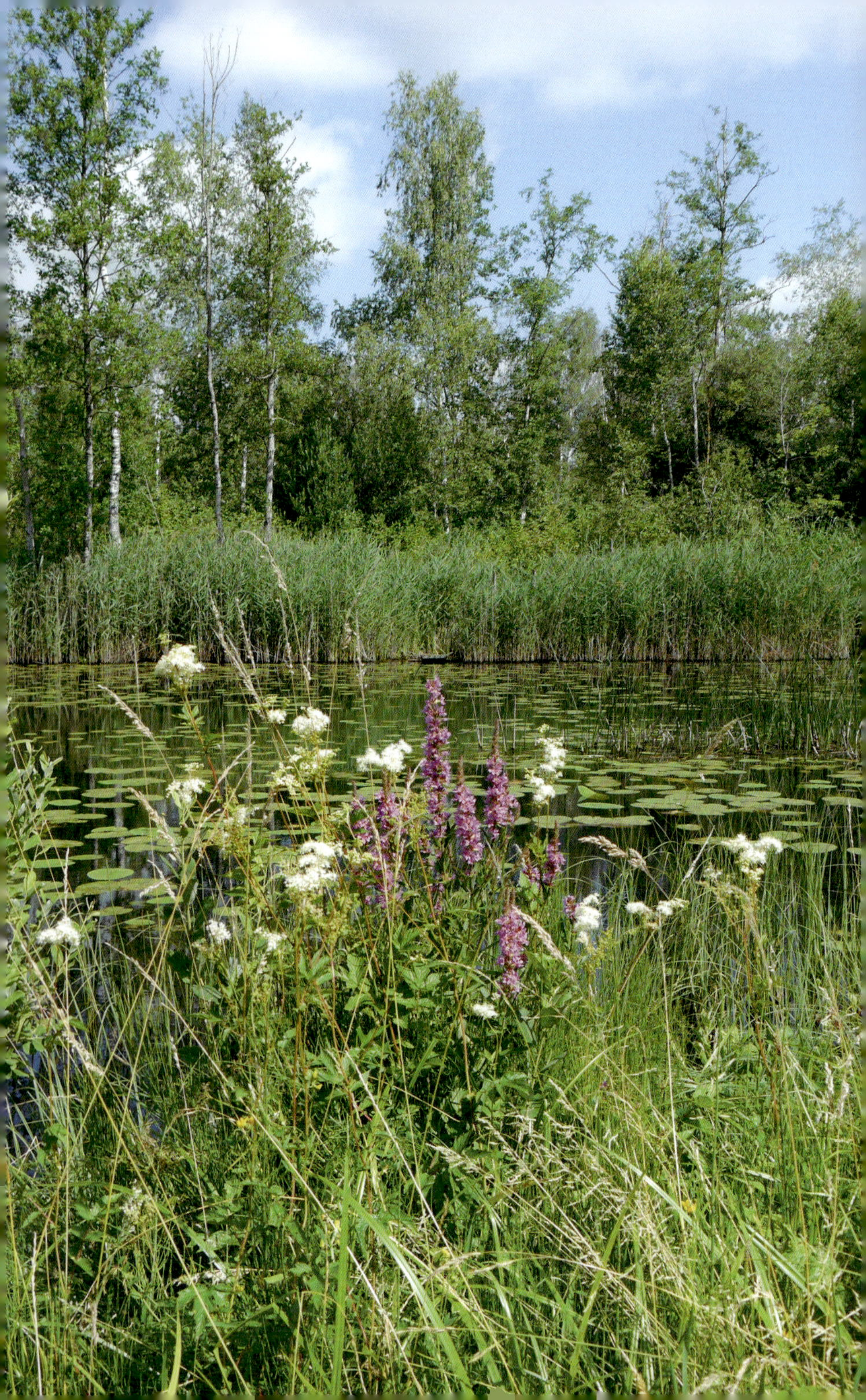

Liebe Wanderfreunde und -freundinnen,

warum in die Ferne schweifen, wenn das Gute liegt so nah! Oberschwaben ist schön. Pittoreske Städte, prachtvolle Klöster und malerische Schlösser sind eingebettet in eine sanfthügelige Landschaft mit Mooren, Seen und Wäldern, die sich wunderbar zum **Genusswandern** eignet. Und auch wenn wir manch steileren Anstieg zu bewältigen haben, gehen wir die Wanderungen in diesem Buch gemütlich an. Die Gipfel der Alpen begleiten uns häufig aus der Ferne als großartiges Panorama.

Der **Auszeit-Wert einer Wanderung** ist hoch. Sei es alleine oder mit anderen, wir steigen kurz aus dem Hamsterrad aus und zehren lang davon. Noch schöner, wenn wir diesen Ausstieg flexibel gestalten können. Sie haben mit diesem Buch die Möglichkeit, zwischen Touren mit ganz unterschiedlichem Charakter zu wählen. Wir durchwandern so **abwechslungsreiche Gegenden,** dass wir auch mit kurzen Wegstrecken gut einen ganzen Tag füllen können, da links und rechts am Wegesrand **lohnende Auszeit- und Einkehrmöglichkeiten** locken. Aber auch einmal abzukürzen ist möglich. Wir rennen nicht durch die Welt, sondern schalten einen Gang zurück und genießen sie!

NATUR

KULTUR

GENUSS

TOUR

GPS-Tracks zum Download

Die in diesem Buch gesammelten Ziele haben mir viele Glücksmomente geschenkt. Diese und viele wunderbare Auszeittage wünsche ich auch Ihnen!

Ihre Kirsten Klahold

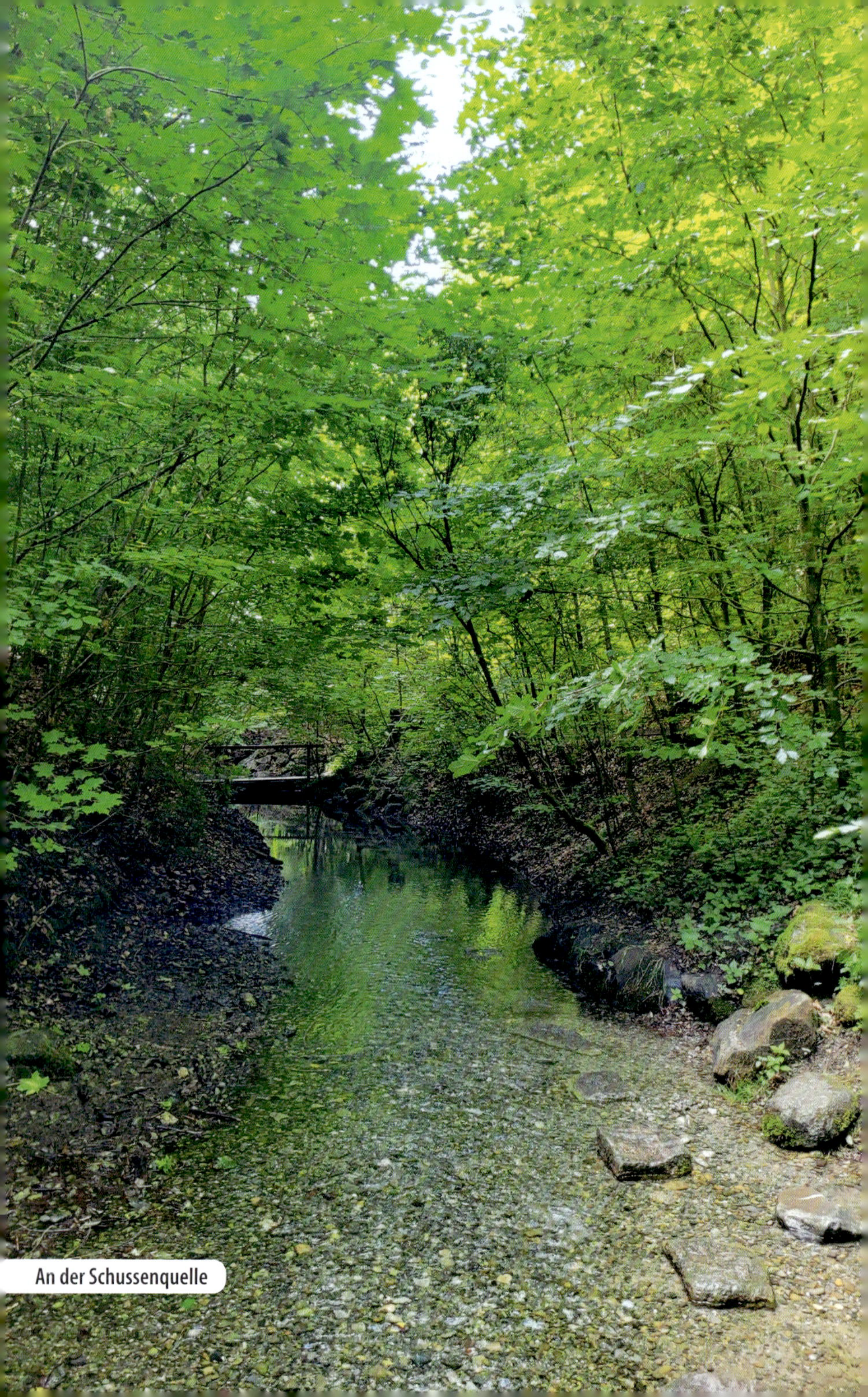

An der Schussenquelle

Quelle und Kirche

Rund um die Wiege der Schussen

Unsere Tour führt durch Wald und Flur und endet an der Wiege der Schussen, die Oberschwaben auf beinahe 60 Kilometern durchfließt.

Zunächst folgen wir dem Waldweg am Ende unseres Parkplatzes. Wo dieser sich nach wenigen Metern teilt, orientieren wir uns am **blauen Balken** und gehen rechts in Richtung **Lassaux-Bank.** Wir wandern durch schönen Mischwald, der sich im Herbst ein buntes Blätterkleid anlegt und im Sommer willkommenen Schatten spendet. Im Verlauf unserer Tour werden wir am Wegesrand immer wieder auf Hinweistafeln des ❶ **Geopfads** treffen. So auch hier: Ein Gneis aus dem immerhin 130 Kilometer entfernten Montafon liegt vor uns.

An einer Weggabelung halten wir uns rechts und erreichen bald einen ❷ **Aussichtspunkt** am Waldrand. Die **Lassaux-Bank** und eine **Panoramatafel** stehen hier, und obwohl wir erst etwa 600 Meter gewandert sind, lassen wir uns gerne nieder und genießen die Aussicht. Besonders an klaren Tagen ist sie grandios und reicht von Bad Schussenried über Oberschwaben und das hügelige Alpenvorland bis hin zu den Alpen. Nachdem wir uns sattgesehen haben, gehen wir auf dem mit blauem Balken gekennzeichneten **Wilhelm-Schussen-Weg** über die vor uns liegende Wiese.

An der nächsten T-Kreuzung folgen wir unserem blauen Balken links in Richtung **Hans-Zuckle-Bank** und **Steinhausen.** Bald gabelt sich der Weg noch einmal, wir halten uns rechts und spazieren durch Wiesen und Felder auf

*Um Bad Schussenried gibt es eine große Vielfalt an Geländeformen, die beim Rückzug und Abschmelzen des würmeiszeitlichen Gletschers entstanden. Der **Geopfad** befasst sich damit und vermittelt auf neun Infotafeln Wissen rund um das Thema.*

Kilometer: 11,6
Höhenmeter: 140
Stunden: 3,5
RUNDWEG

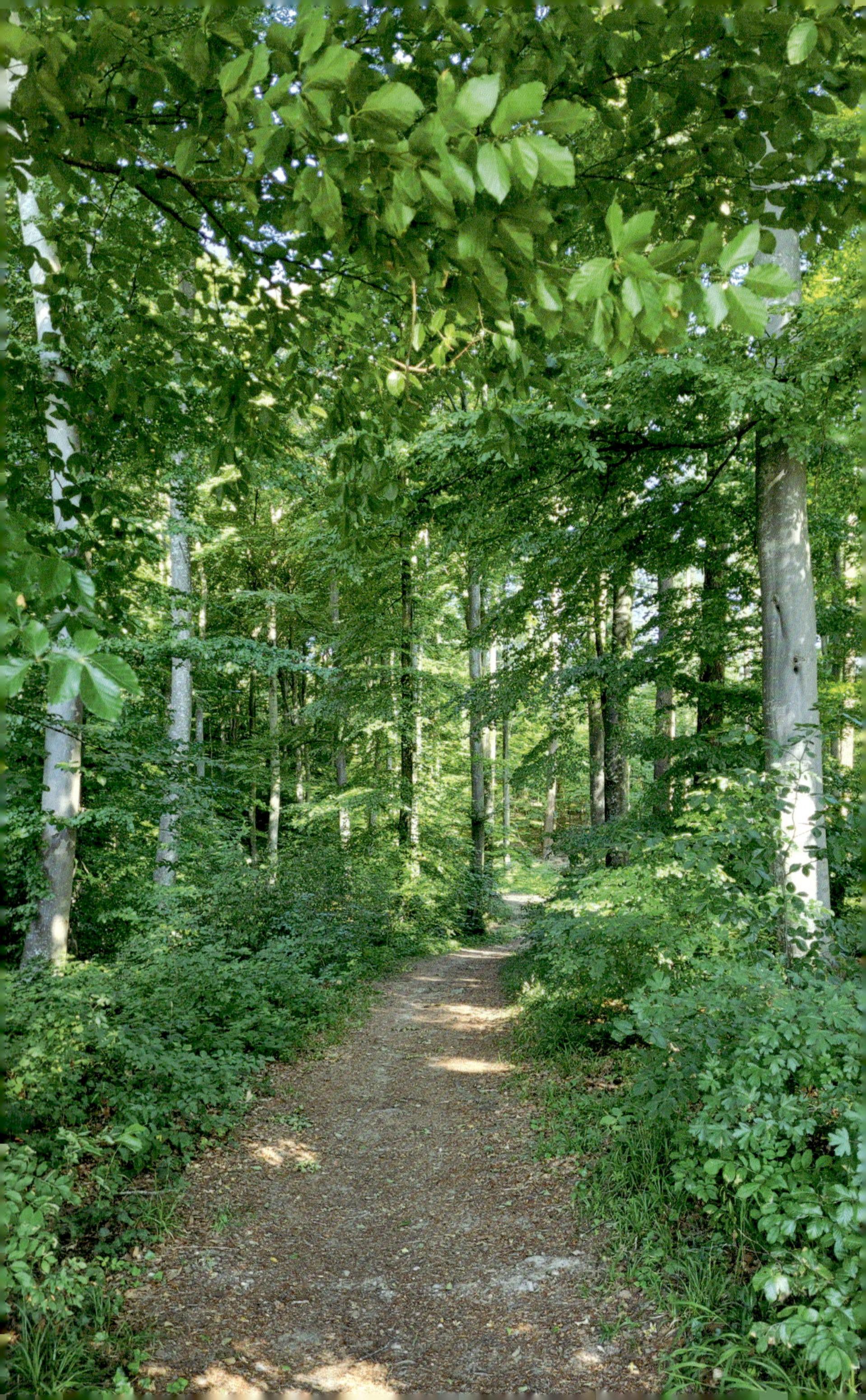

den Waldrand zu. Dort angekommen, erwartet uns ein weiterer großer Stein nebst geologischen Informationen. Es bietet sich ein schöner Blick auf den Bussen, den „heiligen Berg Oberschwabens" (siehe Tour 13), und das Gebiet des Federsees (siehe Tour 3). Wir schlendern nach rechts unter Buchen am Waldrand entlang bis zur **Hans-Zuckle-Bank,** von der aus wir ein wunderbares Alpenpanorama haben. Nach einer kleinen Pause gehen wir links in den Wald hinein und folgen dem Weg etwa 400 Meter. Manchmal ist er etwas zugewachsen, doch wir behalten einfach unser Wanderzeichen im Blick, das ihn regelmäßig kennzeichnet.

Für die Seele

Der Schussenursprung und die schönste Dorfkirche der Welt lassen uns staunen.

Der Schriftsteller ***Wilhelm Schussen****, eigentlich Wilhelm Frick, lebte von 1874 bis 1956 und galt als bedeutender Humorist seiner Zeit. In der Nähe der Schussen geboren, wählte er sein Pseudonym nach dem Fluss, dessen Ursprung wir am Ende der Tour besuchen.*

Am Waldrand angekommen, bringt uns rechts ein Wiesenweg in Richtung einer kleinen Landstraße. Am Straßenrand wandern wir links weiter, überqueren das Sträßchen und treffen nach rund 300 Metern auf ein Wegkreuz. Wir stehen nun auf der **3 europäischen Wasserscheide.** Links von uns fließen alle Bäche und Flüsse zur Donau, rechts zum Rhein.

Angemessen beeindruckt bummeln wir auf einem Wiesenweg in Richtung eines Waldstücks, wenden uns rechts und gehen zunächst am Waldrand entlang, dann durch den Wald hindurch. Wo wir diesen nach etwa 600 Metern verlassen, halten wir uns links und wandern zwischen Waldrand, Feldern und Wiesen entlang. Bei einer Kreuzung entdecken wir an einem Baum das Muschelzeichen für den Jakobsweg, außerdem stoßen wir auf den **roten Balken** des Hauptwanderwegs 5 (HW 5) des Schwäbischen Albvereins, an dem wir uns auf den nächsten Kilometern orientieren. Hier gehen wir nach links und auf einem Wiesenweg etwa 400 Meter am Rand des Waldes entlang.

Wir kommen am **4 Franzosengrab** vorbei, Mahnmal und Erinnerung an die Gefallenen eines Gefechts im Jahre 1796. Hinter einem Hügel schaut die Spitze der „schönsten Dorfkirche der Welt", nämlich der Barock-

Der Schwäbische Albverein ist ein großer Wanderverband, dessen Ortsgruppen die Wege in ihrem jeweiligen Gebiet warten. Außerdem betreut der Verein zehn ***Hauptwanderwege,*** *die mit einem roten Balken gekennzeichnet sind und denen wir oft begegnen.*

kirche von Steinhausen, hervor und wächst mit jedem Schritt weiter in die Höhe. An einer T-Kreuzung gehen wir nach rechts und gelangen nach etwa 250 Metern zunächst an ein asphaltiertes Sträßchen, dem wir nach links folgen, und dann an eine Landstraße, die wir überqueren. Auf der anderen Straßenseite angekommen, halten wir auf die imposante Barockkirche zu.

Auf unserem Weg durch das Dorf **Steinhausen** bewundern wir liebevoll hergerichtete Häuser und Gärten. Bald spazieren wir am **5 Landgasthof zur Linde** vorbei, der zur Einkehr bei schwäbischer Küche einlädt. Das hübsche Gebäude wurde einst vom Prämonstratenserkloster in Bad Schussenried erbaut und gilt als eines der ältesten Wirtshäuser Oberschwabens. Die **Bushaltestelle Steinhausen Linde** findet sich wenige Meter weiter in der Ingoldinger Straße.

Gleich darauf erreichen wir endlich die **6 Wallfahrtskirche Sankt Peter und Paul.** Ihre schiere Größe ist beeindruckend – und natürlich lassen wir es uns nicht nehmen, einen Blick in den opulent ausgestatteten Innenraum zu werfen. Unser besonderes Augenmerk richten wir auf die Rahmen der Fenster, in denen die Erbauer allerlei Tiere aus Stuck versteckt haben. Unter anderem sind Eichhörnchen, Fliege und Hirschkäfer zu entdecken. Diese wurden während langer Wintermonate von Dominikus Zimmermann, dem Erbauer der Kirche, und seiner Familie in Handarbeit hergestellt.

Um viele barocke Eindrücke reicher gehen wir auf der **Dorfstraße** weiter und biegen bei nächster Gelegenheit in die **Bergstraße** ein. Deren Verlauf folgen wir an der nächsten Kreuzung nach rechts und dann immer weiter bis zu einem Wald. An diesem gehen wir zunächst rechts entlang, dann mitten hinein. Eichen und Buchen säumen den Weg und bedecken den Boden mit buntem Laub, durch das wir genussvoll rascheln. Unterwegs verabschieden wir uns vom roten Balken und bleiben vorerst ohne Wanderzeichen. Am Waldrand erreichen wir eine T-Kreuzung und folgen etwa

800 Meter einem kleinen Sträßchen nach links. Dann gehen wir rechts in Richtung des Weilers **Schienenhof.** Hier stoßen wir auf ein weiteres Restaurant mit Namen **7 Zur Linde,** wo wir zur Vesper oder auf ein Getränk einkehren können.

Gestärkt schlendern wir auf der Ortsstraße weiter und folgen, wenn sich die Straße nach wenigen Hundert Metern teilt, einem Kiesweg nach links, an einem Picknickplatz vorbei. Bei nächster Gelegenheit wenden wir uns noch einmal nach links und bewegen uns damit wieder einmal zwischen einem Waldrand und einer Wiese. Bald bietet sich rechts ein bezaubernder Blick über eine Riedlandschaft.

Sankt Peter und Paul

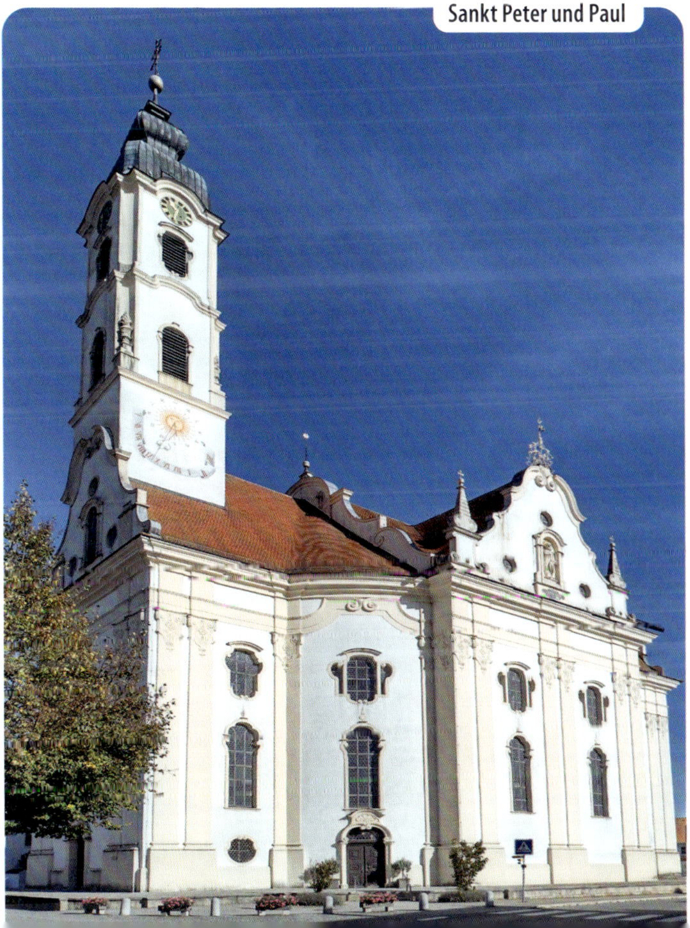

*Den **Schussenursprung** kann man nicht einer einzigen Quelle zuordnen. Vielmehr entsteht die Schussen durch den Zusammenfluss vieler kleiner Quellen, unterirdisch gespeist vom Wasser des Federsees bei Bad Buchau.*

Unser Weg führt nun in einen Nadelwald hinein, dessen Boden mit leuchtend grünen Farnen und Moosen bedeckt ist. Nach etwa 800 Metern wenden wir uns an einer T-Kreuzung nach rechts und wandern an einem Graben entlang. Im Herbst bedecken gelbe Blätter das dunkle Wasser, Himmel und Bäume spiegeln sich darin. Wir halten inne, um dieses bezaubernde Bild eingehend zu betrachten. Zum Glück entdecken wir an der nächsten Weggabelung eine Bank und gönnen uns etwas Kontemplation – und eine Verschnaufpause.

Hier sehen wir auch wieder Wanderzeichen, auf denen bereits unser Ziel angeschrieben ist: der **Schussenursprung.** Wir folgen der gelben Raute durch einen Bannwald, also einen Wald, der nicht mehr bewirtschaftet wird. Entsprechend wild und wunderschön ist es hier.

Danach gehen wir über freies Feld, überqueren die nächste Wegkreuzung geradeaus und kommen durch den Weiler **Aichbühl.** Kurz bevor wir die Landstraße L 283 erreichen, biegen wir rechts auf einen Wanderparkplatz ab und gehen an seinem Ende einen Pfad entlang, bis dieser in einige Stufen mündet. Wir folgen ihnen bergab. Am Wegesrand liegt ein großer **8 Granitfindling** aus dem Alpenvorland, ein weiterer Gletscherwanderer der letzten Eiszeit. Unten angekommen, halten wir uns links und gehen an den Schienen der ausgedienten Federseebahn entlang. Durch einen kleinen Tunnel kommen wir an eine mit vielen Wanderzeichen bestückte Kreuzung und wenden uns nach rechts in Richtung **9 Schussenquelle.** Auf Bänken am Weg können wir uns gemütlich niederlas-

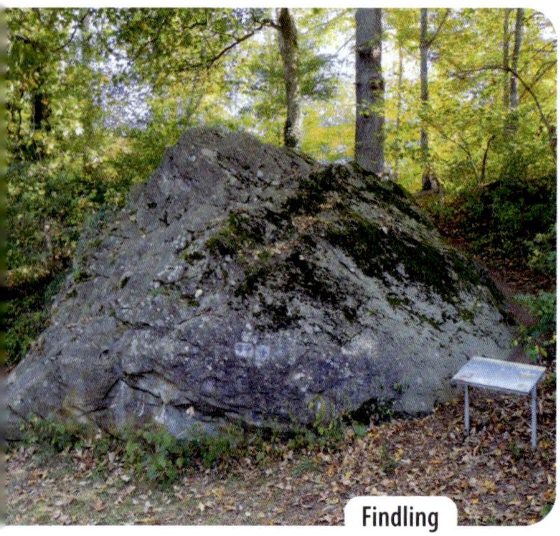

Findling

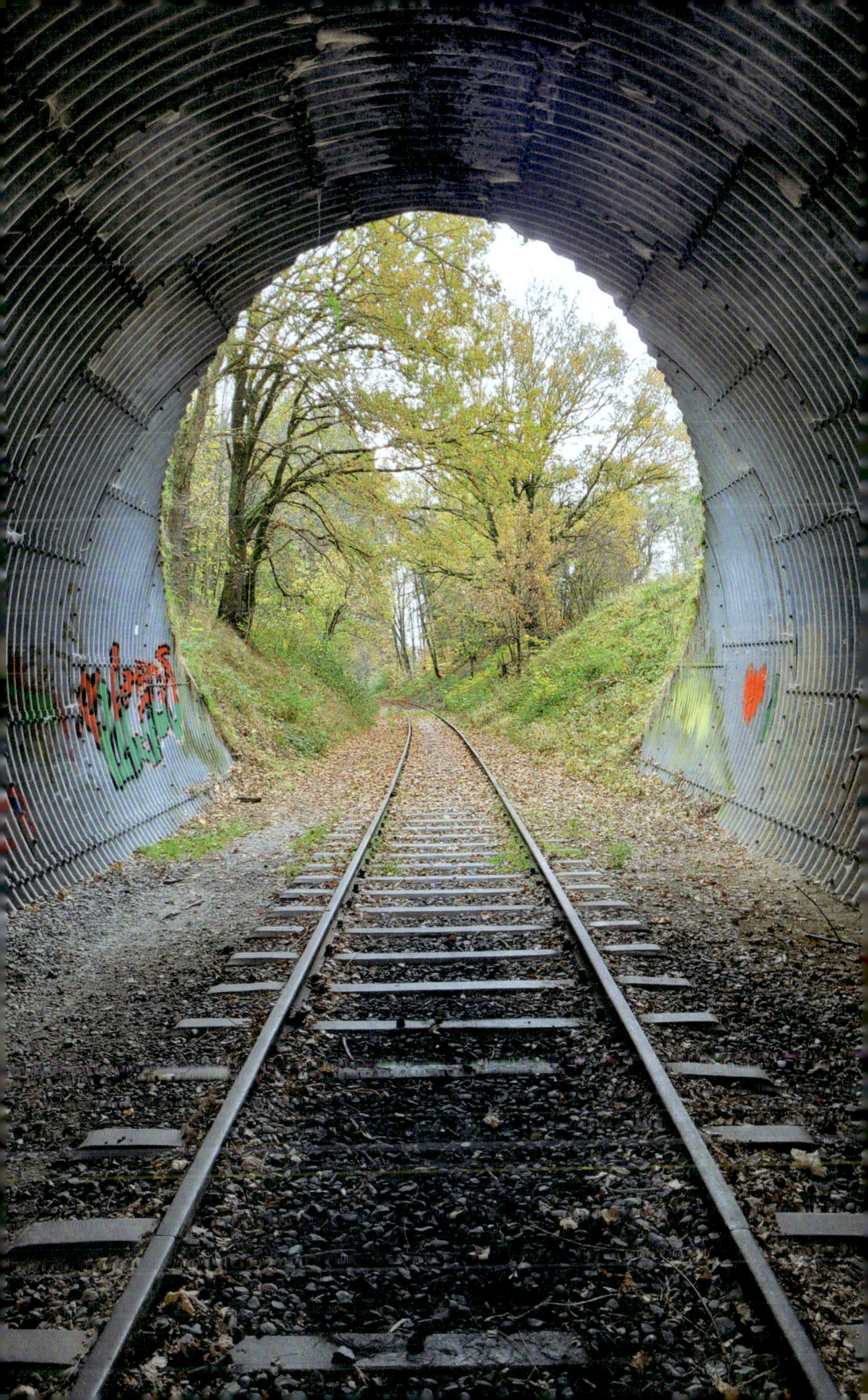

sen. Die Quelle verführt uns, die Schuhe von den Füßen zu streifen und diese im seichten Wasser zu kühlen. Schön ist das. Ein perfekter Auszeitort, ein Ort zum Durchatmen und Entspannen.

Von der Quelle aus gehen wir auf einem schmalen Pfad weiter in Richtung einer Holzbrücke, queren diese und erreichen an einem Picknick- und Grillplatz vorbei wieder die Schienen. Hier wenden wir uns nach links und gehen zurück zur Kreuzung mit den vielen Hinweisschildern, folgen den Wegweisern nach rechts in Richtung **Steinhausen** und kommen bald an unseren Wanderparkplatz.

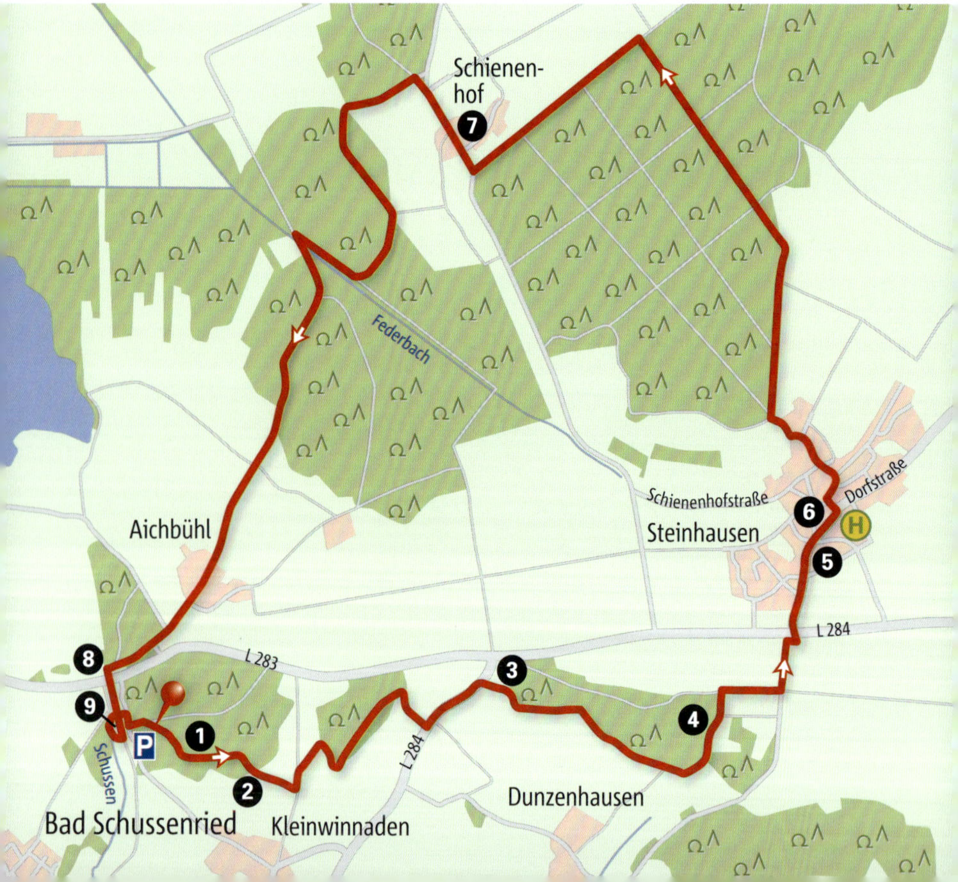

ALLES AUF EINEN BLICK

Entspannung
Abenteuer
Vielfalt

WIE & WANN

Gut befestigte Forst- und Wanderwege, kaum befahrene Asphaltstraßen und schmale Waldwege; zu jeder Jahreszeit gut machbar

HIN & WEG

Auto: Wanderparkplatz Schussenquelle, 88427 Bad Schussenried (an der L 283 von Steinhausen nach Bad Schussenried links in Richtung Kleinwinnaden abbiegen, dann nach ca. 200 m links)
ÖPNV: Bus 270 von Biberach oder Bad Saulgau, Haltestelle Steinhausen Linde, dort Einstieg in die Tour

ESSEN & ENTSPANNEN

5 **Landgasthof zur Linde,** Ingoldinger Straße 2, 88427 Bad Schussenried-Steinhausen, Tel. (0 75 83) 23 81, www.zur-linde-steinhausen.de (Reservierung empfohlen)
7 **Schienenhof – Zur Linde,** Schienenhof 4, 88427 Bad Schussenried, Tel. (0 75 83) 22 80, schienenhof-zur-linde-fam-august-hepp.slue.io/

ENTDECKEN & ERLEBEN

1 **Geopfad des Schwäbischen Albvereins**
2 **Aussichtspunkt mit Lassaux-Bank und Panoramatafel**
3 **Europäische Wasserscheide**
4 **Franzosengrab**
6 **Wallfahrtskirche Sankt Peter und Paul,** Dorfstraße, 88427 Bad Schussenried-Steinhausen
8 **Granitfindling**
9 **Schussenquelle**

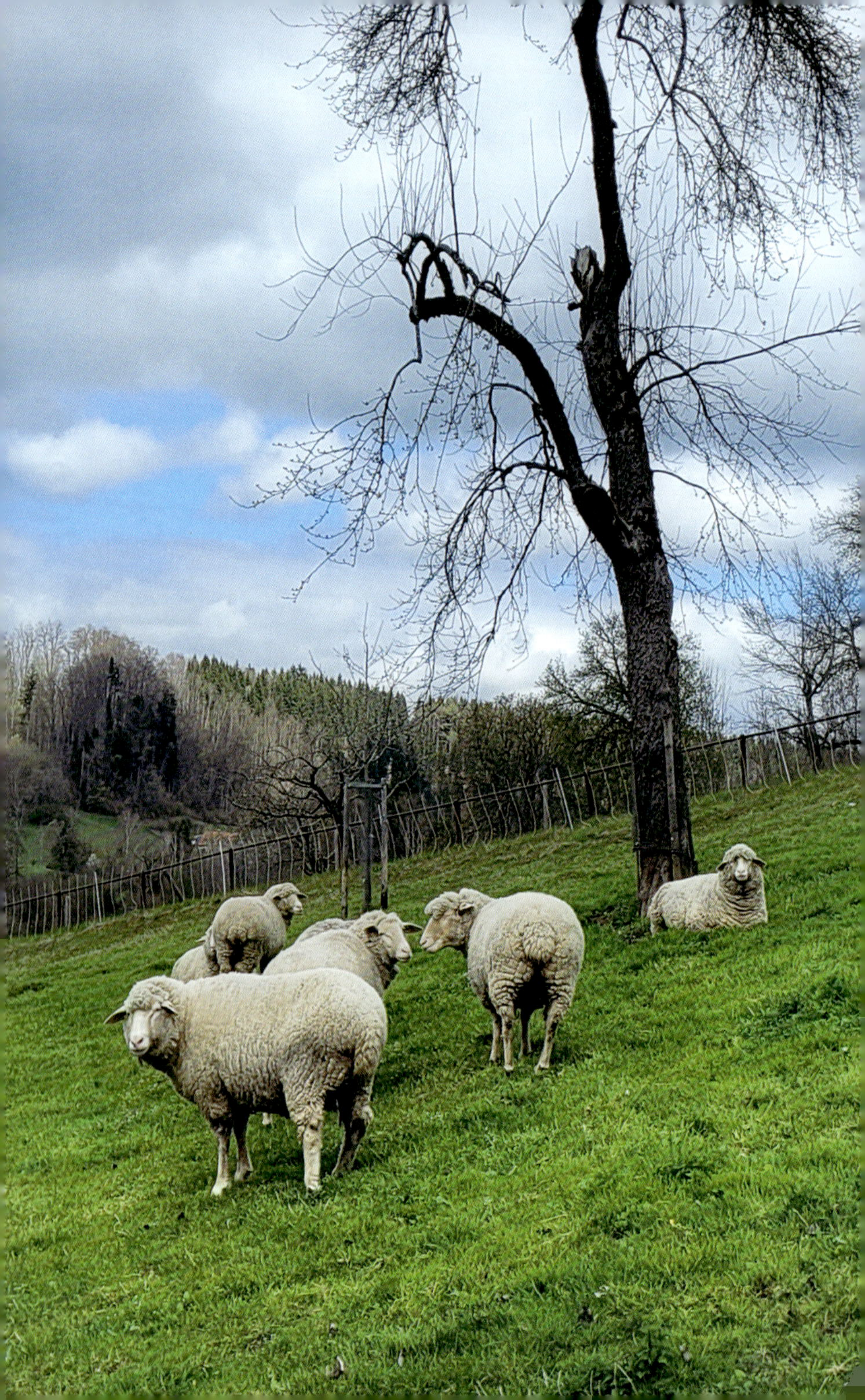

Ländliches Idyll

Abwechslungsreiche Tour um Wolfegg

Obwohl schon im württembergischen Allgäu gelegen, gebührt Wolfegg mit seinem Schloss, seinem Bauernhausmuseum und seiner Aussicht unbedingt ein Platz in diesem Buch. Die Wanderung ist zwar recht kurz – doch lässt sich in diesem entspannten Ort viel Zeit verbringen. Besonders schön ist die Tour im Frühjahr, wenn die Wiesen mit Löwenzahn übersät sind.

Unsere Runde beginnt auf dem Parkplatz in der **Alttanner Straße.** Diese überqueren wir und gehen nach rechts an der Mauer des Schlossparks entlang, bis links ein Weg mit der Beschriftung **„Grillplatz Höllbachtal“** abzweigt. Wir folgen ihm langsam, aber stetig bergab. Nach etwa 430 Metern überqueren wir den **Höllbach** auf einer kleinen Brücke und gehen halb links den Hang hinauf, bis wir zu einem Wirtschaftsweg kommen (an dieser Stelle ist ein möglicher Einstiegspunkt für Wanderer, die per Bahn anreisen).

Hier wenden wir uns nach links, wandern etwa 220 Meter durch den Wald und folgen an der nächsten Weggabelung dem linken Weg in Richtung **Wildgehege/Wassers.** Eine Bank unter einer großen Linde verführt uns zu einer ersten Rast. Bald darauf passieren wir das **1 Wildgehege** unterhalb von Schloss Wolfegg. Mit etwas Glück erspähen wir das – teilweise weiße – Damwild. Am Ende des Geheges biegen wir rechts in den Wald hinein ab und folgen den Wegweisern in Richtung **Wassers** und **Wolfegg.** An einer T-Kreuzung gehen wir rechts und am Ufer des Höllbachs entlang, der zu unserer Linken plätschert. An der nächsten Kreuzung

Kilometer: 7,3
Höhenmeter: 160
Stunden: 2,5
RUNDWEG

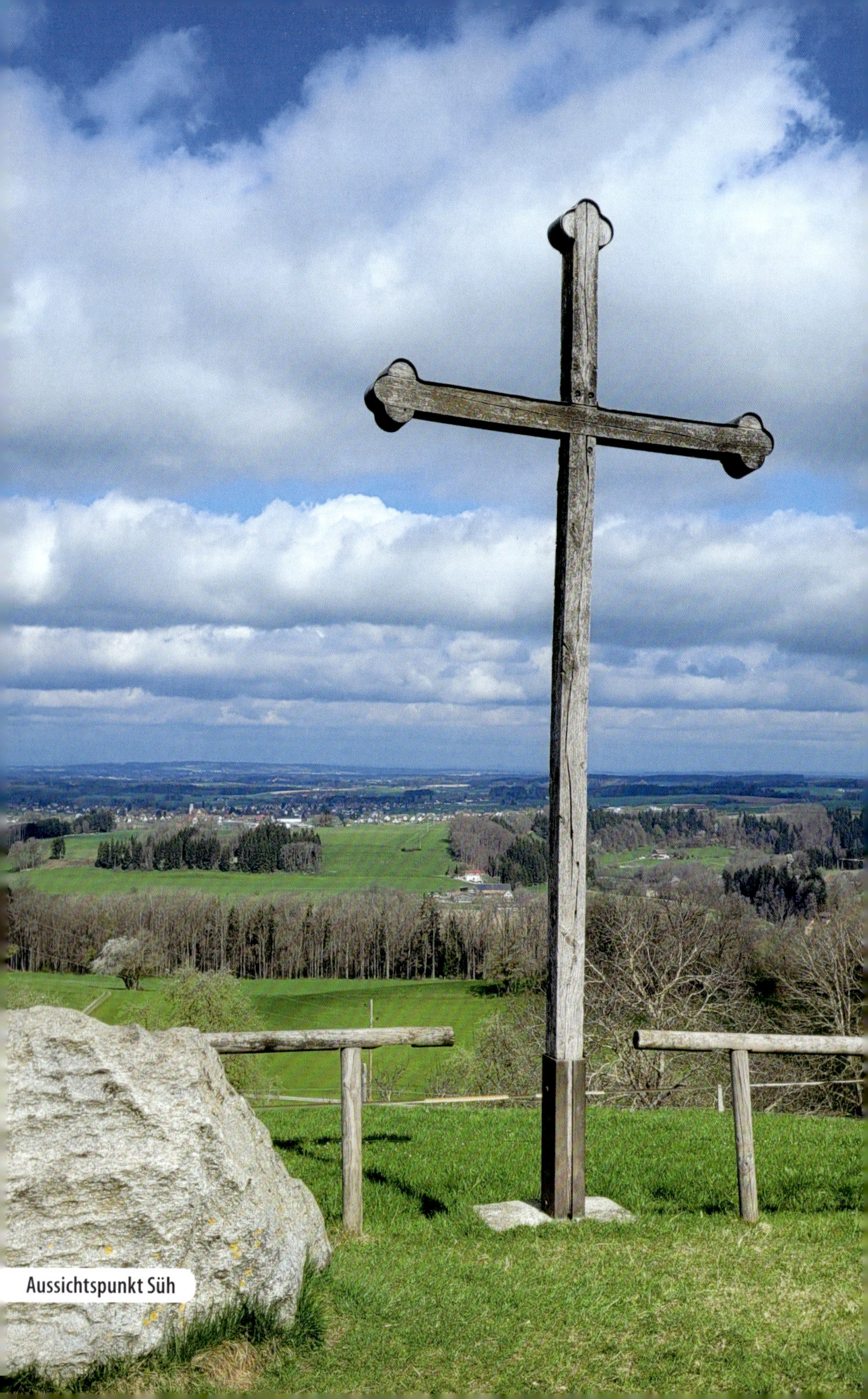

Aussichtspunkt Süh

wenden wir uns nach links, passieren einige Fischteiche und kommen bald darauf an eine wenig befahrene Straße, der wir etwa 400 Meter nach links folgen. Dabei haben wir Glück: Für uns Wanderer verläuft daneben ein schmaler Pfad. In **Wassers** angekommen, überqueren wir an einem schönen Haus mit blauem Fachwerk die Straße. Hier begegnen wir dem **roten Balken** des HW 4, der uns auf dem nächsten Kilometer begleitet. Zunächst auf Asphalt, dann über einen schönen Wiesenweg erklimmen wir einen Hang.

Für die Seele

Gelbe Löwenzahnwiesen und weite Ausblicke bringen uns in Balance.

Bald durchqueren wir ein Wäldchen mit einem Viehgatter und wandern dann über eine große Wiese, auf der sich unser Weg als ausgetretene Spur im Gras erahnen lässt. Querwiesein steuern wir auf ein Gebäude, den **Schafhof,** zu. Dort angelangt, folgen wir links für etwa 100 Meter einem Sträßchen. An der nächsten T-Kreuzung wenden wir uns nach rechts, richten uns nach dem Wegweiser in Richtung **Aussichtspunkt Süh** und überqueren auf einem idyllischen Weg eine weite Wiese. Bald können wir auf einer Aussichtsbank mit einer wunderbaren Aussicht auf die hügelige Landschaft und Schloss Wolfegg ein wenig rasten und Kraft sammeln, denn nun wird der Weg steil. Wenige Meter hinter der Bank folgen wir einem Waldweg nach links den Berg hinauf, passieren, etwas außer Atem, ein großes Wegkreuz und überqueren eine Asphaltstraße. Hier verlassen wir den HW 4 und gehen weiter in Richtung **❷ Aussichtspunkt Süh.**

Dort angekommen, genießen wir, besonders bei klarem Wetter, einen grandiosen Ausblick auf Oberschwaben. Auf einer Bank erholen wir uns vom Aufstieg und tanken Sonne und Weite. Die Wiesen sind Ende April über und über bedeckt mit Löwenzahn und leuchten in strahlendem Gelb. Natürlich interessiert uns, was wir hier sehen – und sind dankbar für die Panoramatafeln.

Erholt gehen wir auf dem Wiesenweg weiter in Richtung Waldrand und folgen dann einem schattigen Waldweg 900 Meter bis zu einer T-Kreuzung. Dort orientieren wir uns an den Wegweisern in Richtung **Wassers, Bauernhausmuseum** und **Wolfegg** und dem **blauen Punkt** und wandern nach links. Bald kommen wir zum Waldrand, wo sich der Blick auf Wolfegg, das hügelige Voralpenland und die Alpen öffnet. Nach und nach geht der Weg in ein geteertes Sträßchen über, auf dem wir abwärts wandern. Nach etwa 220 Metern stehen ein Bildstock und eine Bank unter drei Birken. Hier folgen wir den bekannten Wegweisern nach links. Kurz bevor wir die Landstraße erreichen, wechseln wir links auf einen Fußweg und betreten an seinem Ende **Wassers** auf der **Altdorfstraße.** Wir durchwandern den hübschen Ort mit seinen schön angelegten Vorgärten, wenden uns am Ende der Altdorfstraße links, gehen etwa 100 Meter die **Weingartener Straße** entlang, biegen dann links in die **Mühlenstraße** und gleich darauf rechts in die **Fischerstraße** ein. Dieser folgen wir, bis wir zum Eingang des **3 Bauernhausmuseums** gelangen. Hier befindet sich die **4 Museumsgaststätte Fischerhaus,** die räumlich zwar zum Museum

Auf dem Gelände des ***Bauernhausmuseums*** *finden sich derzeit 29 Wohn- und Wirtschaftsgebäude, die zeigen, wie die Landbevölkerung einst lebte. Auf 12 Hektar sind die Gebäude in eine Kulturlandschaft eingebettet, in der auch viele Tiere aus der Landwirtschaft leben.*

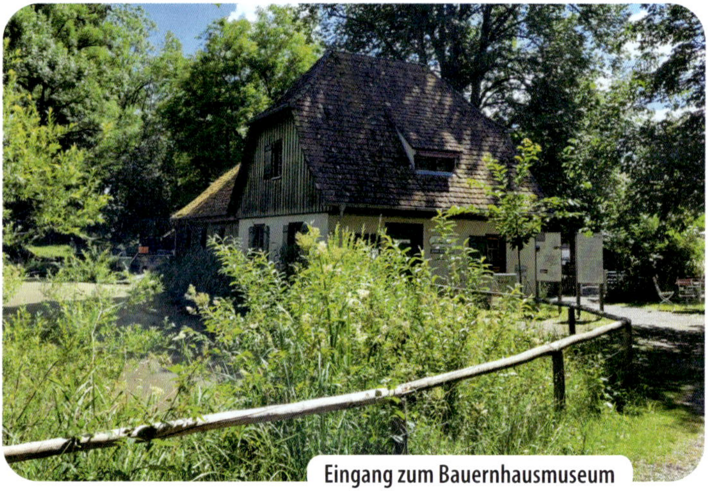

Eingang zum Bauernhausmuseum

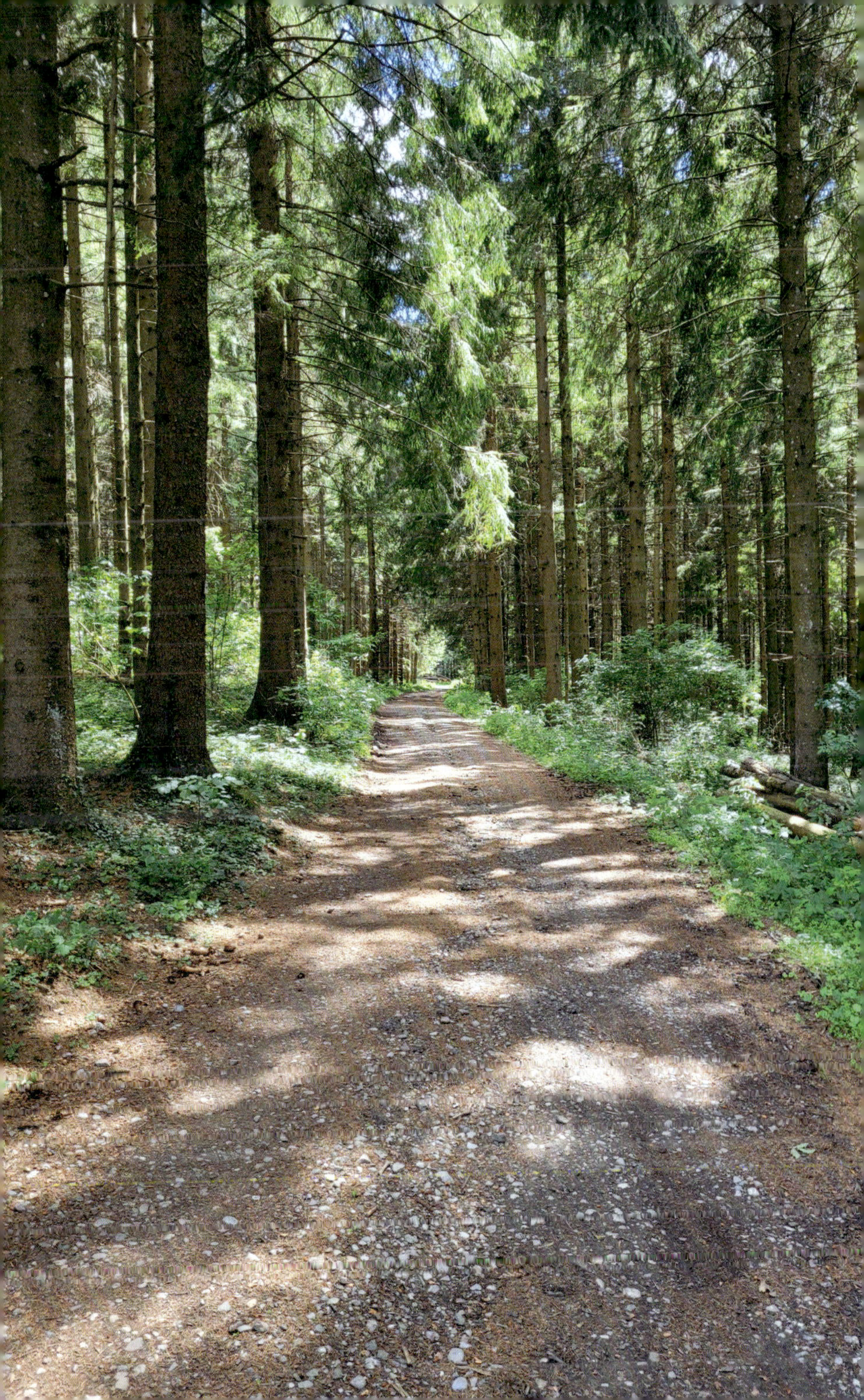

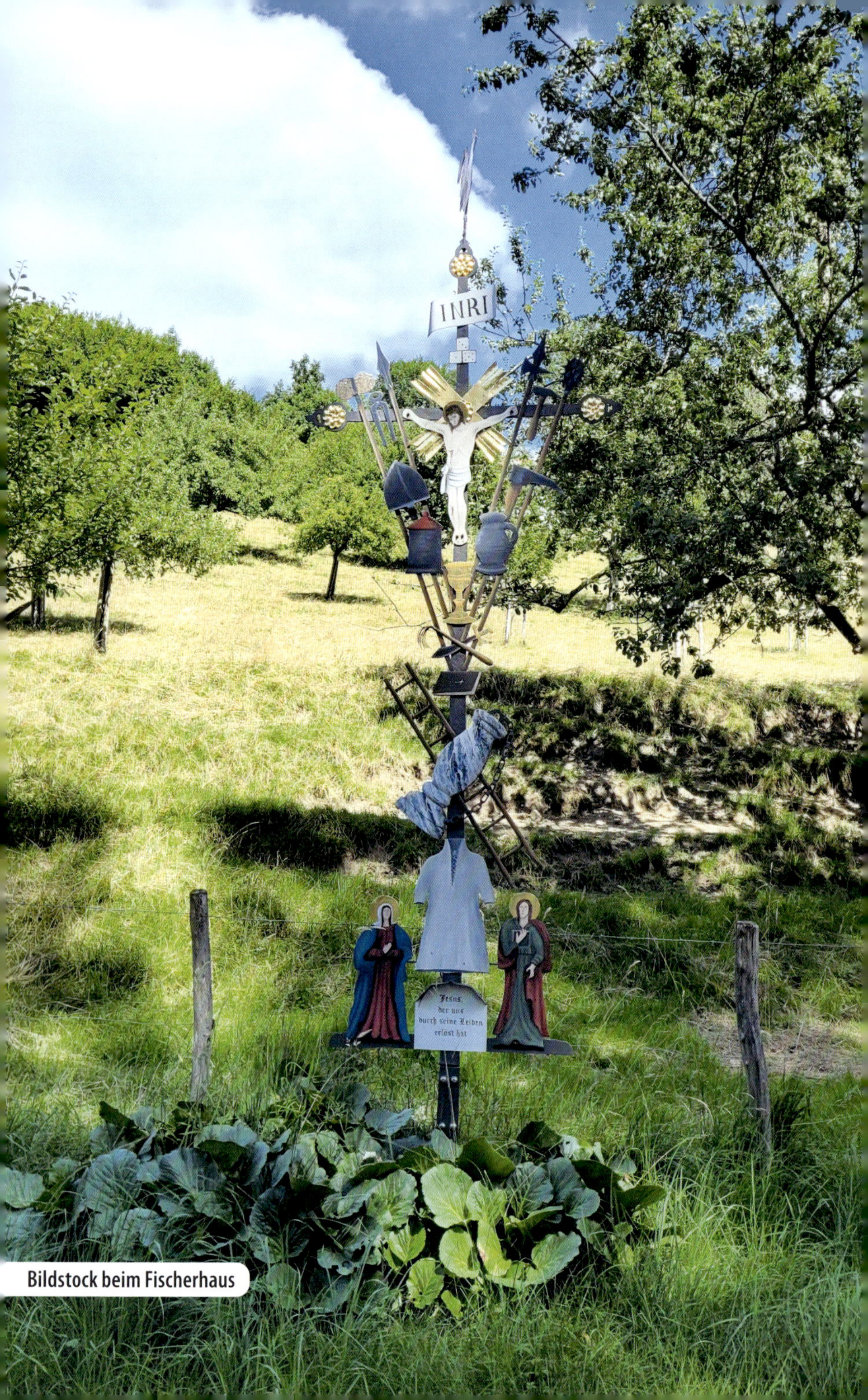

Bildstock beim Fischerhaus

gehört, aber frei zugänglich ist. Im schönen Biergarten sitzen wir gemütlich unter großen Bäumen und lassen uns mit schwäbischen Gerichten verwöhnen. Übrigens lohnt sich auch der Besuch des Bauernhofmuseums sehr.

Gegenüber dem Eingang zum Fischerhaus bewundern wir einen schönen Bildstock und kraxeln dann über einen steilen und schmalen Pfad durch die Wiesen hinauf in Richtung **5 Wolfegg.** Am Pfad, auf den wir nach etwa 70 Metern stoßen, halten wir uns rechts. An einem weiteren Bildstock wenden wir uns erneut rechts und gehen an der Schlossmauer entlang. An deren Ende kommen wir links zum Schlossplatz. Wenn wir mögen, können wir uns im **6 Café am Schlossplatz** mit hausgemachtem Kuchen verwöhnen. Es lohnt sich sehr, anschließend noch ein wenig in diesem malerischen Ort herumzubummeln. Direkt neben dem Café befindet sich das **Kaufhaus Ott,** eines jener typischen Landkaufhäuser, in denen es einfach alles zu geben scheint. Leider hat es nur noch sporadisch geöffnet.

Gegenüber können wir in Richtung Schloss und Kirche schlendern. **Schloss Wolfegg** ist noch bewohnt und kann daher nur selten besichtigt werden. Die Kirche

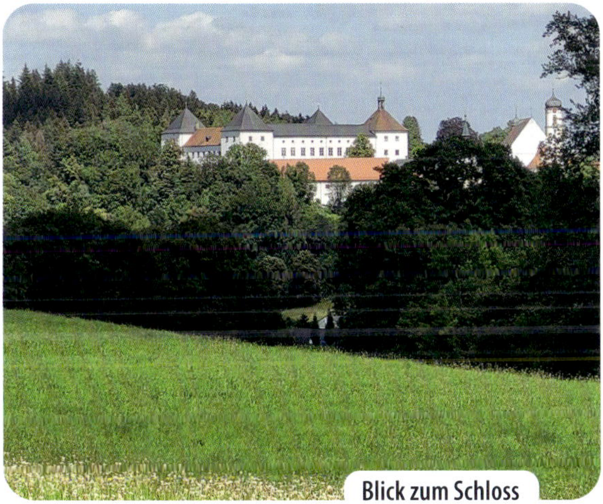

Blick zum Schloss

*Der heilklimatische Kurort **Wolfegg** liegt direkt an der Hauptroute der Oberschwäbischen Barockstraße und ist der Stammsitz des Adelshauses Waldburg-Wolfegg-Waldsee. Sehenswert sind die Kirche Sankt Katharina und die Loretokapelle mit ihrer schwarzen Madonna.*

Sankt Katharina ist aufwendig im barocken Stil gestaltet und durchaus sehenswert. Im Lädchen **7 Heimatwerk** können wir unseren Rucksack mit regionalen Spezialitäten und anderen schönen Dingen aus der Region füllen. Nicht weit entfernt finden wir das liebevoll gestaltete **8 Automuseum Wolfegg,** das uns mit vielen Details erfreut und einen Besuch wert ist.

Gehen wir am Automuseum vorbei, erreichen wir den **Hofgarten,** den wir durch ein Tor in der Mauer wieder verlassen. Schon stehen wir auf der **Alttanner Straße** und sind damit fast am Ausgangspunkt angelangt.

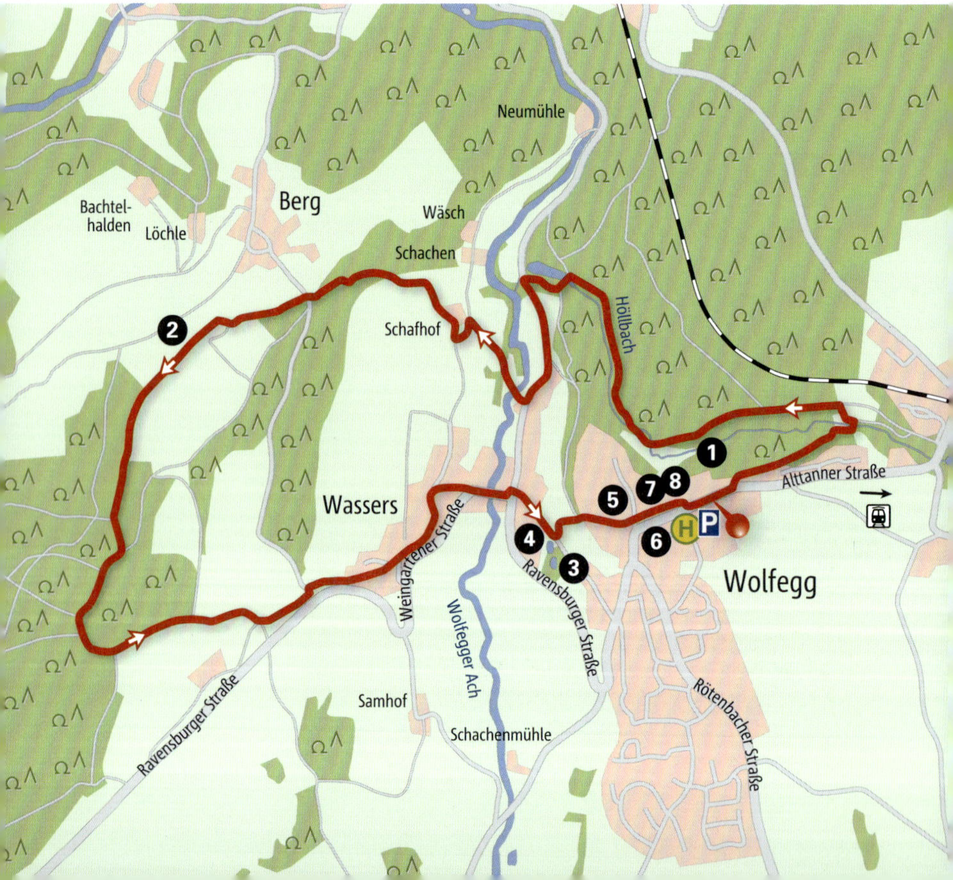

ALLES AUF EINEN BLICK

Entspannung

Abenteuer

Vielfalt

WIE & WANN

Gut befestigte Forst- und Wanderwege, kaum befahrene Asphaltstraßen und schmale Wald- und Wiesenwege; wenn schneefrei, zu jeder Jahreszeit gut machbar, besonders schön im Frühjahr zur Zeit der Löwenzahnblüte

HIN & WEG

Auto: Gebührenfreier Parkplatz, Alttanner Straße 4, 88364 Wolfegg
ÖPNV: Bahnhof Wolfegg, von dort zu Fuß Richtung Ortsmitte, nach 270 Metern rechts zunächst in Richtung Grillhütte, bei einer Gabelung rechts weiter, Einstieg in die Tour am Wirtschaftsweg über dem Höllbachtal (ca. 800 m); alternativ Buslinien 31, 7534, 7543 oder 7535 von Kißlegg, Ravensburg, Bad Wurzach, Haltestelle Hofgarten (direkt am Ausgangspunkt)

ESSEN & ENTSPANNEN

4 **Museumsgaststätte Fischerhaus,** Fischergasse 29, 88364 Wolfegg, Tel. (0 75 27) 1 85 97 91, www.fischerhaus-wolfegg.de

6 **Café am Schlossplatz,** Wette 2, 88364 Wolfegg, Tel. (0 75 27) 9 57 99 51, www.cafeamschlossplatz.de

7 **Heimatwerk (Laden mit regionalen Spezialitäten),** Zufahrt Chorherrengasse, Schloßplatz 1, 88364 Wolfegg, Tel. (0 15 90) 6 16 06 32, www.heimatwerk.shop

ENTDECKEN & ERLEBEN

1 **Wildgehege**

2 **Aussichtspunkt Süh**

3 **Bauernhausmuseum,** Vogter Straße 4, 88364 Wolfegg, Tel. (0 75 27) 9 55 00, www.bauernhausmuseum-wolfegg.de

5 **Ortszentrum von Wolfegg** mit Schloss, Barockkirche Sankt Katharina und Hofgarten

8 **Automuseum Wolfegg,** Fritz-B.-Busch-Weg 1, 88364 Wolfegg, Tel. (0 75 27) 9 21 03 90, www.automuseum-wolfegg.de

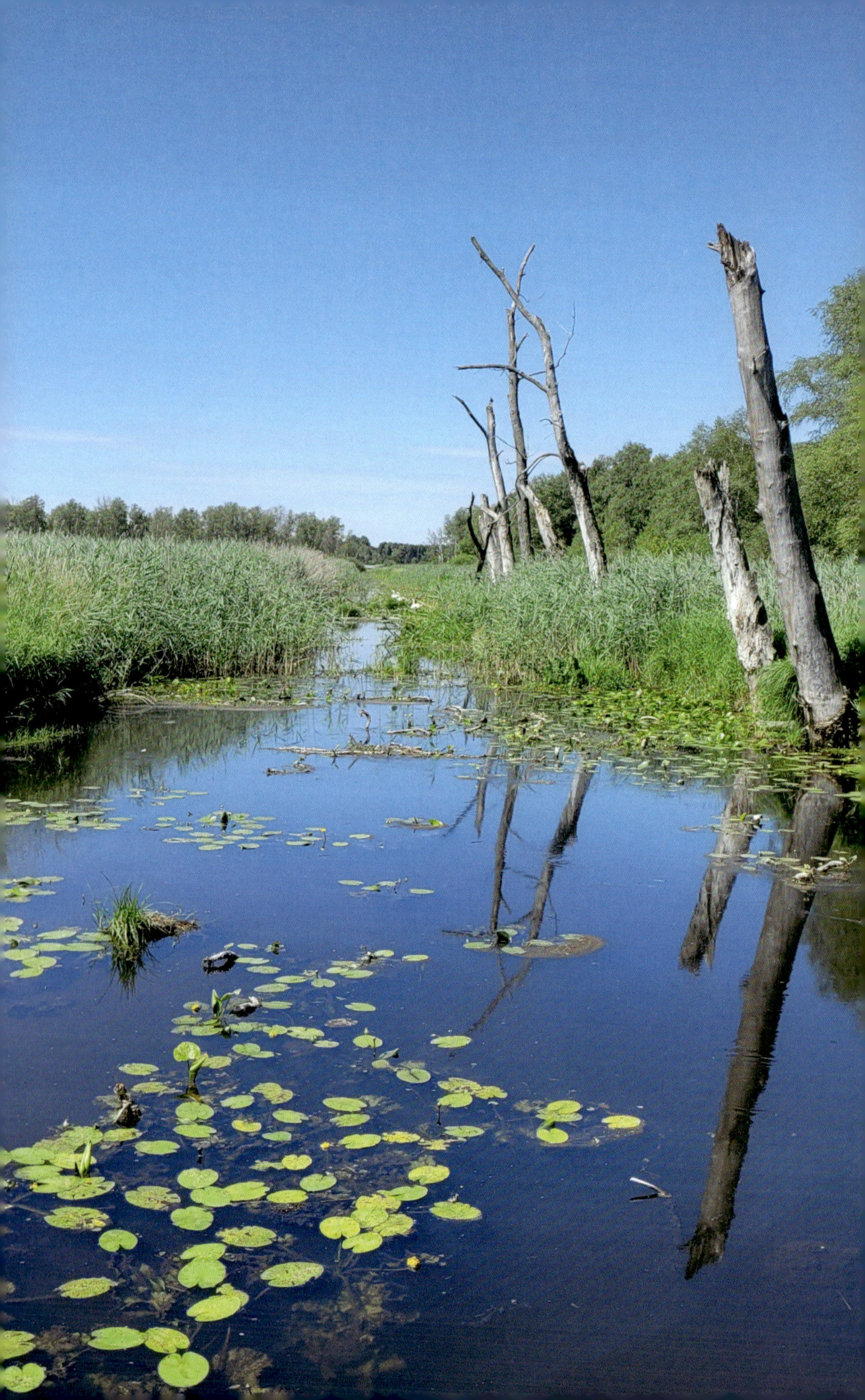

Naturtrampolin

Zu Federsee und Wackelwald

Zunächst führt unser Weg durch **Bad Buchau** – wir werden ein wenig den Ort erkunden, ehe wir uns zum Wackelwald und dem Federsee aufmachen. Ein Platz mit besonderer Atmosphäre ist der **❶ jüdische Friedhof.** Um ihn zu besuchen, gehen wir am Parkplatz links in den schön angelegten **Bittelwiesenweg,** wenden uns dann nach rechts und sehen bald die Mauer des Friedhofs vor uns liegen. Es ist ein Ort der Stille, der Besinnung – und ein Ort, der sehr nachdenklich stimmt. Der Boden ist jetzt im März übersät von blauen Leberblümchen, große Laubbäume beschatten ihn. Auf den Grabsteinen erkennen wir teils bekannte, teils uns fremde Schriftzeichen und Symbole. Viele Mitglieder der Familie Einstein liegen hier, denn die Vorfahren des berühmten Physikers stammen aus Buchau.

Bad Buchau war 600 Jahre lang Heimat einer großen ***jüdischen Gemeinde*** *(im Jahr 1839 umfasste sie ein Drittel der Gesamtbevölkerung), an die der Friedhof, gut erhaltene Häuser und eine Ausstellung im Gedenkraum in der Badstraße hinter der Tourist-Information erinnern.*

Nach unserem Gang über den Friedhof kehren wir auf gleichem Weg zurück bis zum Parkplatz, überqueren die **Oggelshauser Straße** und folgen dem Wegweiser in Richtung **Marktplatz.** An der nächsten Kreuzung gehen wir rechts ab in die **Seegasse,** dann links die **Schlossgasse** hinauf in den Schlossbezirk. Oben angekommen, halten wir uns links und erblicken nach wenigen Metern den sehenswerten **❷ Narrenbrunnen,** der verschiedene Fastnachtsmasken der Buchauer Narrenzunft zeigt. Es lohnt, den Brunnen von allen Seiten genau zu betrachten!

Wir schlendern einige Meter zurück und folgen der Straße **Schlossplatz** nach links. In den Klang von Kirchenglocken mischt sich Geklapper, das von den Dächern ringsum

Kilometer: 11.6
Höhenmeter: 20
Stunden: 3
RUNDWEG

kommt: Dort befinden sich mehrere Storchennester! An der Schlossklinik vorbei erreichen wir den **Marktplatz,** wo wir in einem der Restaurants oder Cafés einkehren können.

Auf Höhe des Marktbrunnens biegen wir rechts in die **Bachgasse** ein. Schon sehen wir Wegweiser in Richtung **Wackelwald,** überqueren bald den rot geklinkerten **Helmut-Hahn-Platz** und gelangen auf der gegenüberliegenden Seite in den **Kurpark.** Hier halten wir uns zunächst links, um einen weiteren Brunnen anzusehen, nämlich den von Karl-Henning Seemann geschaffenen **3 Gesundbrunnen,** und schlendern weiter durch den Park. Uns fällt eine Voliere mit Sittichen auf, Bänke laden zum Rasten ein. Gerne lassen wir uns von der entspannten Atmosphäre anstecken und bummeln gemütlich dahin. An einem Teich mit einem kleinen Steg informieren Stelen über das **Federseemuseum.** Wir gehen zunächst in Richtung des Museums und an der nächsten Abzweigung links in Richtung **Wackelwäldle.**

Aussichtsplattform im Wackelwald

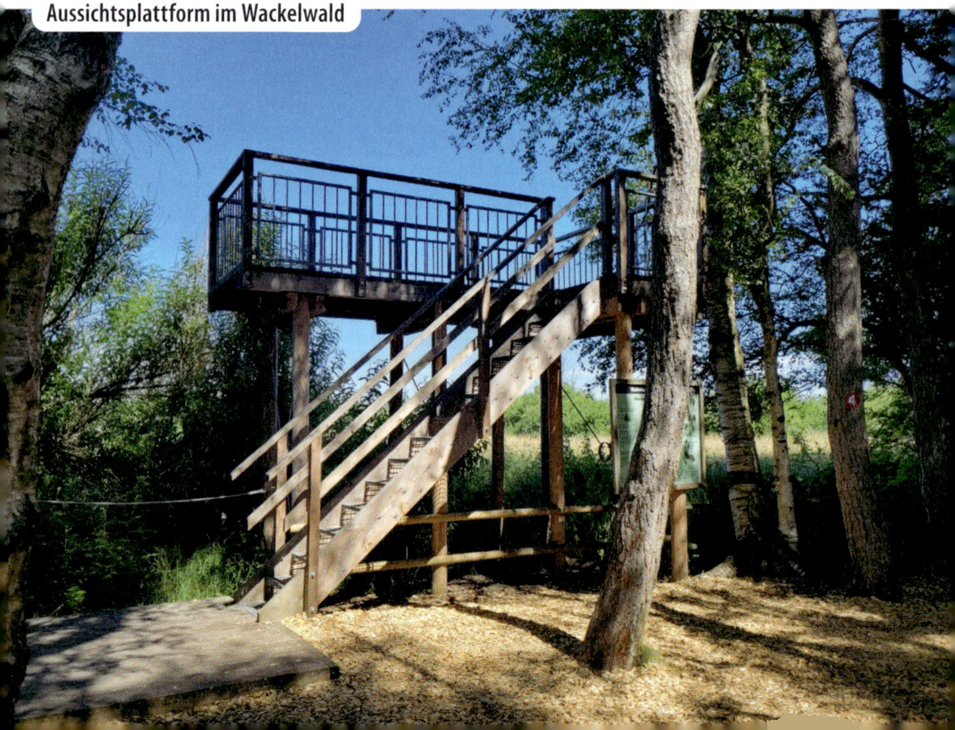

Am Ende des asphaltierten Weges überqueren wir einen Graben auf einer kleinen Holzbrücke und halten uns dann links. Der Weg ist mit Hackschnitzeln bedeckt, die betörenden Duft verströmen. Wir spüren, dass der Boden beim Gehen federt. Und ja, im ④ **Wackelwald** können wir Bäume zum Wackeln bringen! Sie stehen auf Moorboden, der durch die allmähliche Verlandung des Federsees entstand. Besonders nach reichlich Regen lohnt sich der Besuch, weil dann der Boden mit Wasser gesättigt ist. Spaßig ist es, die anderen Besucher zu beobachten, wie sie, ob groß oder klein, alt oder jung, versuchen, die Bäume aus dem Gleichgewicht zu bringen. Schon leichte Hüpfer lassen diese bis in die Wipfel erzittern. Natürlich können auch wir nicht widerstehen und probieren dies aus.

Für die Seele

Wackelnde Bäume und ursprüngliche Natur machen uns wanderglücklich.

Wir folgen dem stets klar erkennbaren Pfad, in dessen weiterem Verlauf wir mehrere Stationen eines vom NABU erstellten Naturerlebnispfades und einen Aussichtspunkt passieren. Wir gehen – und hüpfen – und gehen – und hüpfen an einem weiteren Aussichtspunkt vorbei. Schön bemooste Bäume begleiten unseren Weg, den einige Wurzeln und Baumstümpfe etwas holprig machen. Vereinzelt liegen Planken über besonders morastigen Stellen.

An einer Infotafel stehen zwei Sonnenliegen aus Holz. Diese kommen wie gerufen, erlauben sie uns doch, uns von der Hopserei zu erholen und Kraft zu tanken für die nächste Etappe unserer Wanderung.

Sonnendurchwärmt machen wir uns wieder auf den Weg. Einige Meter hinter den Liegen führt erneut eine kleine Brücke über den Graben. Über sie verlassen wir den Wackelwald und gehen auf einem Kiesweg weiter. Auf den Moorwiesen grasen heute sogar ein paar Rehe und lassen sich durch uns gemächliche Wanderer nicht stören.

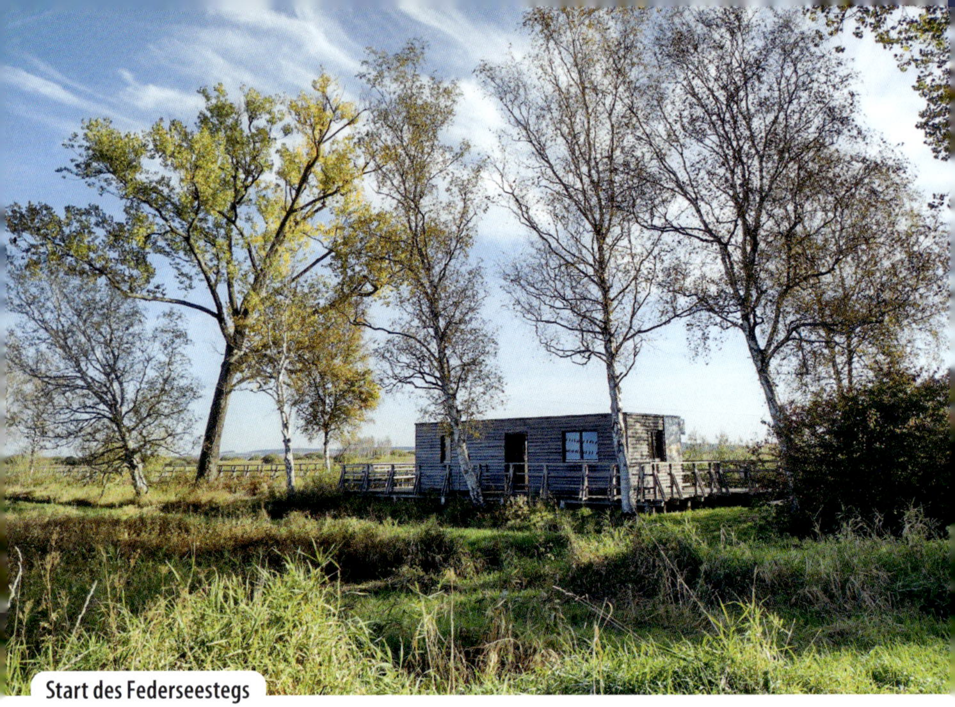

Start des Federseestegs

*Das **Banngebiet Staudacher** ist ein Moorwald, der bereits 1911 vom NABU gekauft wurde und sich seither ungestört entwickeln kann. Er bildete die Keimzelle der Naturschutzgebiete am Federsee.*

Wer die Tour abkürzen möchte, kann an der nächsten Kreuzung geradeaus gehen und gelangt bald zum Federseesteg. Wir jedoch wenden uns links in Richtung **5 Banngebiet Staudacher.** Hier ist der Weg das Ziel. Wir folgen ihm, solange wir Lust haben, und gehen auf gleichem Weg zurück. Holzstege führen uns durch das Gebiet, in dem sich der Wald schon seit über 100 Jahren ohne menschliche Eingriffe entwickeln darf. Lauschige Bänke am Wegesrand ermöglichen uns, die Atmosphäre hier noch intensiver wahrzunehmen, an Schautafeln können wir unser Wissen vertiefen.

An Wochenenden lockt allerdings doch ein Ziel, und zwar ein kulinarisches. Dann empfiehlt es sich weiterzugehen, bis wir nach 1,7 Kilometern das **6 Gasthaus Adler** erreichen – es hat sehr leckeren Kuchen im Angebot.

Mit auf diese Weise verwöhntem Magen bummeln wir zurück und lassen diese besondere Landschaft ein weiteres Mal auf uns wirken. An der Kreuzung am Ende unseres Abstechers angekommen, gehen wir links und gelangen nach etwa 400 Metern zum über

100 Jahre alten ❼ **Federseesteg,** dem einzigen Zugang zu diesem See. Nachdem wir das moderate Eintrittsgeld bezahlt haben, gehen wir auf dem 1,4 Kilometer langen Steg durchs Ried. Den satten Geruch des Moores in der Nase, vielstimmiges Vogelgezwitscher im Ohr, gönnen wir uns immer wieder kleine Auszeiten auf einer der Bänke, die in die Holzplanken eingelassen sind. Nach etwa 800 Metern erreichen wir einen Aussichtsturm, der uns einen Blick in die Ferne ermöglicht. Von der Plattform am Ende des Stegs aus haben wir einen Rundblick über den ganzen Federsee und die umliegenden Orte. Wir können sogar den Bussen, den „heiligen Berg Oberschwabens" (siehe Tour 13), mit seiner Kirche erkennen. Schwäne gleiten über das Wasser und fliegen über uns hinweg.

Wieder auf dem Parkplatz vor dem Steg angekommen, gehen wir in Richtung Bad Buchau und kommen zunächst am lohnenden ❽ **Federseemuseum** mit seinem archäologischen Freigelände vorbei, in dem die Lebenswelten von Eiszeitjägern, Pfahlbauern und Kelten anschaulich dargestellt werden. Wer möchte, kann einen kurzen Abstecher zum ❾ **Naturschutzzentrum des NABU** machen, das nur etwa 120 Meter in Richtung Bad Buchau liegt.

*Das **Moor um den Federsee** gilt als dasjenige in Europa, das die meisten archäologischen Funde ermöglicht. Im Federseebecken gibt es gut erhaltene Jagdlager, Moorsiedlungen und Pfahlbauten, mehrheitlich aus der Jungsteinzeit. Vier der Fundstellen sind Weltkulturerbe der UNESCO.*

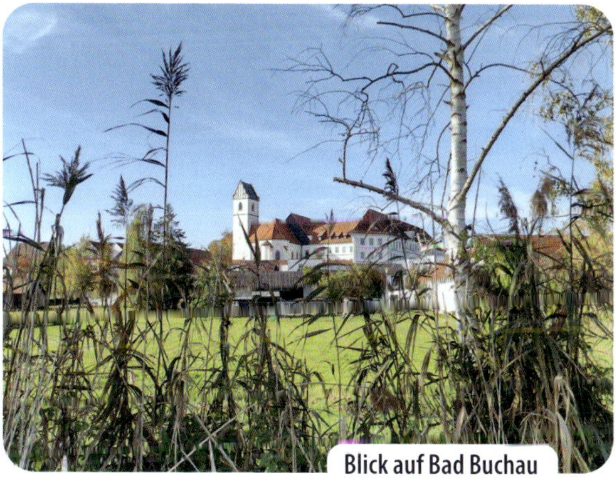

Blick auf Bad Buchau

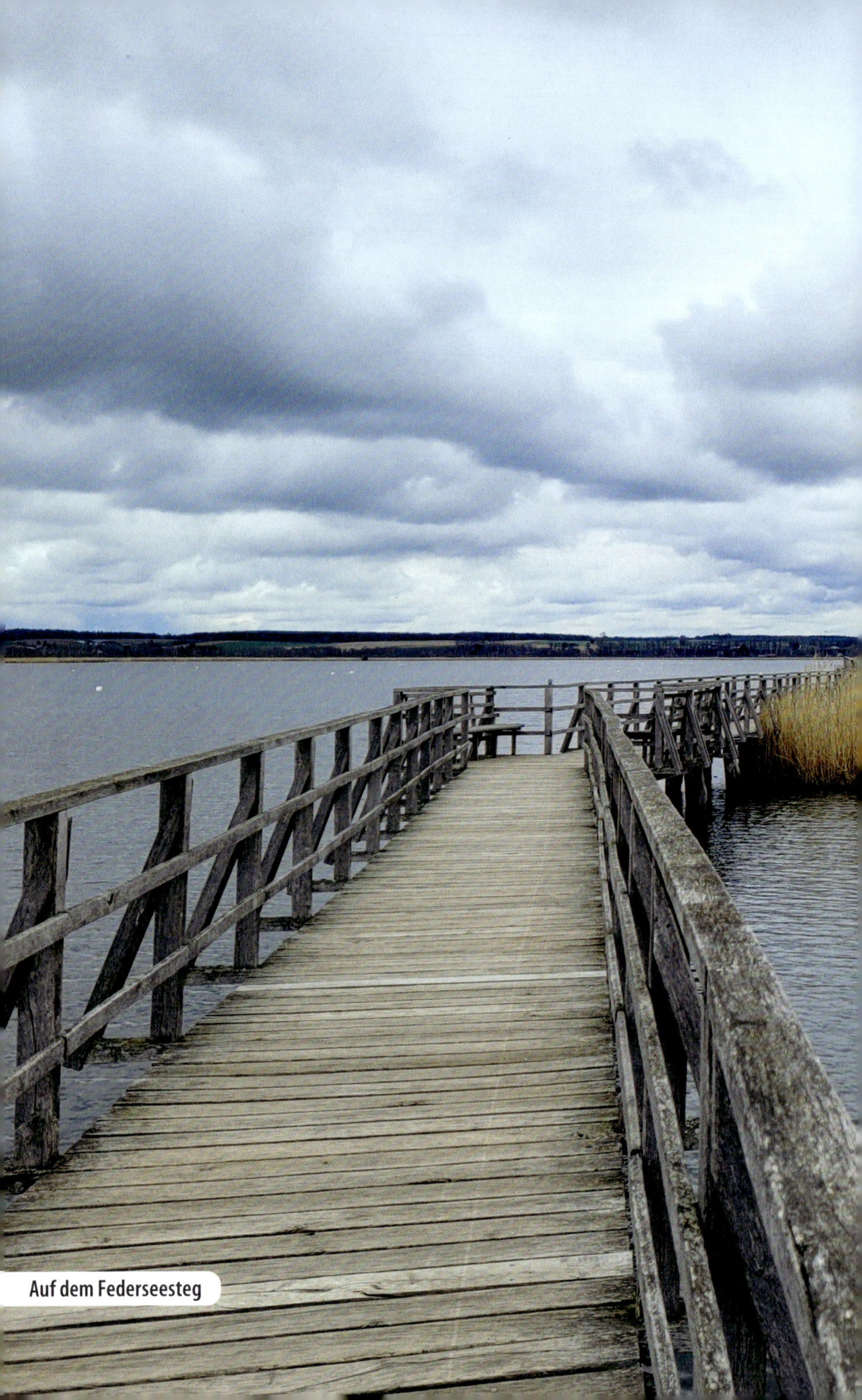

Auf dem Federseesteg

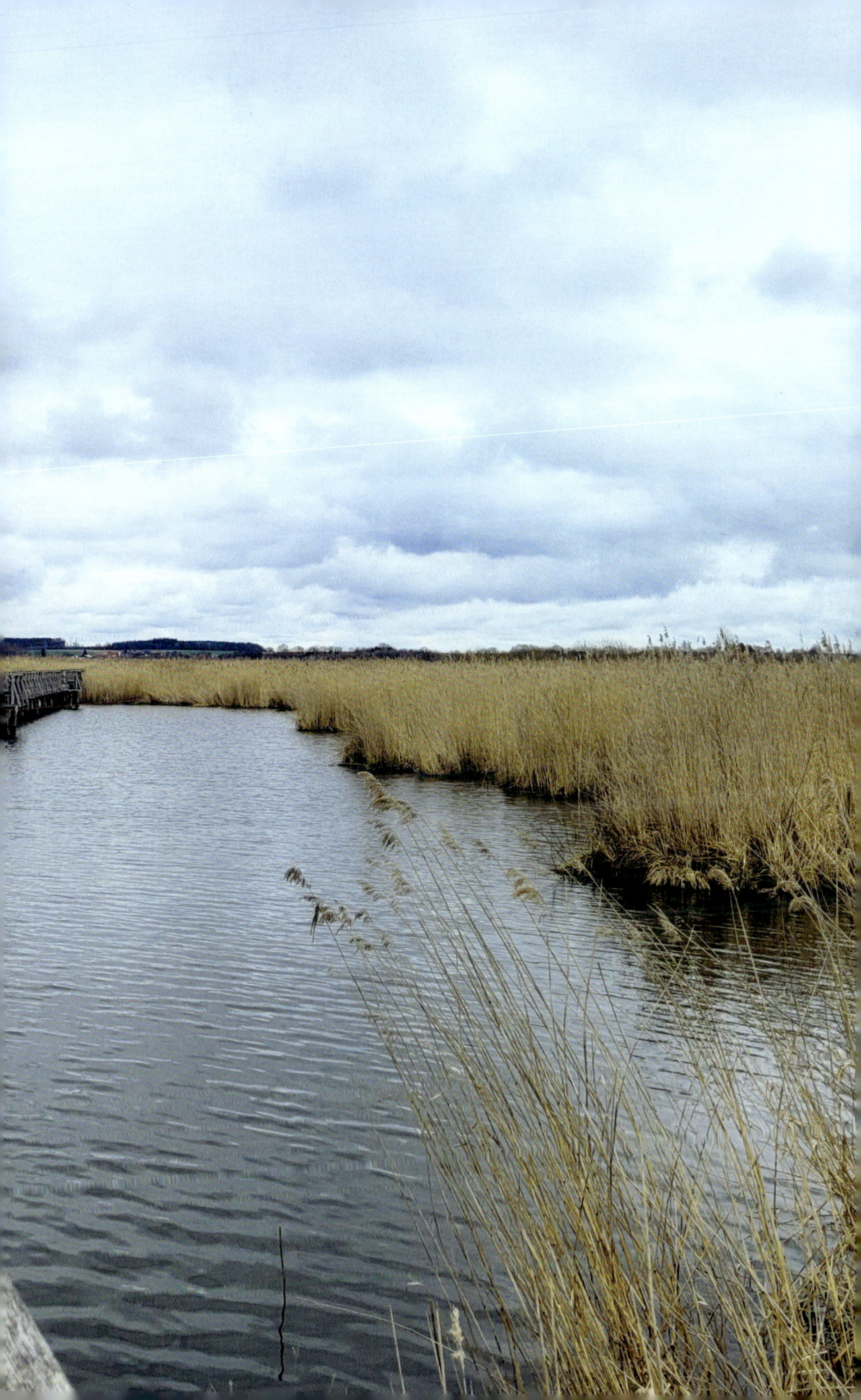

Ansonsten gehen wir direkt hinter dem Museum links und folgen dem Fußweg in Richtung **Parkplatz Bittelwiesen.** Hier befindet sich auch der Zugang zum Moorlehrpfad, der durch das südliche Federseegebiet führt. Wir schlendern am Außengelände des Federseemuseums vorbei, schauen von einem Aussichtspunkt noch einmal weit über die Landschaft, ehe sich unser Weg durch die Wiesen am Ortsrand von Bad Buchau schlängelt. Nach etwa 700 Metern erreichen wir die **Oggelshauser Straße** und sind wieder an unserem Ausgangspunkt angelangt. Zum Abschluss lohnt sich ein Mini-Abstecher ins **10 Heilix Blechle** unweit des Parkplatzes, wo wir uns von Mittwoch bis Samstag mit Pizza und Dinnete verwöhnen lassen können.

__Dinnete__ sind eine schwäbische Spezialität. Dünne Teigfladen werden mit unterschiedlichen Belägen, traditionell mit Sauerrahm, Zwiebeln und Speck, belegt und gebacken.

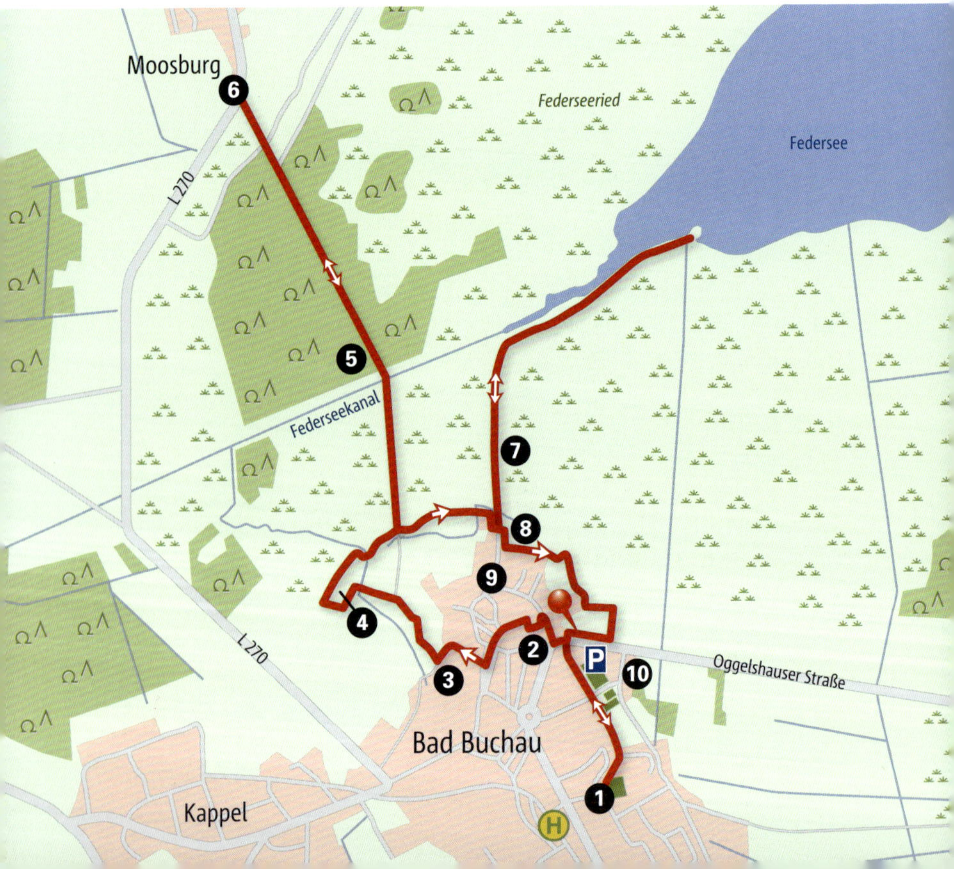

ALLES AUF EINEN BLICK

Entspannung 5/5
Abenteuer 2/5
Vielfalt 4/5

WIE & WANN

Asphaltstraßen, gut befestigte Wanderwege und Bohlenwege; zu jeder Jahreszeit empfehlenswert, allerdings können die Holzbohlen bei Nässe rutschig sein

HIN & WEG

Auto: Gebührenfreier Parkplatz Bittelwiesen, Oggelshauser Straße, 88422 Bad Buchau
ÖPNV: Bus 11, 272, 280 von Biberach, Bad Schussenried, Riedlingen oder Bad Saulgau, Haltestelle Post, von dort zu Fuß etwa 200 Meter zum Eingang des jüdischen Friedhofs, Einstieg in die Tour dort

ESSEN & ENTSPANNEN

6 **Gasthaus Adler,** Bad Buchauer Straße 76, 88422 Moosburg, Tel. (0 75 82) 5 50
10 **Heilix Blechle,** Dullenriedweg 1, 88422 Bad Buchau, Tel. (0 75 82) 9 26 91 80

Diverse weitere Einkehrmöglichkeiten in Bad Buchau

ENTDECKEN & ERLEBEN

1 **Jüdischer Friedhof,** Friedhofstraße, 88422 Bad Buchau, Tel. (0 75 82) 80 80, www.judeninbuchau.de
2 **Narrenbrunnen**
3 **Gesundbrunnen**
4 **Wackelwald**
5 **Banngebiet Staudacher**
7 **Federseesteg**
8 **Federseemuseum,** August-Gröber-Platz, 88422 Bad Buchau, www.federseemuseum.de
9 **NABU-Naturschutzzentrum Federsee,** Federseeweg 6, 88422 Bad Buchau, Tel. (0 75 82) 15 66, www.NABU-Federsee.de

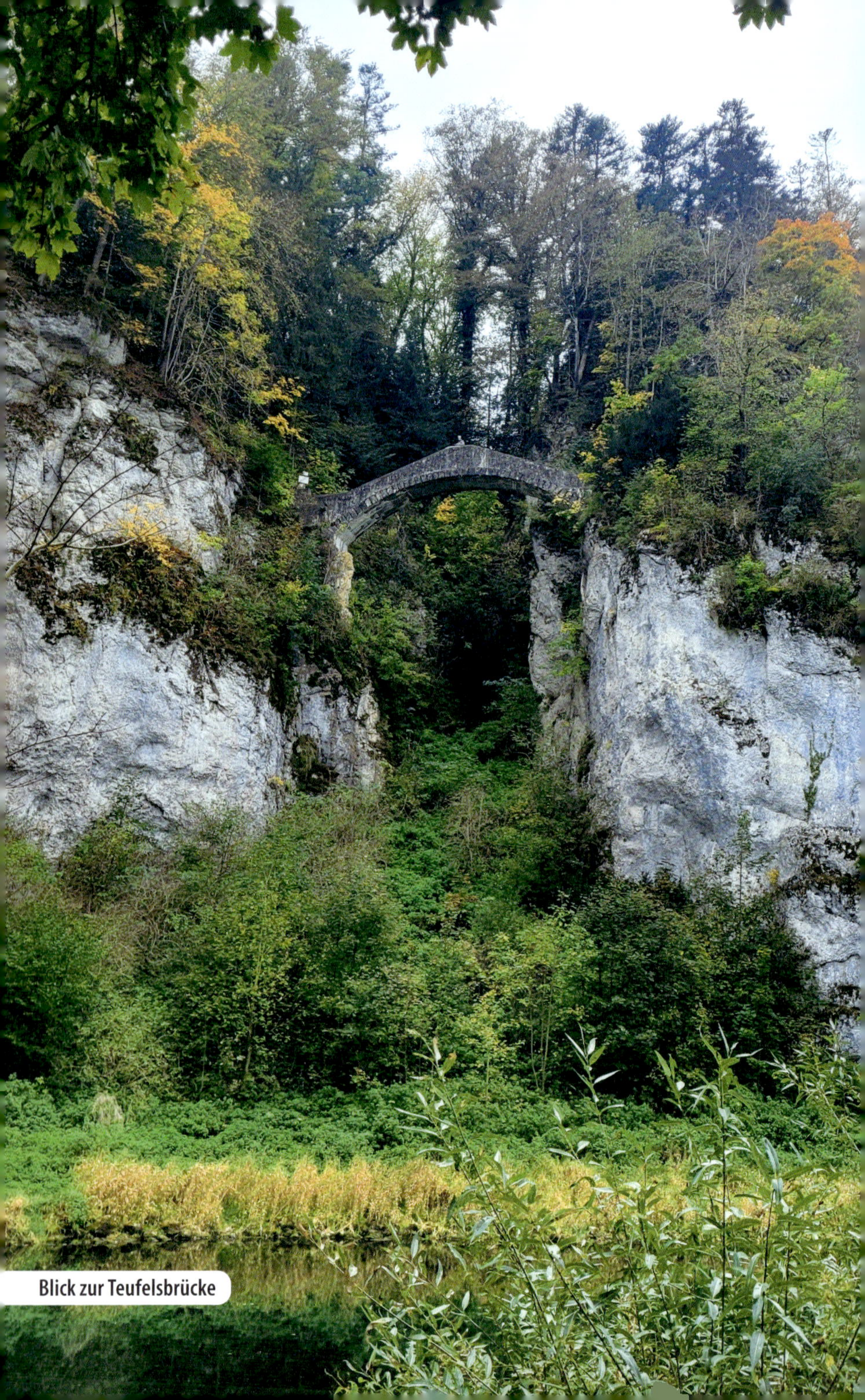

Blick zur Teufelsbrücke

Abwechslungsreich

Der Fürstliche Park Inzigkofen

Der Fürstliche Park in Inzigkofen ist wild und wunderbar. Trittsicher sollten wir sein und gutes Schuhwerk tragen, wenn wir ihn kreuz und quer erkunden.

Doch zunächst beginnt unsere Wanderung gemäßigt. Am Parkplatz vor der Stadthalle in **Laiz** wenden wir uns nach rechts und gehen auf einem gemütlichen Spazierweg an der **Donau** entlang flussaufwärts. Nach einer Rechtskurve führt er uns unter einer Bahnlinie hindurch. Wir gelangen an eine Straße und überqueren diese, wenden uns dann nach links und gehen in Richtung **Parkplatz Alte Donau.** Dort ragt eine Felswand vor uns auf. Wir erklimmen die Treppenstufen, die steil zwischen den Felsen hinaufführen, und sehen bald den Altwasserarm der Donau tief unter uns.

Auf einem steilen und holprigen Pfad steigen wir hoch und höher. Oben angekommen, können wir zum Glück auf einer Bank verschnaufen, ehe wir den Pfad dahinter hinabgehen und die **Eisele-Siedlungs-Straße** schräg nach rechts überqueren. Auf dem schmalen **Staffelweg** zwischen Häusern hindurch geht es wieder bergauf, und wir erreichen über eine Treppe den **Rainhaldenweg.** Hier wenden wir uns nach links und befinden uns nun hoch über der Alten Donau. Bald geht das asphaltierte Sträßchen in einen breiten und bequemen Waldweg über. Zu unserer Linken fällt das Gelände steil ab. Noch in Sichtweite des Ortes begegnet uns ein Reiher, der vor uns auf einen Ast flüchtet. Ein Reh äst zwischen den Bäumen.

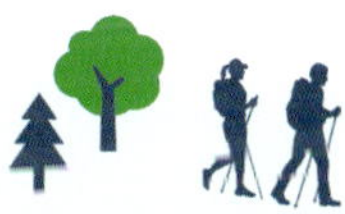

Kilometer: 9,9

Höhenmeter: 150

Stunden: 3

RUNDWEG

Nach einiger Zeit werden die Hänge zu unserer Linken sanfter. Jetzt heißt es aufpassen:

Nachdem wir etwa 700 Meter auf dem Waldweg gegangen sind, zweigt ein Forstweg links ab, dem wir bergab folgen. Huflattich blüht am Wegesrand, das Laub vom Vorjahr raschelt unter unseren Füßen.

Nach etwa 400 Metern stoßen wir auf Wanderwegweiser. Wie so oft auf dieser Route ist das Angebot an Wegen groß. Wir gehen links bergab in Richtung **Parkplatz Alte Donau** und **Turnhalle Laiz.** Unten angekommen, stoßen wir auf eine kleine asphaltierte Straße, die in einem Bogen entlang der Alten Donau führt. Dieser folgen wir nach links. Bänke stehen hier am Wegesrand unter Bäumen, lila Veilchen blühen, Zitronenfalter gaukeln durch die noch kahlen Zweige.

Nach 400 Metern gehen wir einen Pfad rechts hinunter zur ❶ **Alten Donau.** Auf einem Wiesenweg spazieren wir am Wasser entlang bis zu einer kleinen Holzbrücke, die wir überqueren. Der Fluss mäandert hier von Bäumen gesäumt durch die Wiesen. Das Gewässer zu unserer Rechten, wandern wir auf einem kaum erkennbaren Pfad daran entlang, bis wir nach etwa 150 Metern auf einen breiteren Wiesenweg stoßen. Diesem folgen wir etwa 200 Meter nach rechts, wobei wir die Alte Donau ein weiteres Mal überqueren. Einen Wegweiser mit Wanderzeichen beachten wir nicht weiter und gehen geradeaus über einen Pfad die Böschung hinab zu einer Autostraße. Diese überqueren wir und wenden uns auf dem Parkplatz an der anderen Seite nach rechts. An einer **Übersichtstafel** mit einer Darstellung des Fürstlichen Parks Inzigkofen queren wir die Bahnlinie auf einer Fußgängerbrücke und betreten, auf der anderen Seite angekommen, den Park über ein paar Stufen. Wir wenden uns rechts und gehen, zunächst gemütlich, dann über Steine und Wurzeln bergauf zum ❷ **Aussichtspunkt Festung.** Steil fallen die Felsen hier ab zur Donau, die tief unter uns plätschert. Wir gönnen uns eine ausgedehnte Pause mit großartigem Blick über das Donautal.

Nachdem wir uns sattgesehen haben, gehen wir auf dem schmalen Pfad weiter durch lichten Wald. Zu-

*Der **Fürstliche Park Inzigkofen** wurde in seiner ursprünglichen Form nach den Vorstellungen der Fürstin Amalie Zephyrine von Hohenzollern-Sigmaringen angelegt, deren liebster Aufenthaltsort Inzigkofen war.*

nächst führt er uns weg von der Donau. Bald kreuzt ein weiterer Pfad unseren Weg, diesem folgen wir nach rechts. Er führt zwischen zwei Felsen hindurch, danach einige Stufen hinunter. Unten angekommen, können wir ganz nahe ans Wasser herantreten.

Weiter geht es durch lichten Baumbestand unterhalb der Felsen entlang. Wie schön es hier ist! Bald sehen wir zu unserer Rechten eine Bank am Donauufer stehen. Hier haben wir eine grandiose Aussicht auf die berühmte **Teufelsbrücke,** die wir später queren werden. Staunend bewundern wir ihren kühnen Schwung und gehen dann in Richtung der **Hängebrücke,** die wir bereits vor uns sehen. Zunächst wandern wir jedoch an ihr vorbei, um weiter den diesseitigen Teil des Parks zu erforschen.

Für die Seele

Beim Lustwandeln im Fürstlichen Park lassen wir den Alltag hinter uns.

Bald teilt sich unser Pfad, wir gehen links und stetig bergauf in Richtung **Eremitage.** An einer Weggabelung folgen wir erneut dem Wegweiser zur Eremitage und nehmen den linken Pfad, der steinig und steil bergan führt. Oben angekommen, genießen wir die besondere Atmosphäre des Ortes. Schon früher galt die ❸ **Eremitage** als Kraftplatz – spürbar auch für uns. Gerne lassen wir uns auf einer der Bänke nieder und dieses schöne Fleckchen Erde auf uns wirken. Wir umrunden die kleine **Meinradskapelle,** die den Gipfel krönt und hinter der wir eine schöne Aussicht in Richtung Sigmaringen haben, und machen uns dann an den Abstieg.

An der Wegkreuzung, von der aus wir eben den Aufstieg begannen, gehen wir etwa 20 Meter rechts und wählen dann einen Pfad, der, teilweise recht steil, links den Berg hinabführt. Unten angekommen, halten wir uns rechts und wandern zurück zur Hängebrücke, beeindruckt von den Felsen, die sich bis hinauf zur Kapelle türmen. Bald sehen wir die Donau wieder, am jenseitigen Ufer erkennen wir schon den

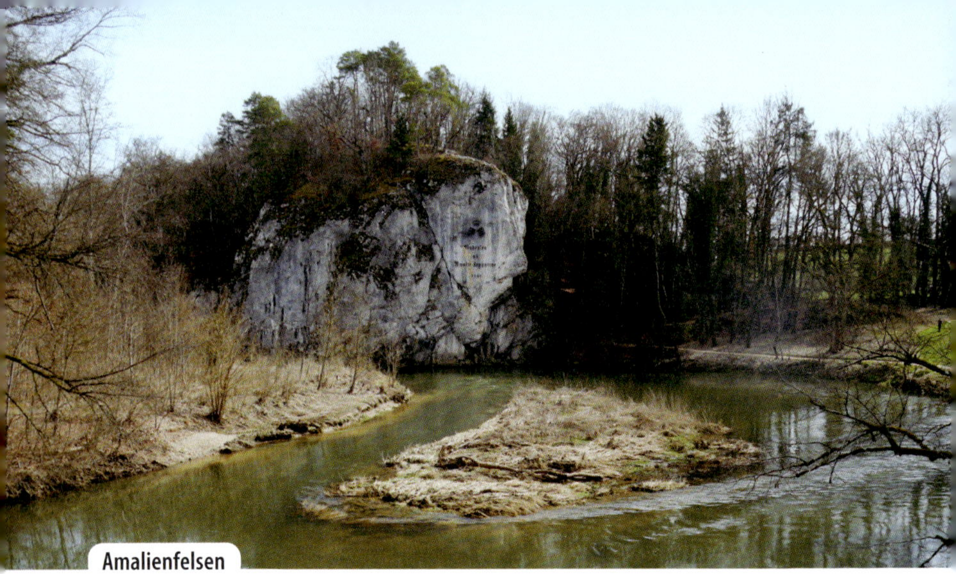

Amalienfelsen

Fürstin Amalie Zephyrine förderte die örtliche Dorfschule und trat auch sonst als Wohltäterin auf. Daher die Inschrift am **Amalienfelsen** zu ihrem Gedenken.

❹ **Amalienfelsen,** den wir gleich von der Hängebrücke aus sehr gut sehen können.

Und wirklich gelangen wir kurz darauf zur erst 2019 eingeweihten ❺ **Hängebrücke.** Sie ist mit einem engmaschigen Drahtgeflecht gut gesichert – zum Glück, denn beim Überqueren beginnt sie abenteuerlich zu schwingen. Am anderen Ufer gehen wir rechts einen sehr steilen und felsigen Pfad bergan, der immer wieder durch hölzerne Treppen abgelöst wird. Oben angekommen, wenden wir uns rechts in Richtung **Teufelsbrücke** und **Känzele.** Ab und an halten wir inne, um den großartigen Blick über die Donau und auf die ❻ **Teufelsbrücke** auf uns wirken zu lassen. Diese erreichen wir bald über steile Treppen bergab. Sie ist eine der spektakulärsten Sehenswürdigkeiten im Park und überspannt die 19 Meter tiefe Höllschlucht. Sie zu überqueren ist aufregend, auf Stufen folgen wir ihrem eleganten Schwung. Nicht weit entfernt, aber tief unter uns rauscht die Donau. Hinter der Brücke führen weitere Stufen noch höher hinauf und durch ein Felsentor hindurch. Zum Glück sind die Wege mit Geländern gesichert!

Nun entfernt sich unser Weg ein wenig vom Lauf der Donau, unser Blick schweift über die unter uns liegenden Felder. Wir folgen den Wegweisern in Richtung **Känzele** und überqueren bald eine kleine asphaltierte Straße. Neben einem Wegkreuz lädt eine Bank zur Rast ein. Wenige Meter weiter überqueren wir einen etwas breiteren Weg und gehen auf einem schmalen Pfad quer über eine Wiese. Durch lichten Wald gelangen wir bald darauf zum ❼ **Aussichtspunkt Känzele.** Wir lassen uns auf einer der Bänke nieder und genießen die traumhafte Rundsicht.

Unser nächstes Ziel sind die **Inzigkofer Grotten.** Vorsicht, diese sind auch geradeaus angeschrieben, doch wir folgen dem Weg rechts hinunter. Steil führt der Pfad bergab, schon bald kommen einige Treppen, die uns zu den ❽ **Grotten** führen. Hier fällt die Entscheidung schwer: Gehen wir den Weg rechts entlang durch das Felsentor oder links durch die ersten Grotten? Wir drehen einfach kurzerhand eine Runde durch beide Varianten.

An der nächsten Weggabelung folgen wir den Treppen steil bergauf. Anstrengend ist es, doch die Anstrengung lohnt sich, denn die imposanten Grotten sind absolut faszinierend. Mit Blick über die Donau gehen wir dann einen felsigen Weg entlang. Achtsamkeit ist vonnöten, denn nicht immer ist der Weg mit einem Geländer gesichert. Bald erreichen wir weitere Stufen, die wir bergan kraxeln.

Oben angekommen, wandern wir auf einem schmalen Waldweg in Richtung **ehemaliges Kloster Inzigkofen.** Nach etwa 70 Metern kommen wir an eine Kreuzung aus fünf Wegen. Auf dem Weg mit der Bezeichnung „**Unmarkiert: Ehemaliges Kloster Inzigkofen**" gehen wir durch eine wunderschöne Lindenallee, die von bunten Frühlingsblumen gesäumt ist. Bald überqueren wir eine kleine, wenig befahrene Straße. Auf einem Parkplatz steht eine Übersichtstafel zum Fürstlichen Park. Daneben finden wir ein Hinweisschild zum **Bauernmuseum** und folgen ihm. An der nächsten Weggabelung sehen wir erneut den Wegweiser zum **Kloster Inzigkofen,** das noch 400 Meter entfernt ist. Durch ein Tor in der hohen Mauer betreten wir das

*Die Nebelhöhle ist mit über 5 Metern Höhe und 10 Metern Tiefe die größte der **Inzigkofer Grotten.** In den 1840er-Jahren wurde nach Jagden das erlegte Wild hier aufgereiht und „verblasen". Zu dieser Zeit war sie mit Tischen und Holzbänken möbliert.*

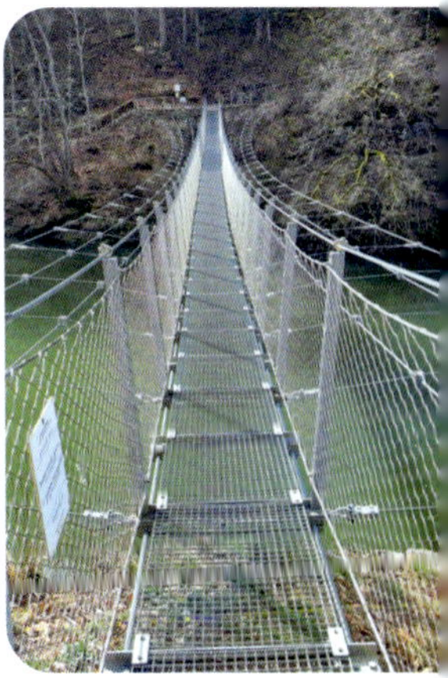

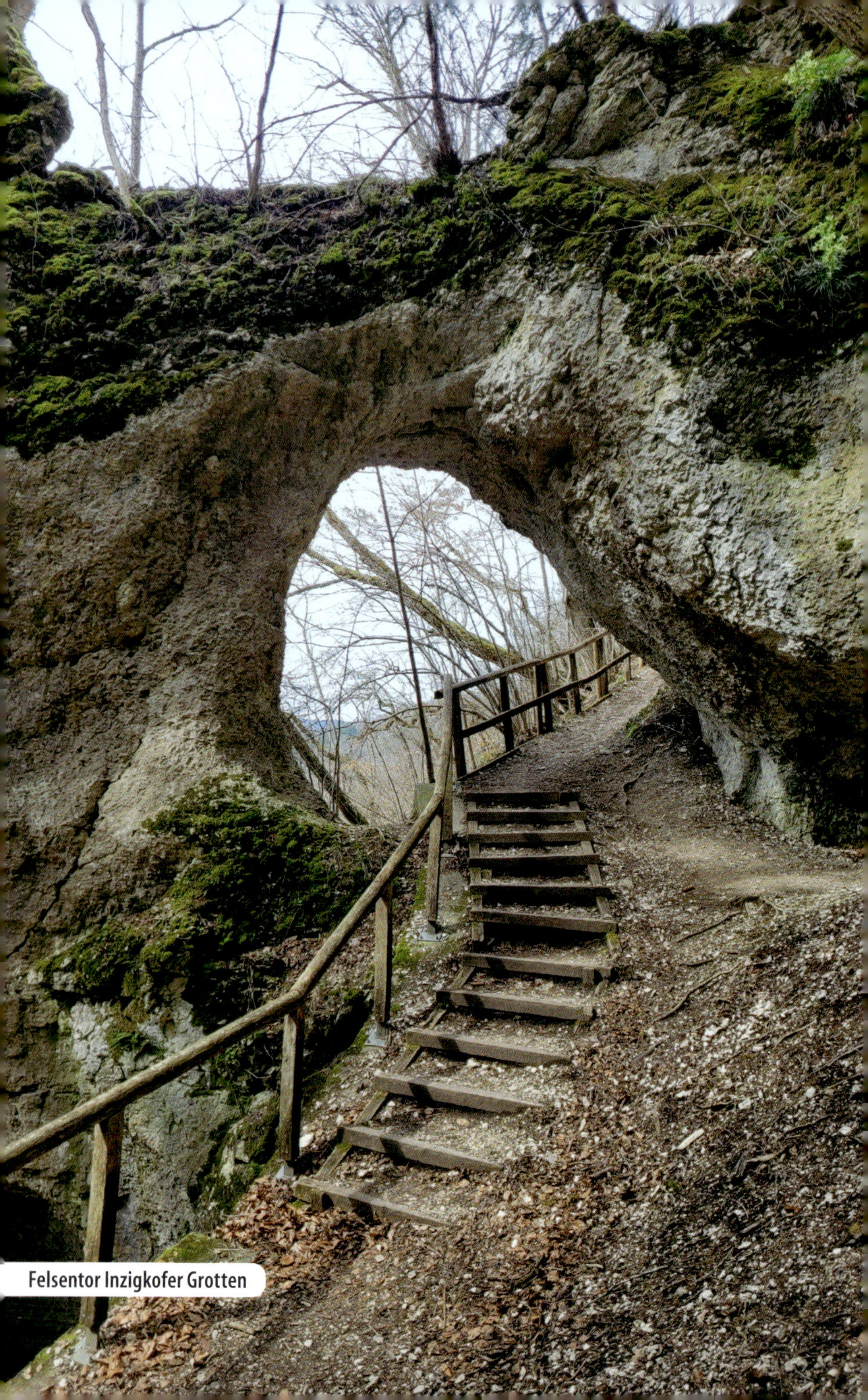

Felsentor Inzigkofer Grotten

Gelände des ❾ **ehemaligen Klosters.** Herrlicher alter Baumbestand säumt unseren Weg. Bald sehen wir rechts einen Wegweiser zum beschaulichen **Kräutergarten.** Wenn wir wollen, können wir einen kleinen Abstecher dorthin machen. Ansonsten gehen wir geradeaus und durchschreiten einen Torbogen. Außer dem Kräutergarten gibt es auf dem Klosterareal das kleine **Schwäbische Bauernmuseum** und ein **Klostermuseum.** Nach einem Besuch der sehenswerten **Klosterkirche** wandern wir auf dem Parkweg weiter bis zur nächsten Kreuzung. Hier halten wir uns links und schlagen den Weg in Richtung **Amalienfelsen** ein. In den Sommermonaten können wir im Biergarten des ❿ **Parkstüble** einkehren und uns stärken.

Bald gabelt sich der Weg. Wir gehen rechts und in Richtung **Amalienfelsen.** Gemütlich wandern wir auf dem schönen, breiten Wanderweg dahin, die Blätter rauschen über uns, übertönt von lebhaftem Vogelgezwitscher. Über ein Brückchen können wir einen Abstecher zu einem ⓫ **Denkmal** machen, das Amalie Zephyrine ihrem Bruder, Fürst Friedrich III. von Salm-Kyrburg, gewidmet hat. Es steht auf einem kleinen Hügel, von dem aus in der Ferne das Hohenzollernschloss in Sigmaringen sichtbar ist.

Zurück auf unserem Wanderweg, gehen wir an der nächsten Weggabelung rechts in Richtung **Donaubrücke/Laiz.** Schon rund 80 Meter weiter kommen wir an eine Wegkreuzung mit einer Fülle von Wegweisern. Wir entscheiden uns für einen etwa 650 Meter langen Abstecher in die ebenfalls ausgeschriebene ⓬ **Lindenallee,** ehe wir zurück nach Laiz wandern. Auf diesem Weg kommen wir oberhalb des **Amalienfelsens** heraus und genießen von einer Bank aus noch einmal die Aussicht auf die Donau und die Hängebrücke.

Wieder unten angekommen, wenden wir uns links und folgen dem roten Dreieck in Richtung **Laiz/Donaubrücke,** zunächst am Waldrand entlang, dann inmitten von Wiesen hindurch, die gelb gesprenkelt sind von

Löwenzahnblüten. An der nächsten Kreuzung gehen wir nach links und wenden uns der Donau zu, nach 230 Metern folgen wir einem Pfad nach rechts. Er führt auf einen kleinen Damm, auf dem wir weiterschlendern. Zu unserer Linken fließt träge die Donau, vor uns schiebt sich der Kirchturm von Laiz ins Blickfeld.

Am Ende des Dammes gelangen wir in ein Wohngebiet und folgen dem **Wendelinusweg** bis zu seinem Ende. Dort wenden wir uns nach links und gehen in Richtung **Donaubrücke,** die wir nach 140 Metern erreichen. Noch einmal biegen wir links ab, überqueren die Brücke und sind wieder an unserem Ausgangspunkt angelangt.

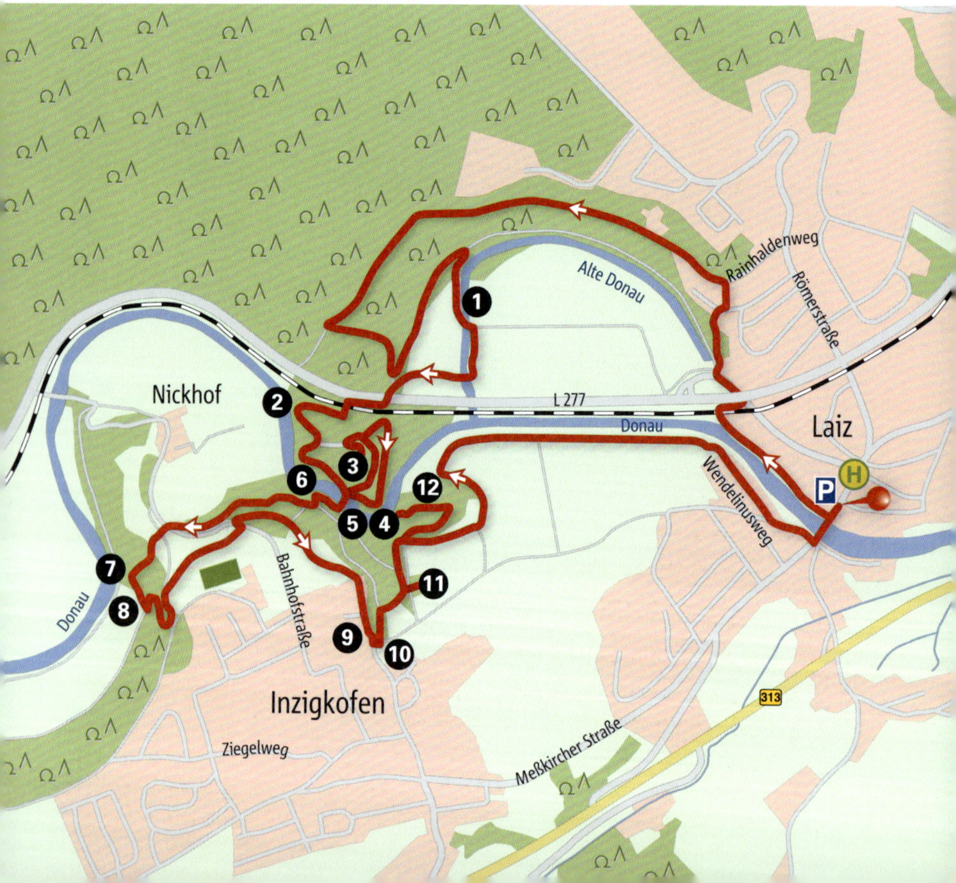

ALLES AUF EINEN BLICK

Entspannung
Abenteuer
Vielfalt

WIE & WANN

Wenig breite, befestigte Wanderwege, viel schmale Pfade, steile Aufstiege über steinige Wege und Treppen, festes Schuhwerk und Trittsicherheit erforderlich; beste Jahreszeit April bis Oktober, an schönen Tagen in den Ferien und an Wochenenden kann viel los sein

HIN & WEG

Auto: Gebührenfreier Parkplatz an der Donau in Laiz, Hauptstraße 52, 72488 Sigmaringen
ÖPNV: Stadtbus 6 Sigmaringen, Haltestelle Festhalle, direkt am Ausgangspunkt am Parkplatz (So. kein Verkehr; vom Bahnhof Sigmaringen Umsteigen nötig)

ESSEN & ENTSPANNEN

10 **Parkstüble,** Schloßbühlweg 1, 72514 Inzigkofen, Tel. (0 75 71) 5 17 33, www.parkstueble-inzigkofen.de

ENTDECKEN & ERLEBEN

1 **Alte Donau**
2 **Aussichtspunkt Festung**
3 **Eremitage und Meinradskapelle**
4 **Amalienfelsen**
5 **Hängebrücke**
6 **Teufelsbrücke**
7 **Aussichtspunkt Känzele**
8 **Inzigkofer Grotten**
9 **Ehemaliges Kloster Inzigkofen** mit Klosterkirche, Kräutergarten, Schwäbischem Bauernmuseum und Klostermuseum, Kirchstraße, 72514 Inzigkofen, www.vhs-inzigkofen.de/haus/klostergeschichte.html oder www.inzigkofen.de/de/Tourismus/Museen
11 **Denkmal für Fürst Friedrich III. von Salm-Kyrburg**
12 **Lindenallee**

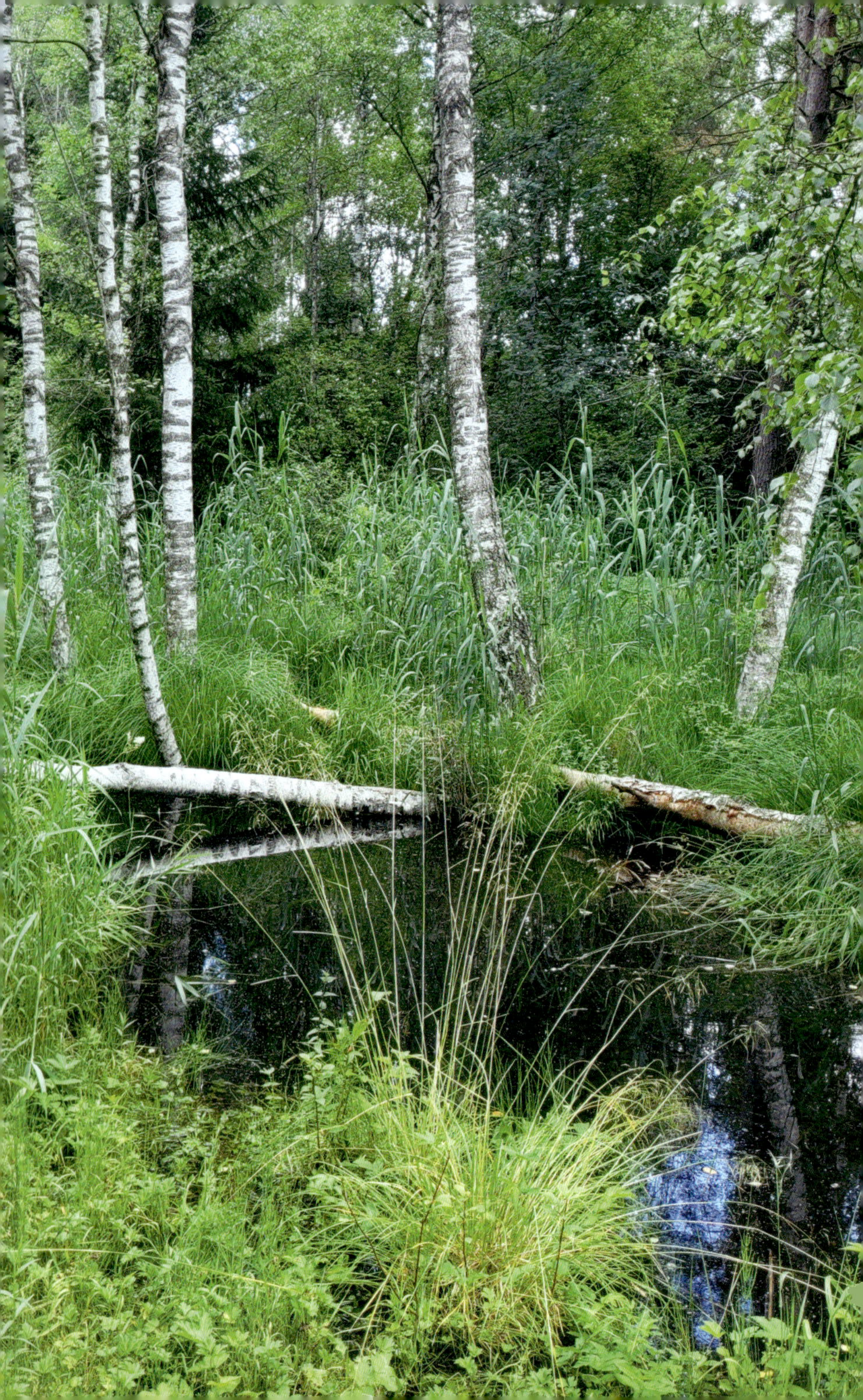

Ein Tag im Moor

Naturwunder Wurzacher Ried

Die Grenzen zwischen Allgäu und Oberschwaben sind fließend. Bad Wurzach liegt streng genommen im Allgäu – und betont auf seiner Website die oberschwäbische Gemütlichkeit des Ortes. Genau dieser Gemütlichkeit werden wir heute frönen. Wir freuen uns auf Natur pur und einen entspannten Tag im Wurzacher Ried.

Von unserem Wanderparkplatz aus queren wir die Bundesstraße 465 und folgen einem asphaltierten Fußweg. Nach etwa 150 Metern gehen wir rechts, bei nächster Gelegenheit wieder links. Über Brücken verläuft unser Weg am Ufer der Wurzacher Ach entlang, bis wir nach etwa 200 Metern links auf einen Bohlenweg stoßen. Dieser führt uns, teilweise etwas überwachsen, 100 Meter direkt durchs Ried. Doch bald haben wir wieder festen Boden unter den Füßen und folgen dem Waldweg, den wir jetzt erreichen, wiederum nach links.

Ein mit Seerosen bedecktes Gewässer begleitet unseren Weg, zunächst auf der linken Seite. Im Sommer verströmt Mädesüß seinen Duft, Bänke laden zu vielen kleinen Auszeiten ein. An einer T-Kreuzung angekommen, gehen wir wenige Meter nach links und dann nach rechts. Geradeaus führt ein Bohlenweg durch das Ried zu einer **1 Aussichtsplattform.** Ein Abstecher, der sich zu jeder Jahreszeit lohnt und uns einen weiten Blick über das Moor bietet.

Unser Wanderpfad wird zu einem Holzbohlenweg, und wenn wir an seinem Ende nach links gehen, können wir einen weiteren

*Das **Wurzacher Ried** ist das größte intakte und noch zusammenhängende Hochmoor in Mitteleuropa und erstreckt sich über 18 Quadratkilometer. Es entstand durch den Rückzug der Eiszeitgletscher und ist Heimat von seltenen Tier- und Pflanzenarten.*

Kilometer: 14,9
Höhenmeter: 10
Stunden: 5
RUNDWEG

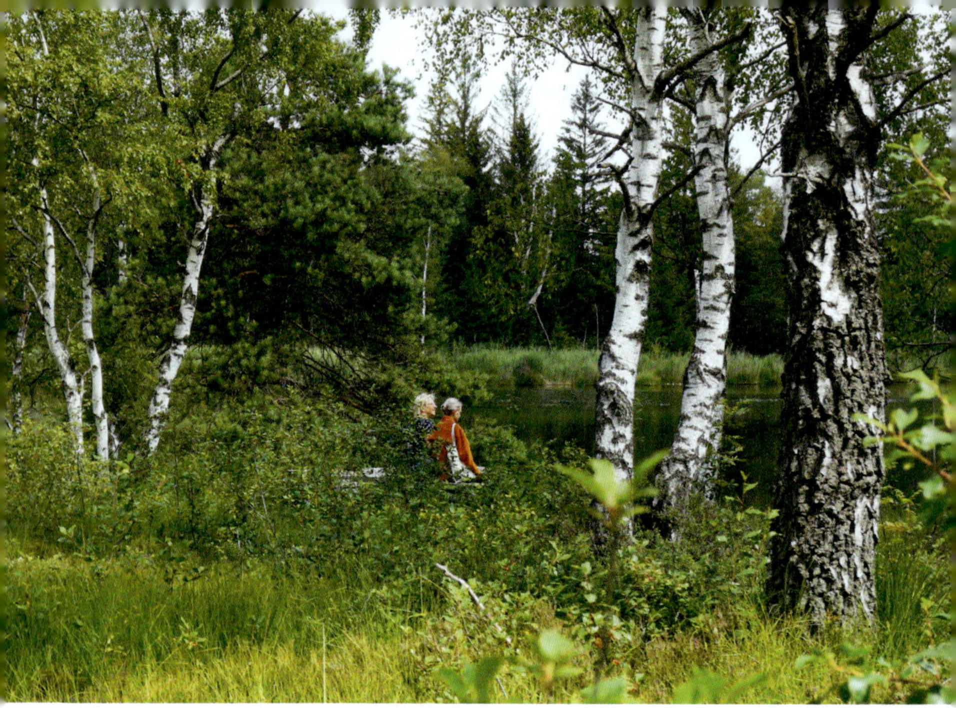

Die **Ausstellung „Moor Extrem“** (www.wurzacher-ried.de) im Naturschutzzentrum spricht alle Sinne an und macht biologische und naturwissenschaftliche Phänomene erlebbar. Vielschichtige ökologische Zusammenhänge werden leicht verständlich dargestellt.

Abstecher zu einer ❷ **Aussichtsplattform** machen. Ansonsten wenden wir uns nach rechts und erreichen bald den geschotterten **Torfstichweg.** Wieder gehen wir nach rechts und wandern zwischen Wald und der sanften Hügellandschaft des Voralpenlandes etwa 1 Kilometer bis zu einer Wegkreuzung, an der wir uns links halten und den Wegweisern in Richtung **Naturschutzzentrum** und **Moor Extrem** folgen. Nach etwa 200 Metern wenden wir uns nach rechts. (Wer einen Abstecher zum **Naturschutzzentrum** und der sehenswerten Ausstellung „Moor extrem“ machen möchte, geht geradeaus weiter.)

Einige Schaukästen zum Thema Bienen stehen hier in der Nähe eines Holzpavillons, an dem wir den linken Weg nehmen. Bei den nächsten beiden Weggabelungen biegen wir jeweils rechts ab, um inmitten blühender Blumenwiesen hindurchzugehen. An einer ausladenden Weide wenden wir uns nach links und spazieren am ❸ **Parksee** entlang, den wir auf einem hölzernen Steg überqueren. Welch herrlicher Ort für eine kleine Pause! Diese gönnen wir uns, ehe wir an der nächsten T-Kreuzung nach links und zunächst rund 130 Meter auf einem uns vom Hinweg bereits bekannten Wegstück gehen. Dann folgen wir dem Weg geradeaus bis zur Straße und dahinter rechts in Richtung Parkplatz. Dort angekommen, orientieren wir uns zunächst am **HW 5** mit dem **roten Balken,** gehen auf einem asphaltierten Fußweg erst am Parkplatz vorbei und dann geradeaus. Nach etwa 200 Metern führt uns rechts ein schöner Pfad etwa 170 Meter durch den Wald. Bei nächster Gelegenheit wenden wir uns nach links und gehen auf den ❹ **Riedsee** zu. Heidelbeersträucher grüßen rechts und links des Weges. Mal geht es auf Bohlen, mal auf federndem Waldboden dahin. Das tut den Füßen – und der Seele – gut.

Für die Seele

Federnde Wege und Stege durchs Moor bescheren uns pures Wanderglück.

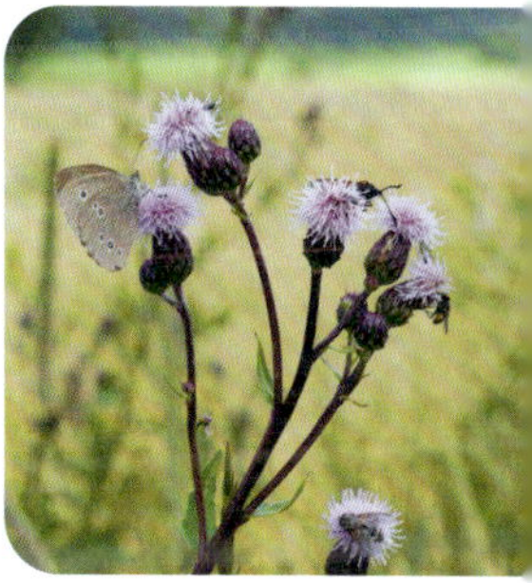

An einer Kreuzung stoßen wir ein weiteres Mal auf den **HW 5,** dem wir gleich wieder für kurze Zeit folgen. Zunächst aber wollen wir im wahrsten Sinne des Wortes noch tiefer ins Moor eintauchen und moortreten, denn dazu dient eine ❺ **Holzkonstruktion** mit zwei kleinen Treppchen, die wir an dieser Stelle entdecken. Ein paar Meter weiter, auf der anderen Seite des Weges, können wir unsere Moorfüße in einem kleinen Becken mit klarem Wasser abwaschen.

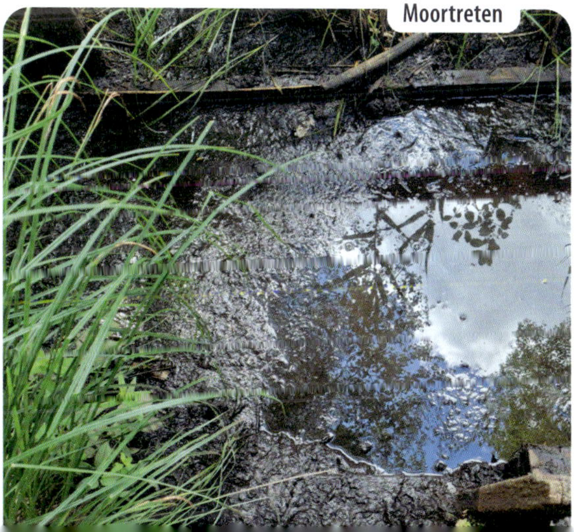

Moortreten

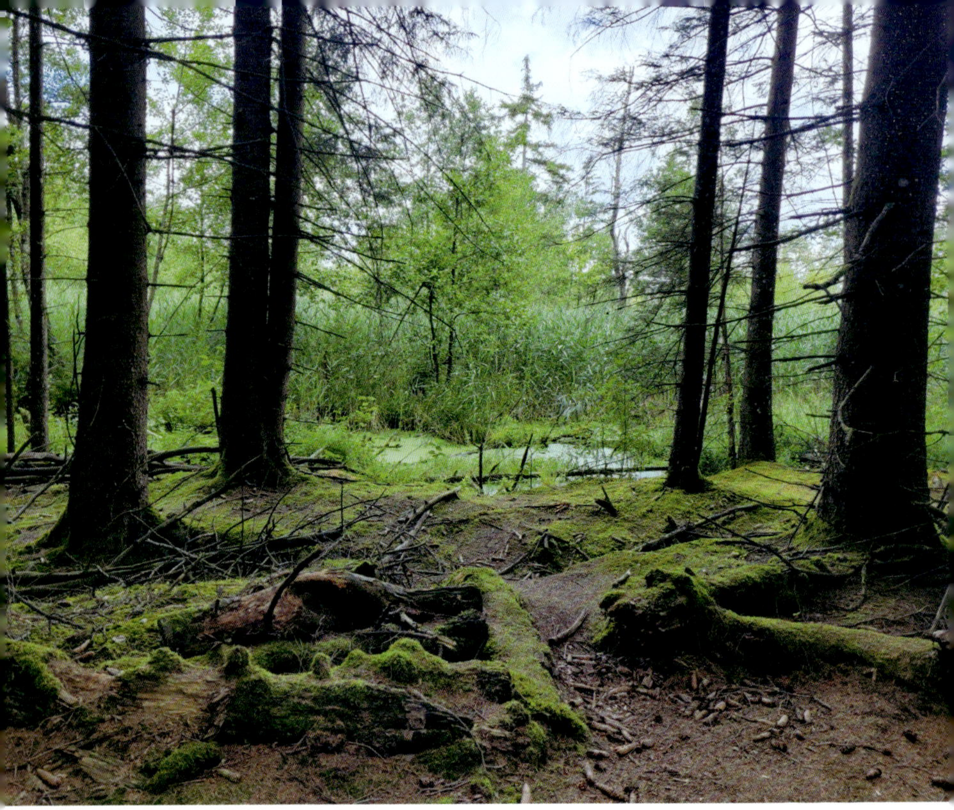

In der warmen Jahreszeit bietet der Heimatverein Wurzen an den Wochenenden Fahrten mit dem historischen ***Torfbähnle*** *an. Diese dauern etwa eine Stunde und führen durch herrliche Riedlandschaft.*

Erfrischt gehen wir weiter am Riedsee entlang, bleiben nach 300 Metern seinem Ufer treu, gehen ein paar Stufen hinab und einen Holzsteg entlang. Wir wandeln auf dem ⑥ **Torfstecherweg** und werden an verschiedenen Stationen mit interessanten Informationen rund um das Thema versorgt. Etwa 250 Meter nach der Abzweigung nach rechts führt ein schmaler Holzbohlenpfad auf eine schöne Aussichtsplattform. Auszeit-Zeit!

Zurück auf dem größeren Weg, folgen wir diesem für weitere 240 Meter, bleiben auf dem **Torfstecherweg** und gehen nach links. Wenn wir schon Lust auf eine Einkehr haben, können wir an der nächsten Kreuzung geradeaus gehen und erreichen bald das Lokal ⑦ **Zum Wurzelsepp** in der ehemaligen Kantine der Torfstecher. Nebenan steht das kleine, aber feine ⑧ **Oberschwäbische Torfmuseum,** das sich im denkmalgeschützten Gebäude eines ehemaligen Torfwerks befindet und sich dem Torfabbau mit seinen verschiedenen Facetten widmet. Doch auch am Ende der Tour ist diese Einkehr möglich, denn wir kommen auf dem Rückweg noch einmal hier vorbei.

Ansonsten gehen wir an der Kreuzung rechts und orientieren uns von Neuem am **HW 5,** dem wir fast 1,5 Kilometer geradeaus folgen. Der Weg ist ein Genuss, idyllisch und sehr angenehm zu gehen. An seinem Ende angekommen, halten wir uns rechts und wandern zunächst auf einem Bohlenweg durchs Moor, danach abwechslungsreich durch Wälder und Wiesen. Nach etwa 1,4 Kilometern gelangen wir an ein Sträßchen, auf dem wir etwa 200 Meter links in Richtung **Riedschmiede** gehen. Wieder begleitet uns das Wanderzeichen des **HW 5,** diesmal bis zum Parkplatz.

Auch an der nächsten Kreuzung gehen wir nach links und kommen bald an der **Riedschmiede** an. In einem winzigen Blockhaus befindet sich das **9 Büffellädele,** ein Verkaufsautomat, an dem wir uns mit Büffelwürsten eindecken können. Kurz darauf gelangen wir

*Am Rand des Wurzacher Rieds weiden **Wasserbüffel** und betätigen sich als Landschaftsschützer, da sie mit ihrem gesunden Appetit die Riedflächen offenhalten. Außerdem legen sie kleine Wassermulden an, die von Tieren und Pflanzen gerne besiedelt werden.*

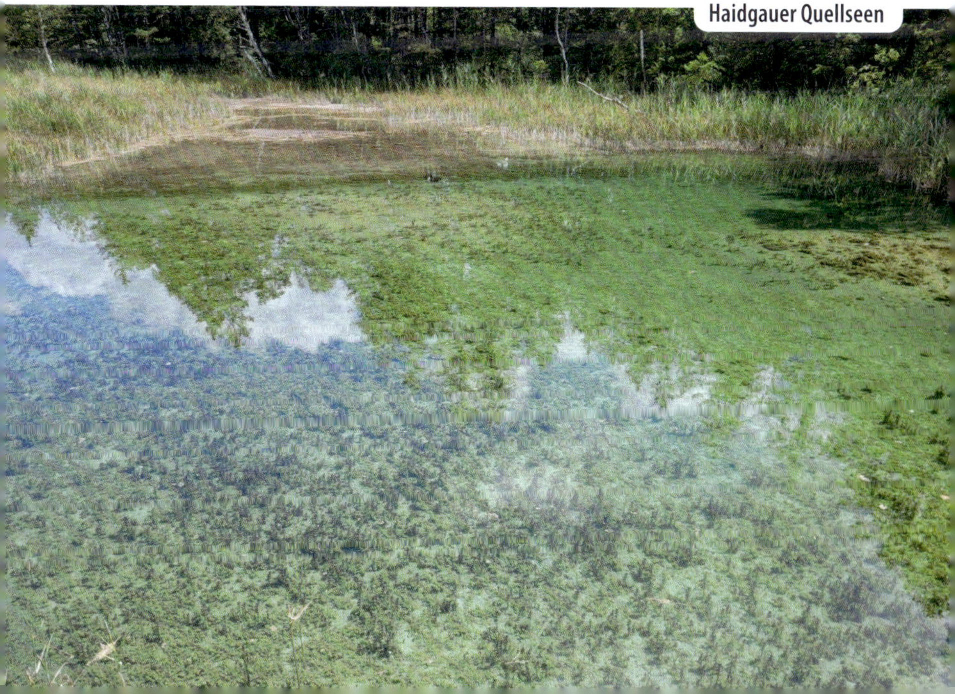

Haidgauer Quellseen

an eine Abzweigung in Richtung der Aussichtsplattform ⑩ **Haidgauer Quellseen.** Dieser Abstecher lohnt sich sehr! Von der Plattform aus können wir, besonders bei sonnigem Wetter, türkis schillernde Quelltöpfe sehen, aus denen die Haidgauer Ach entspringt.

Wieder zurück, gehen wir rechts. Abwechslungsreich führt unser Weg 1,2 Kilometer durch ein Schilfmeer, über Stege und Brückchen, durch Wald bis zu einer Kreuzung. Hier wenden wir uns links und stehen nach 360 Metern an der Abzweigung, an der wir vorhin in Richtung Bohlenweg gingen. Wir gehen nach rechts und folgen dem in großen Teilen bekannten Weg zurück zum Parkplatz, wobei wir uns stets am **roten Balken** orientieren.

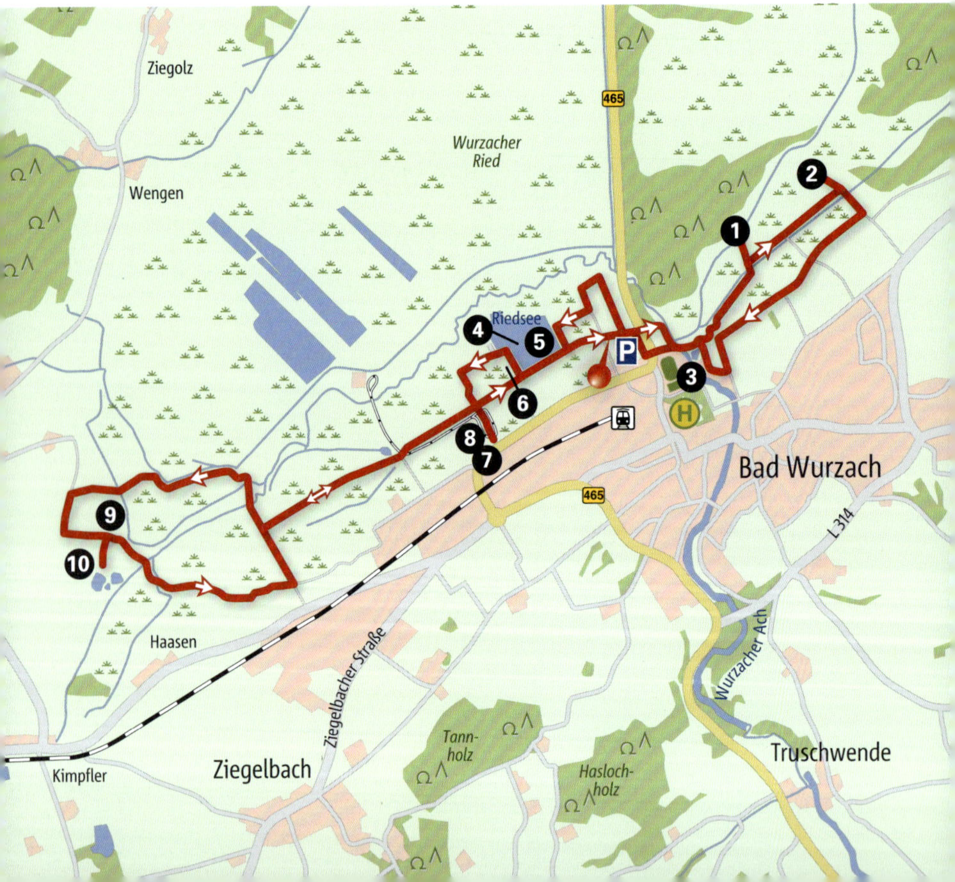

ALLES AUF EINEN BLICK

Entspannung 4/5
Abenteuer 3/5
Vielfalt 4/5

WIE & WANN

Befestigte Wanderwege, schmale Pfade und Bohlenwege, wenige asphaltierte Straßen; zu jeder Jahreszeit faszinierend

HIN & WEG

Auto: Gebührenfreier Parkplatz Wurzacher Ried, Parkplatz 1, Biberacher Straße 23, 88410 Bad Wurzach

ÖPNV: Bus 7556 oder 7554 von und nach Aulendorf, Bus R 90, 7556 oder 7550 von und nach Leutkirch, Haltestelle Bad Wurzach, Post, von dort zu Fuß etwa 700 Meter zum Ausgangspunkt der Tour über Biberacher Straße und an der B 465 entlang; So. auch Zugverkehr von Aulendorf nach Bad Wurzach

ESSEN & ENTSPANNEN

7 **Zum Wurzelsepp,** Dr.-Harry-Wiegand-Straße 4, 88410 Bad Wurzach, Tel. (0 75 64) 94 88 41, www.zumwurzelsepp.com

9 **Büffellädele (Verkaufsautomat),** Riedschmiedestraße 3/2, 88410 Bad Wurzach

ENTDECKEN & ERLEBEN

1 **Erste Aussichtsplattform**

2 **Zweite Aussichtsplattform**

3 **Parksee**

4 **Riedsee**

5 **Moortretanlage**

6 **Torfstecherweg**

8 **Oberschwäbisches Torfmuseum,** Dr. Harry-Wiegand-Straße 4, 88410 Bad Wurzach, www.torfbahn.de/torfmuseum

10 **Haidgauer Quellseen**

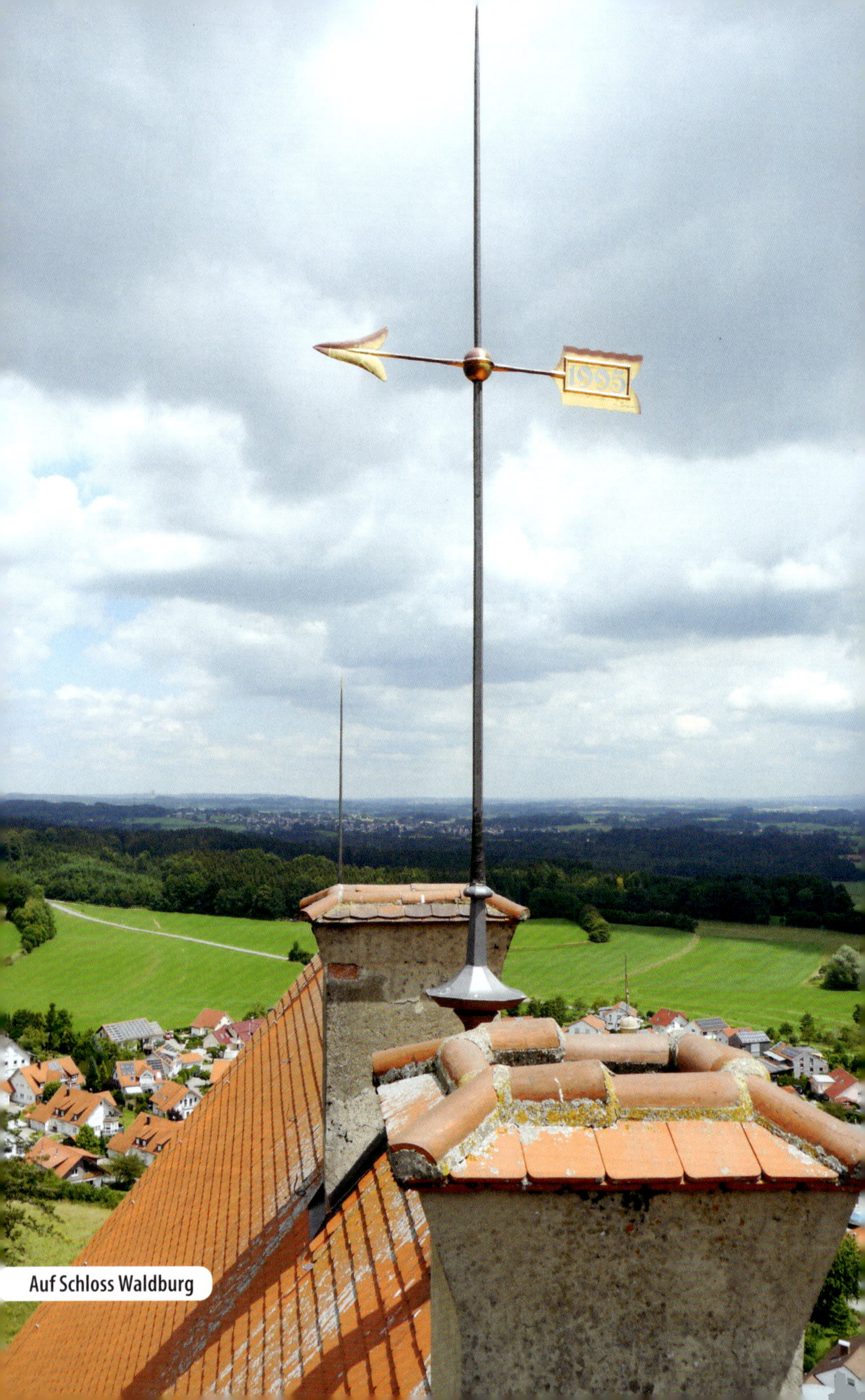

Auf Schloss Waldburg

Burg mit Weitblick

Wald plus Burg ergibt Waldburg!

Schon von Weitem ist Schloss Waldburg zu sehen, das hoch über dem gleichnamigen Ort auf einem Drumlin thront. Nicht nur das alte Gemäuer, auch sein Museum ist einen Besuch wert – und der Ausblick vom Aussichtspunkt auf dem Dach ist fantastisch.

Zunächst aber wollen wir Waldluft schnuppern. Wir durchqueren den Ort auf der **Hauptstraße,** vorbei an der **Bushaltestelle,** dem Startpunkt für die, die „öffentlich" anreisen. Dabei erfreuen wir uns am hübsch herausgeputzten Dorfplatz und den schmucken Häusern. Kurz vor dem Ortsende folgen wir dem **roten Kreuz** des Schwäbischen Albvereins in Richtung **Sieberatsreute** und nehmen links einen schmalen Weg. Durch eine Wald- und Wiesenlandschaft wandern wir etwa 400 Meter bis zu einer Wegkreuzung im Wald. Direkt hinter einem Bildstock führt links ein Pfad zu einem **1 erratischen Block.** Wir machen einen Abstecher zu diesem Felsen, der mystisch anmutet, wie er da so mitten im Wald liegt – zugleich ein schöner Ort ist für eine erste, kurze Rast. Nachdem wir den Stein ausgiebig bewundert und erforscht haben, spazieren wir zurück zu der Lichtung mit den Wegweisern.

Dort angekommen, gehen wir kurz weiter in Richtung **Sieberatsreute,** biegen aber schon nach 50 Metern rechts ab in Richtung **Obergreut.** Der zunächst breite Weg wird bald zu einem schmalen Pfad und führt kurz darauf in einen Buchenwald. Dann bietet eine Passage am Waldrand Ausblicke auf die oberschwäbische Landschaft.

*Unter **Drumlins** versteht man lang gestreckte, niedrige Hügel aus Moränenmaterial, die durch eiszeitliche Ablagerungen entstanden sind. Sie prägen das Landschaftsbild zwischen Allgäu und Bodensee.*

Kilometer: 8,6
Höhenmeter: 140
Stunden: 2,5
RUNDWEG

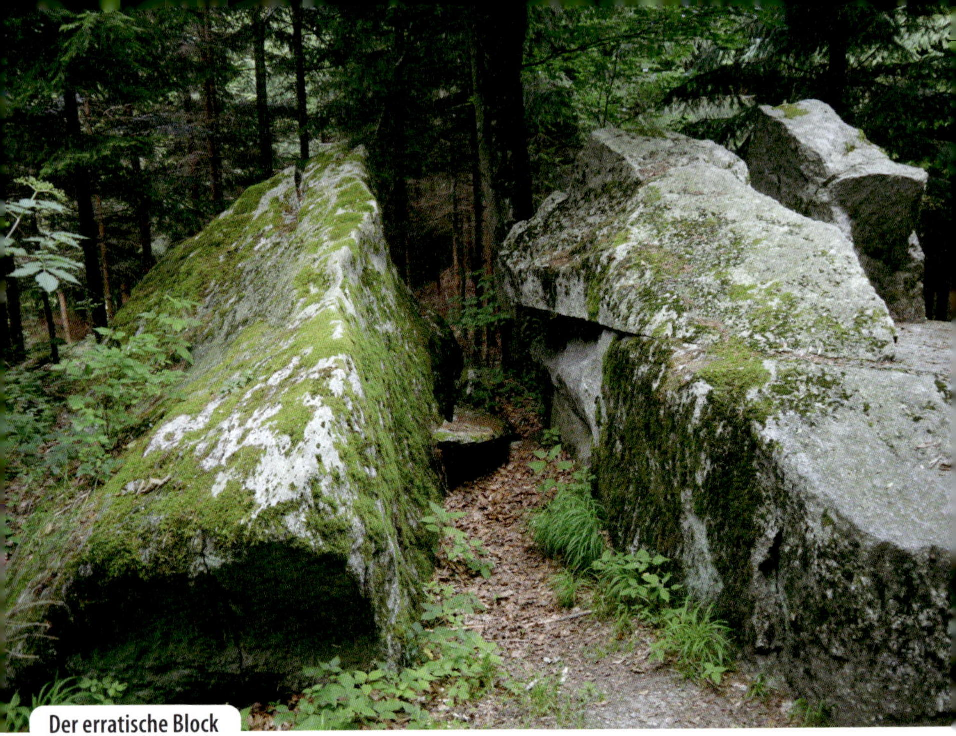

Der erratische Block

*Ein **erratischer Block** ist ein großer ortsfremder Gesteinsblock, der nicht dort liegt, wo man ihn eigentlich erwarten würde, und meist durch Gletscher zu seinem jetzigen Standort transportiert wurde.*

Mal durch dichteren Wald, mal über Lichtungen folgen wir unserem Pfad. Etwa 450 Meter nach dem Abzweig endet er, wir gehen nach links. Der von riesigen Farnen gesäumte Weg ist jetzt etwas breiter und führt recht steil bergab. Bereits nach etwa 100 Metern wenden wir uns an einer Gabelung nach rechts und orientieren uns am **roten Kreuz.** Unser Weg führt mal leicht bergauf, mal leicht bergab durch den Wald. Auf einer großen Lichtung kommen wir an eine Kreuzung aus drei Wanderwegen. Hier gehen wir weiter geradeaus und folgen jetzt dem **blauen Kreuz.** Bald verengt sich unser Weg zu einem schmalen Pfad und führt schattig durch abwechslungsreichen Mischwald. In einer Biegung sehen wir weit unter uns eine kleine Landstraße, die wir bald überqueren werden. Unser Weg führt auf eine **Schranke** mit der Aufschrift „Privatweg" zu, von der wir uns nicht irritieren lassen, denn direkt davor macht er eine scharfe Biegung nach rechts. Teilweise recht steil gehen wir bergab, bis wir an einer kleinen Asphaltstraße herauskommen.

Hier gehen wir ohne Wanderzeichen nach rechts bis zur Landstraße, wenden uns einige Meter nach links und überqueren sie an einer **Bushaltestelle** mit einem Wartehäuschen aus Holz. Dort orientieren wir uns am Wanderzeichen Richtung **Waldburg** – auf die wir an dieser Stelle übrigens einen wunderbaren Blick haben – und folgen einer wenig befahrenen Straße. Nach etwa 100 Metern führt links ein mit einem **gelb-weißen Dreieck** markierter Pfad in Richtung **Waldburg** in den Wald. Wir folgen ihm zunächst steil, dann flacher den Hang hinauf. An einer riesigen Buche halten wir bewundernd inne, ehe wir die dort aufgestellten Wanderzeichen studieren. Wir gehen rechts und folgen dem Weg für etwa 300 Meter bis zur nächsten Weggabelung, wo wir uns links halten. Durch ein Wäldchen gelangen wir auf einen wunderschönen Wiesenweg. Er führt unter einer Reihe Birken entlang, die lichten Schatten spenden. Der Duft von wildem Majoran umfängt uns, rechts haben wir erneut einen wunderbaren Blick auf die Waldburg.

Für die Seele

Wald, Burg und weite Sicht schenken uns eine entspannende Auszeit.

Am Ende des Weges steht lauschig unter zwei Bäumen eine Bank, auf der wir uns niederlassen, um diesen Ausblick zu genießen. Nach einer ausgiebigen Ruhepause gehen wir mit neuer Energie weiter. Wir halten uns rechts und schlendern auf einer kleinen Asphaltstraße durch die Wiesen, immer mit der Waldburg vor Augen. Auch an der nächsten Kreuzung orientieren wir uns rechts, bei klarer Sicht

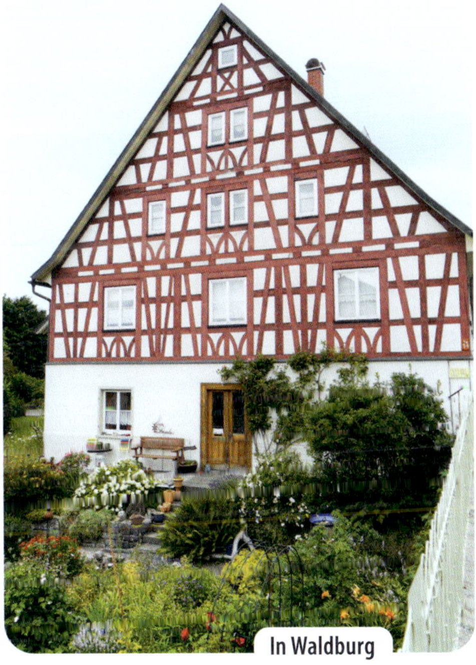

In Waldburg

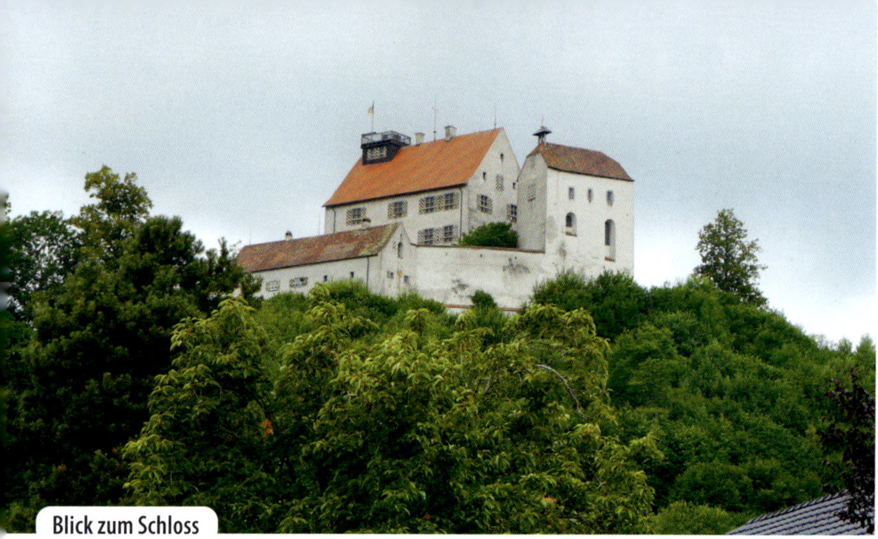

Blick zum Schloss

haben wir hier einen großartigen Blick bis zu den Alpen. Wir bummeln einen ❷ **Obstlehrpfad** entlang, an dem 40 Bäume längs der Straße mit Hinweistafeln versehen sind. An einem Bauernhaus mit einem hübsch hergerichteten Garten gehen wir links auf einem Feldweg in Richtung **Waldburg.** Etwa 300 Meter weiter folgen wir dem grünen Schild mit der Aufschrift **„Aufgang zur Burg"** steil bergauf. Am Weg versorgen uns Stelen mit Informationen rund um die Burg.

Bald erreichen wir die ❸ **Waldburg** und betreten den pittoresken Burghof. Gemütlich ist es hier, Picknicktische und Gastronomie locken. Auch der Besuch der informativen **Mittelalterlichen Erlebniswelt** und besonders der Aufstieg auf den **Turm** mit seinem Altan, der heute als Aussichtsplattform dient, lohnen sehr. Von hier oben haben wir bei klarem Wetter eine spektakuläre Rundumsicht auf Oberschwaben, den Bodensee, die Schwäbische Alb, sogar bis zur Zugspitze und nach Ulm.

Nach dem Besuch des Museums haben wir uns eine Rast im Burghof redlich verdient. Zu Zeiten, zu denen das Museum geöffnet ist, bietet das **Museumscafé** kleine Gerichte, Kuchen und Getränke für seine Besucher an. An Sonntagen ist außerdem die **Burgküche 1108** geöffnet und verwöhnt uns mit schwäbischen Gerichten und Pizza.

Burg oder Schloss? Die ***Waldburg*** *ist die Stammburg des Truchsessen- und Reichsfürstengeschlechts Waldburg und stammt aus dem 12. Jahrhundert. Als Burg erbaut, wurde sie im 16. Jahrhundert zu einem schlossähnlichen Wohn- und Herrschaftssitz ausgebaut.*

Um viele Eindrücke reicher, satt und zufrieden verlassen wir die Burg und gehen den steilen Weg wieder hinab. Nach etwa 140 Metern halten wir uns links und umrunden die Burg auf einem schmalen Pfad. Bald gelangen wir zu der Abzweigung, an der wir in Richtung Burg aufgestiegen sind. Hier gehen wir auf bekanntem Wege zurück zum Bauernhaus, dann rechts die Straße mit den Obstbäumen entlang bis zur nächsten Kreuzung. Dort wenden wir uns jetzt rechts und gleich darauf an einer weiteren Kreuzung mit einem Wegkreuz wieder links. Ehe wir der Straße bergab in Richtung **Waldburg** folgen, können wir auf einer der Sitzbänke mit Alpenblick noch einmal innehalten.

Unten angekommen, überqueren wir die Straße, die von Waldburg nach Vogt führt, und gehen auf einem Naturweg zunächst am Waldrand entlang, dann in den Wald hinein. An der nächsten Kreuzung blei-

*Die grandiose Fernsicht machte die **Waldburg** zu einem wichtigen Punkt bei der Vermessung des Königreichs Württemberg im Jahr 1818. Deshalb wurde auf dem Dach eine Arbeitsplattform angebracht, der Altan.*

Aussicht auf Oberschwaben

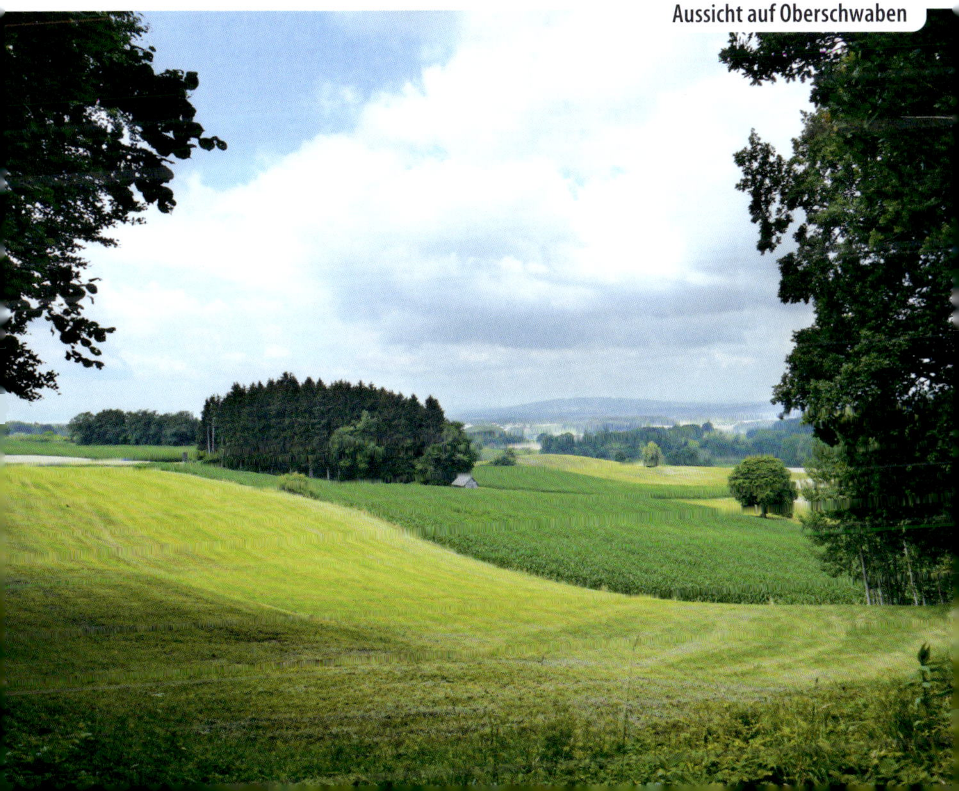

ben wir geradeaus auf dem Weg in Richtung **Waldburg,** der stetig bergab führt. Nach etwa 400 Metern wenden wir uns an einer weiteren Kreuzung nach rechts. Die Sonne malt Lichter auf den Boden vor uns, wir genießen die entspannte Stille um uns herum. Durch einen kleinen Hohlweg erreichen wir den Waldrand und treten hinaus auf eine sommerliche Blumenwiese. Es lohnt sich, hier zum Ausklang der Wanderung noch einmal auf der Bank mit spektakulärem Blick auf die Waldburg zu verweilen, denn bald kommen wir zu einem asphaltierten Sträßchen und den Sportanlagen von Waldburg. Noch einige Meter weiter gelangen wir zur **Amtzeller Straße** und gehen nach rechts, um bald darauf wieder am Parkplatz anzukommen.

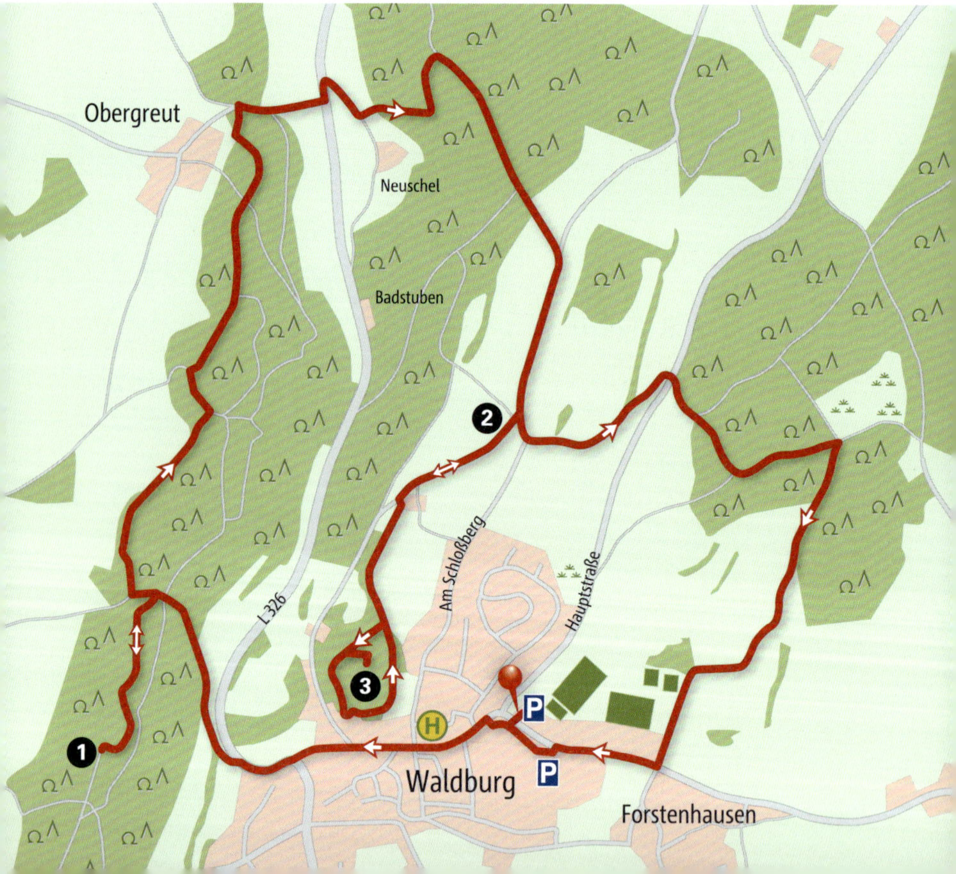

ALLES AUF EINEN BLICK

Entspannung 4/5
Abenteuer 3/5
Vielfalt 3/5

WIE & WANN

Gut befestigte Forst- und Wanderwege, kaum befahrene Asphaltstraßen und schmale Waldwege; zu jeder Jahreszeit gut machbar, am schönsten zwischen März/April und Oktober/November, wenn Museum und Gastronomie der Waldburg geöffnet sind

HIN & WEG

Auto: Gebührenfreie Parkplätze in Waldburg, Amtzeller Straße, 88289 Waldburg
ÖPNV: Bus RAB 7535 von und nach Ravensburg, Haltestelle Waldburg in der Ortsmitte, 200 Meter vom Parkplatz an der Route

ESSEN & ENTSPANNEN

3 **Museumscafé und Burgküche 1108 in der Waldburg,**
Schloss 1, 88289 Waldburg, www.schlosswaldburg.de

ENTDECKEN & ERLEBEN

1 **Erratischer Block**
2 **Obstlehrpfad**
3 **Waldburg** mit Mittelalterlicher Erlebniswelt und Aussichtsplattform, siehe ESSEN & ENTSPANNEN

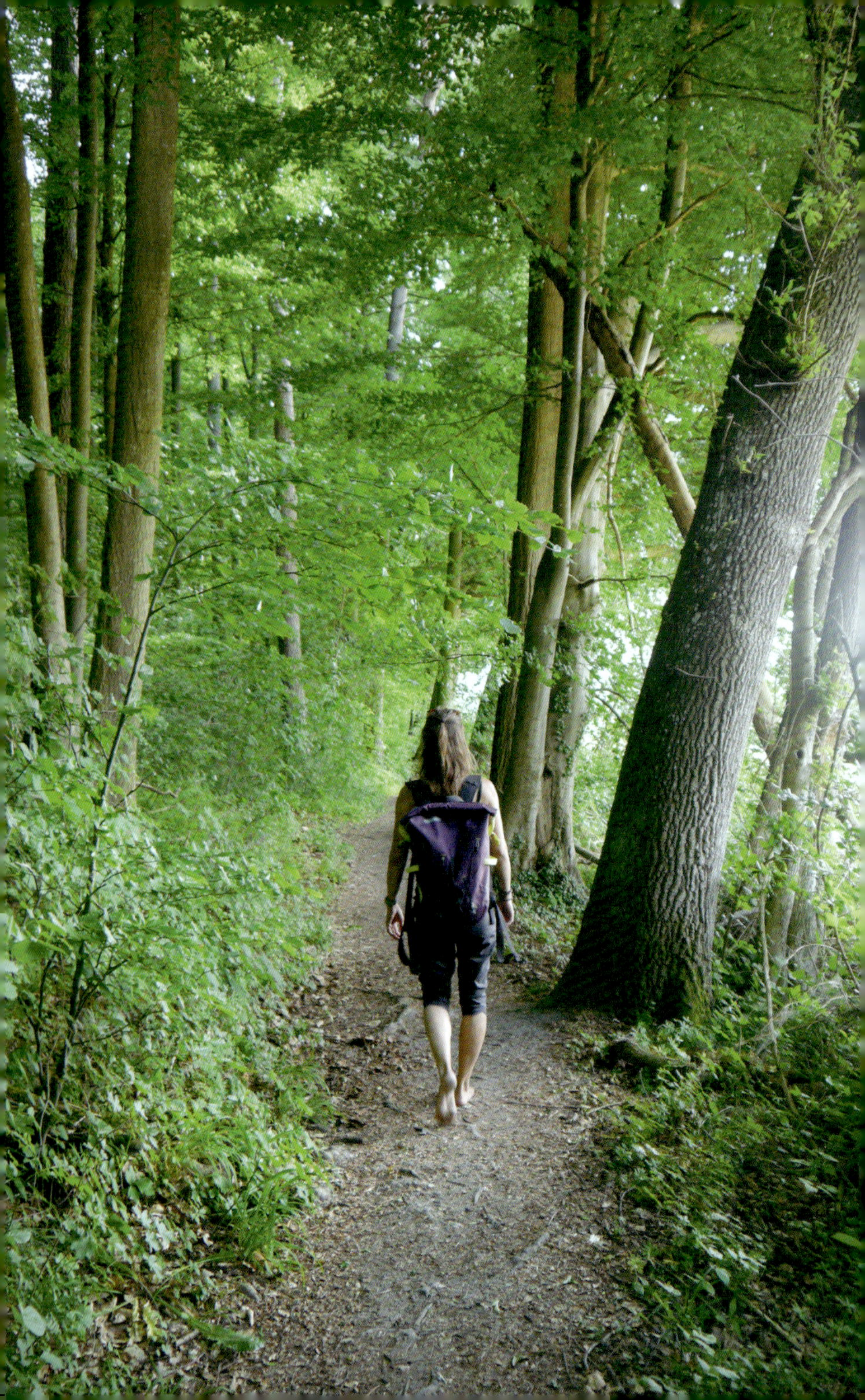

Um Ulm herum

Abstecher zum Hochsträß

Statt Oberschwaben zu durchwandern, überblicken wir es bei dieser Wanderung von oben. Ebendie großartige Aussicht verführt uns zu einem Ausflug auf das Hochsträß bei Ulm, das zur Schwäbischen Alb gehört.

Von unserem idyllisch im Wald gelegenen Wanderparkplatz aus gehen wir zunächst auf der wenig befahrenen Straße, auf der wir gekommen sind, zurück in Richtung Ulm. Nach 330 Metern und dann noch einmal 150 Meter weiter wenden wir uns jeweils nach rechts. Wir spazieren an einer Kleingartenanlage vorbei. Etwa 380 Meter nach dem letzten Abzweig führt unsere Wanderroute links weiter. Auf einem Sträßchen gehen wir bis zur weithin sichtbaren ❶ **Gerd-Walter-Linde.** Von ihr aus haben wir eine beeindruckende Rundumsicht in Richtung Ulm und Oberschwaben.

*Gerd Walter pflanzte nach seiner Rückkehr aus dem Zweiten Weltkrieg eine **Linde,** die er mit gesammelten 50-Pfennig-Münzen bezahlte. Diese trugen auf der Rückseite das Bild einer knienden Frau, die einen Baum pflanzt – Symbol für den Wiederaufbau Deutschlands.*

Sie ist auch Ausgangspunkt für einen weiteren Abstecher mit traurigem Hintergrund, nämlich zum ❷ **Fort Oberer Kuhberg,** das im Zweiten Weltkrieg als KZ diente. Heute beheimatet es eine KZ-Gedenkstätte, die an Sonntagnachmittagen besucht werden kann.

Wir biegen dazu an der Linde links ab und erreichen das Fort über eine wunderschöne, sanft hügelige Wiesenlandschaft. Besonders für historisch Interessierte ist es sehr interessant, das Fort zu umrunden und die Informationstafeln zu lesen. Auf dem gleichen Weg gehen wir zurück und geradeaus an der Gerd-Walter Linde vorbei. Wir entdecken Wanderzeichen, doch ist die Orientierung daran auf den nächsten beiden Kilometern unnötig, da unsere Route immer geradeaus führt.

Kilometer: 8,6
Höhenmeter: 140
Stunden: 3
RUNDWEG

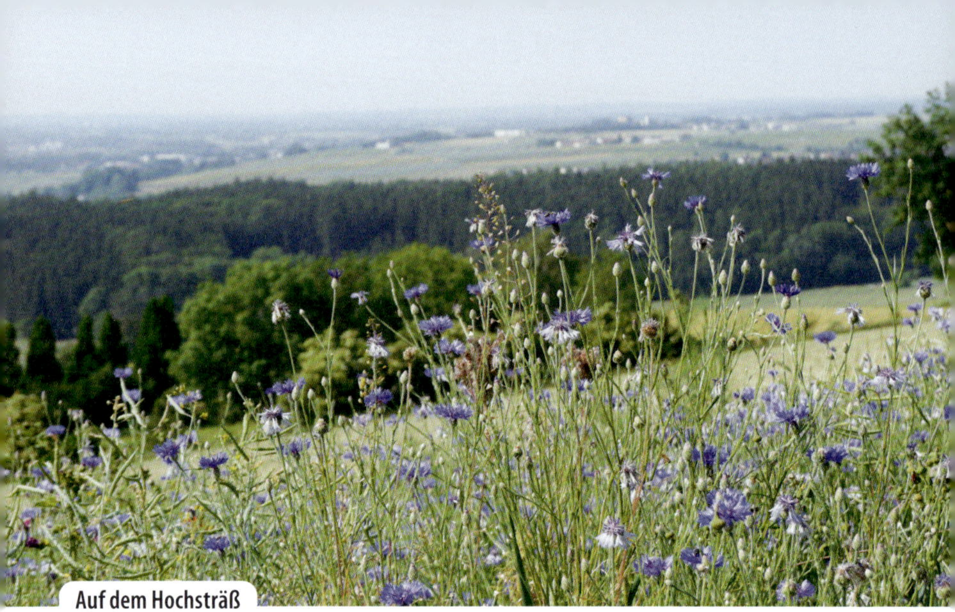

Auf dem Hochsträß

Das ***Hochsträß*** *gehört zum Naturraum Schwäbische Alb. Die Hochfläche befindet sich am südlichen Rand der Schwäbischen Alb bei Ulm und wird durch das Blau- und das Schmiechtal sowie die Donau begrenzt.*

Stets begleitet uns jetzt ein großartiges Panorama, nur im Hochsommer manchmal durch Maisfelder eingeschränkt. Schon von Weitem erkennen wir den **3 Aussichtspunkt Römerhöfe** an seiner gelben Telefonzelle, die zwar nicht gebrauchsfähig, aber ganz wie früher bestückt mit Telefon und Telefonbüchern in der Landschaft steht. Neben diesem Relikt aus vergangenen Zeiten finden wir eine Panoramatafel. An klaren Tagen bietet sich uns ein atemberaubender Blick auf die Alpen – von den Glarner Bergen in der Schweiz bis zum Karwendelgebirge. Im Vordergrund erkennen wir das Donautal und Oberschwaben. Auch das gelbe Schloss und die Kirche von Erbach sowie das imposante Kloster von Wiblingen entdecken wir.

Kurz hinter dem Aussichtspunkt überqueren wir eine Kreuzung und gehen zwischen Getreidefeldern hindurch stets weiter geradeaus. In den Feldern blühen Mohn und Kornblumen und erfreuen uns mit ihren kräftigen Farben. Etwa 1,5 Kilometer nach der Kreuzung gelangen wir an eine Wegkreuzung mit einer Bank. Wir nehmen noch einmal den weiten Blick über das Donautal in uns auf, denn wir verabschieden uns von unserem Panoramaweg und gehen rechts, am Waldrand entlang, bergauf. Nach etwa 170 Metern gelangen wir an eine weitere Kreuzung und wenden uns erneut nach rechts. Mischwald umfängt uns mit lichtem Schatten, bis er sich nach etwa 500 Metern öffnet. Wir erreichen den Waldrand und sehen vor uns das 4 **Wirtshaus im Butzental** liegen. Ist es geöffnet, können wir uns hier im Biergarten für den weiteren Weg stärken.

Für die Seele

Hoch über Ulm und Oberschwaben genießen wir das wunderbare Panorama.

Danach gehen wir auf der asphaltierten **Butzentalstraße** weiter, queren das Gelände eines Pferdestalls und spazieren zwischen Weiden hindurch. Nach etwa 230 Metern kreuzt ein steiniger und von Wurzeln durchzogener Pfad das Sträßchen. Diesem folgen wir rechts zwischen dem Waldrand und einer Weide entlang bergauf. Bald erreichen wir eine Kreuzung. Rechts steht eine Hütte zwischen den Bäumen, wir gehen nach links und auf einem breiten Waldweg stetig leicht bergab. Nach etwa 540 Metern kommen wir wieder an die kleine Straße von vorhin,

Aussichtspunkt Römerhöfe

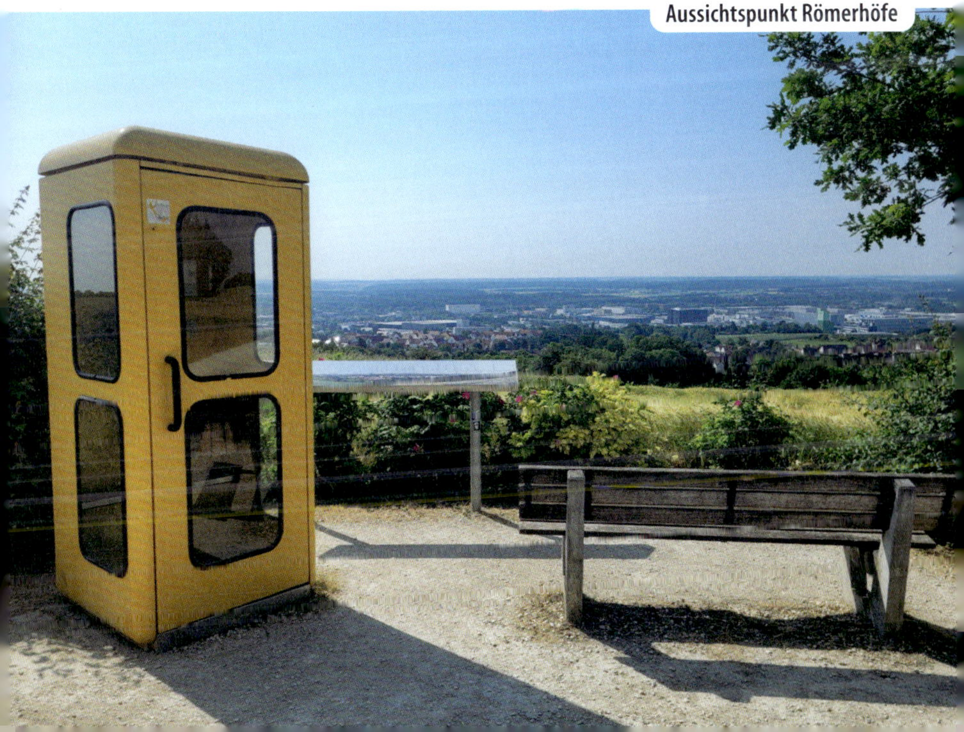

folgen ihr etwa 20 Meter nach rechts und wählen dann den Weg, der links in den Wald hineinführt. Die nächste Kreuzung, an der eine Hütte steht, überqueren wir geradeaus. Wildkräuter und Holunderbüsche blühen um uns herum und verströmen ihren Duft. Wir folgen dem schönen Weg für etwa 920 Meter und gelangen dann an den Waldrand. Neben einem großen hölzernen **5 Wegkreuz** steht eine **Bank,** von der aus wir einen wunderbaren Blick auf Ulm genießen. Auf dem Weg, den wir gekommen sind, wandern wir noch einmal rund 90 Meter zurück, biegen dann links in den Wald ein und wandern auf einem wunderschönen Waldweg zurück zu unserem Parkplatz.

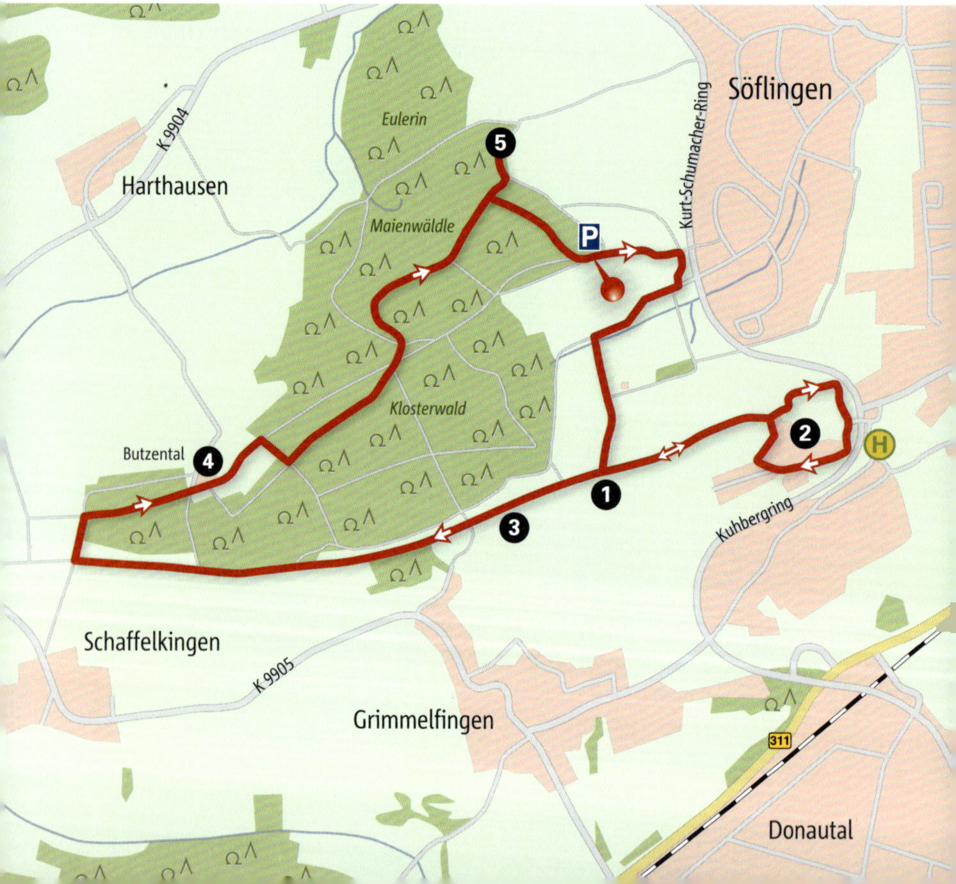

ALLES AUF EINEN BLICK

Entspannung 3/5
Abenteuer 2/5
Vielfalt 2/5

WIE & WANN

Gut befestigte Forst- und Wanderwege, kaum befahrene Asphaltstraßen und schmale Waldwege; zu jeder Jahreszeit gut machbar

HIN & WEG

Auto: Gebührenfreier Wanderparkplatz an der Grillstelle Maienwald, 89081 Ulm
ÖPNV: Straßenbahn 2 und Bus 14 oder 8 von Ulm Hauptbahnhof, Haltestelle Oberer Kuhberg, von dort zu Fuß 200 Meter zum Fort Oberer Kuhberg, Einstieg in die Tour dort

ESSEN & ENTSPANNEN

4 **Wirtshaus im Butzental,** Butzental 1, 89081 Ulm, Tel. (07 31) 3 79 92 99, www.wirtshaus-im-butzental.de

ENTDECKEN & ERLEBEN

1 **Gerd-Walter-Linde**
2 **Fort Oberer Kuhberg,** Am Hochsträß 1, 89081 Ulm, Tel. (07 31) 2 13 12, www.dzok-ulm.de
3 **Aussichtspunkt Römerhöfe**
5 **Wegkreuz mit Aussichtsbank**

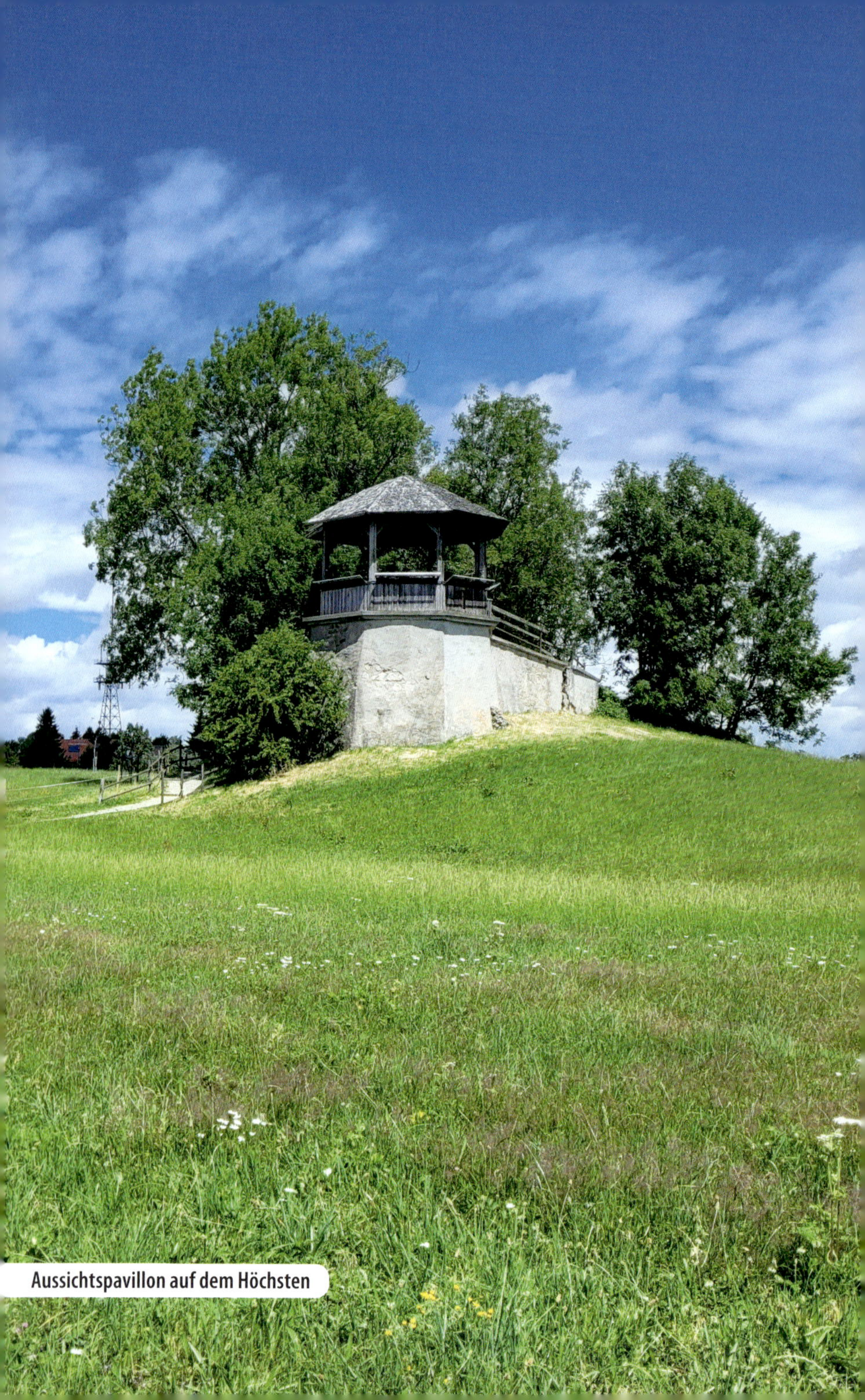

Aussichtspavillon auf dem Höchsten

Gipfelglück

Auf dem Höchsten in Oberschwaben

Mit 838 Metern ist der Höchsten die größte Erhebung zwischen den Vulkanen des Hegaus und dem Allgäu. Zugegeben, im Vergleich zu den Bergen der Alpen, die uns bei klarem Wetter aus der Ferne grüßen, ist der Höchsten ein kleiner Buckel. Doch hält uns das nicht davon ab, auf ihm glückliche Auszeit-Stunden zu verbringen. Schon der Beginn unserer Wanderung stimmt uns auf die großartigen Ausblicke ein, die wir heute bestaunen dürfen. Auch auf dem Höchsten selbst gibt es einiges zu sehen und unterschiedliche Einkehrmöglichkeiten. Genug also, worauf wir uns freuen können. Doch erst das Wandervergnügen, dann das Gipfelglück!

Wir verlassen den Parkplatz in nördlicher Richtung und gehen auf einer kleinen asphaltierten Straße in Richtung **Homberg.** Bei nächster Gelegenheit biegen wir rechts in einen Kiesweg ab und folgen dem **roten Kreuz.** Der angenehm zu gehende Wanderweg führt uns zunächst über blühende Wiesen, doch bald gelangen wir zum Waldrand. Wir lauschen dem Konzert aus Vogelstimmen und Blätterrauschen und schnuppern das besondere Waldaroma.

Etwa 900 Meter nach der Abzweigung kommen wir an eine T-Kreuzung und orientieren uns in Richtung **Oberhomberg** und am Wanderzeichen der **Bodenseelandgänge,** das uns noch häufiger begleiten wird. Der Weg führt uns durch eine große, s-förmige Kurve. In der Nähe plätschert der Aubach, ein Wegkreuz steht mitten im Wald. Bald treten wir in eine hübsche Wiesenlandschaft hinaus. Über-

Kilometer: 8,7
Höhenmeter: 150
Stunden: 2,5
RUNDWEG

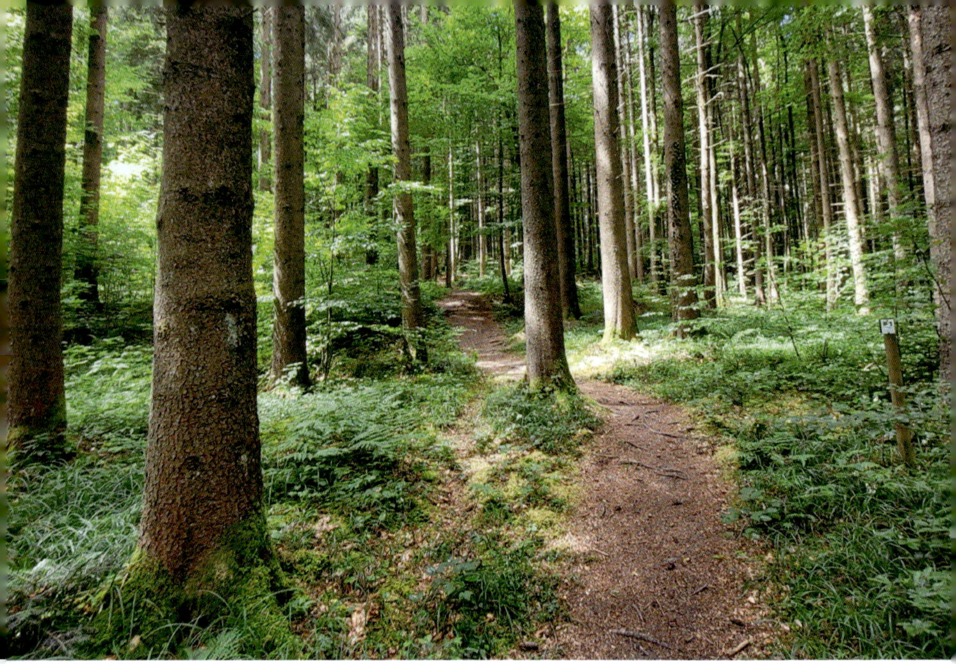

all summt und zirpt es, Obstbäume säumen den Weg. Schon sehen wir den Turm der Kirche von **Oberhomberg.** Dort angekommen, gehen wir links. Am **1 Landgasthof Linde,** der unter der Woche leider erst ab dem späten Nachmittag geöffnet hat, wenden wir uns rechts und folgen der gelben Raute in Richtung **Wahlweiler.** Auf einer kleinen Straße spazieren wir bis vor das Ortsschild des kleinen Ortes und gehen direkt davor links. Nach etwa 170 Metern teilt sich unser Weg, noch einmal entscheiden wir uns für links und schlendern durch Getreidefelder und Wiesen. Sonnenwärme auf der Haut, Blütenduft in der Luft – und wir können uns an der berückenden Aussicht auf den Bodensee gar nicht sattsehen.

An der nächsten Kreuzung angekommen, hätten wir die Möglichkeit, über ein asphaltiertes Sträßchen links nach **Möggenhausen** zu wandern und somit unsere Tour um 3,4 Kilometer zu verkürzen.

Wir aber bleiben „auf dem rechten Weg“ und gehen, erneut mit wunderbarem Blick, weiter bergab. Nach etwa 130 Metern gabelt sich unser Weg erneut. Wir orientieren uns nochmals rechts und spazieren zunächst auf einer schmalen Asphaltstraße, dann auf einem Fußweg entlang einer etwas größeren Straße auf **Azenweiler** zu. Kurz vor dem Ortsschild entdecken wir das Wanderzeichen der **Bodenseelandgänge,** überqueren die Straße und folgen einem Wiesenweg nach links. Das Wanderzeichen bleibt auf den nächsten Kilometern unser steter Begleiter. Auch wo der Wiesenweg kaum zu erkennen ist, hält es uns auf der richtigen Spur.

Für die Seele

Der Blick vom höchsten Berg Oberschwabens macht unsere Seele weit.

Nach etwa 450 Metern kommen wir an einen Waldrand. Hier dürfen wir uns nicht irritieren lassen! Unsere nächsten Wegzeichen sind gut versteckt, der Pfad ist kaum erkennbar. Er macht hier eine Biegung nach links und erreicht nach etwa 60 Metern einen etwas breiteren Wiesenweg, auf dem es rechts weitergeht. Nun ist das Wanderzeichen wieder regelmäßig zu sehen. Wir gelangen in einen Wald und gehen auf federndem Untergrund bergab.

An der nächsten T-Kreuzung gehen wir nach links, 170 Meter weiter biegen wir rechts in Richtung **Limpach** ein. Prächtige Angusrinder stehen auf einer Weide. Von einer Bank aus können wir die Herde beobachten, ehe wir am Ende des Weges nach links und weiterhin in Richtung **Limpach** wandern. Etwa in Höhe des Ortsschildes kommen wir an eine Straße. Gehen wir hier rechts, können wir einen Abstecher zum **2 Biohotel Mohren** machen, das wir nach etwa 200 Metern erreichen und in dessen gemütlichem Biergarten wir uns mit schmackhafter Bioküche verwöhnen lassen können. Gestärkt machen wir uns wieder auf den Weg. Hoch hinaus wollen wir jetzt – zurück auf den Höchsten. Aussicht und Rastplätze versüßen uns den Anstieg – und gegen stramme Waden haben wir ja nichts einzuwenden. Drum: Auf geht's!

Wir wandern über die **Linzgaustraße** zurück und biegen an einem Fußballplatz rechts in Richtung **Möggenhausen** ab. Auf einem von Bäumen gesäumten

Wiesenweg streben wir einem Wald zu, folgen nach etwa 130 Metern unserem Wanderzeichen nach links und spazieren entspannt am Waldrand entlang. Ein sanfter Wind streift durch die Blätter, deren Rascheln sich mit dem Chor der Grillen vereint, die Luft duftet intensiv nach Kamille. Vielleicht sollten wir auf einer der schattigen Bänke, die den Weg säumen, eine kleine Verdauungsauszeit machen? Wie auch immer wir uns entscheiden: An der nächsten Weggabelung gehen wir rechts in den Wald hinein. Auf einem malerischen, schmalen Weg bummeln wir bergan und gelangen bald über eine Treppe an eine Straße. Hier gehen wir rechts und überqueren den Elsenbach, der zuvor in seinem Tobel unsichtbar neben uns her floss. Nach nur 60 Metern biegen wir links in einen Waldweg ein, der uns steil bergan führt. Schon nach kurzer Zeit haben wir den Wald durchquert und können an einem Picknickplatz rasten.

Vor uns liegt Möggenhausen, dahinter ragt ein rotweißer Funkmast auf, der uns unser Ziel weist. Jetzt stoßen diejenigen, die sich für die Abkürzung entschieden und Möggenhausen durchwandert haben, wieder zu uns. Auf einem grasbewachsenen Weg steigen wir durch Felder stets bergan, überqueren eine kleine Asphaltstraße und gehen weiter hinauf. Unser Feldweg wird zu einem asphaltierten Sträßchen. Wir kommen an einen **❸ Selfie Point,** von dem aus wir einen fantastischen Ausblick haben. Daneben steht unter einem Baum eine **Holzliege.** Welch schöner Platz, um zu schauen, durchzuatmen und zu entspannen!

Bald darauf kommen wir an eine wenig befahrene Landstraße. Ohne Wanderzeichen gehen wir hier rechts etwa 200 Meter am Straßenrand entlang und bei nächster Gelegenheit gegenüber einem Gebäude links in einen Feldweg hinein. Nach etwa 120 Metern kommen wir zum Wald, wo sich bald ein mit der **gelben Raute** gekennzeichneter Weg zu dem unsrigen gesellt. Wir gehen weiter geradeaus und folgen jetzt ebenfalls der gelben Raute. Die Hänge um uns herum sind bedeckt mit Schachtelhalm, der uns auf die Nähe von Wasser hinweist. Und tatsächlich plätschert neben uns ein schmales Bächlein. An der nächsten Kreuzung bleiben wir auf dem breiteren Weg, überqueren den Aubach und gehen dann an ihm entlang. Verwunschene, moosige Märchenwaldstimmung empfängt uns hier. Verträumt wandern wir vor uns hin und verpassen fast unsere Abzweigung. Denn ungefähr 150 Meter nach der Kreuzung verlassen auch wir den breiteren Weg und folgen mit der gelben Raute einem Pfad bergan durch den Wald. So erreichen wir eine weitere Kreuzung mit Wanderzeichen.

Hier wenden wir uns rechts in Richtung **Höchsten** und benutzen damit für kurze Zeit einen Weg, auf dem wir schon zu Beginn unserer Wanderung unter-

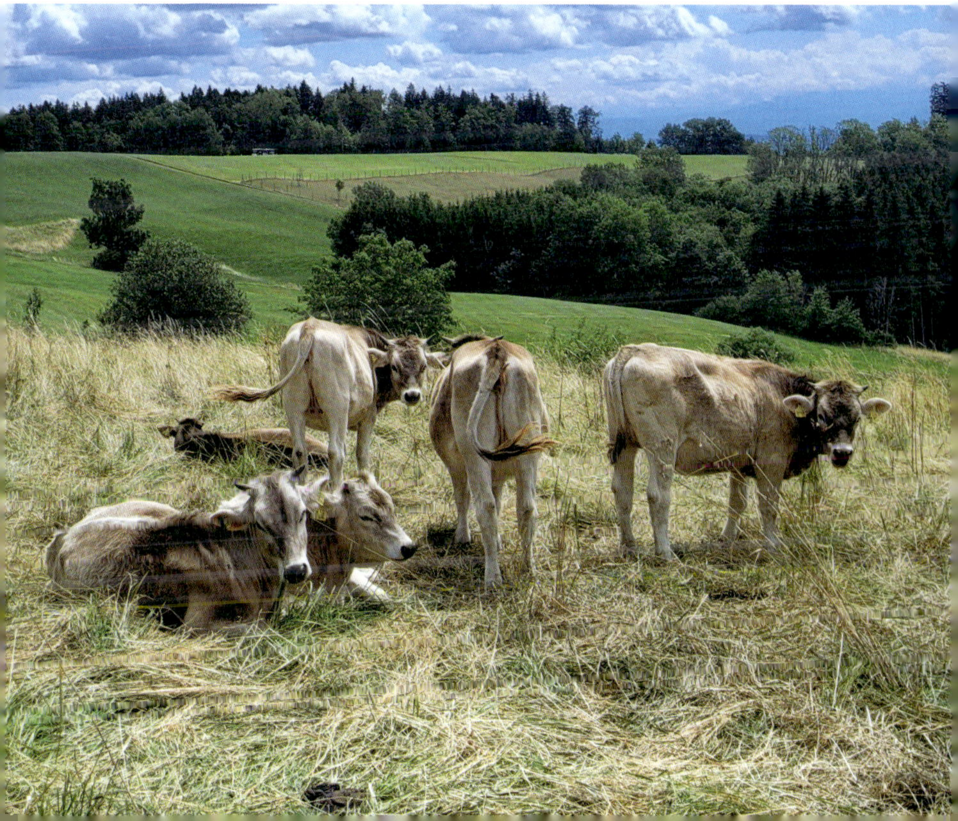

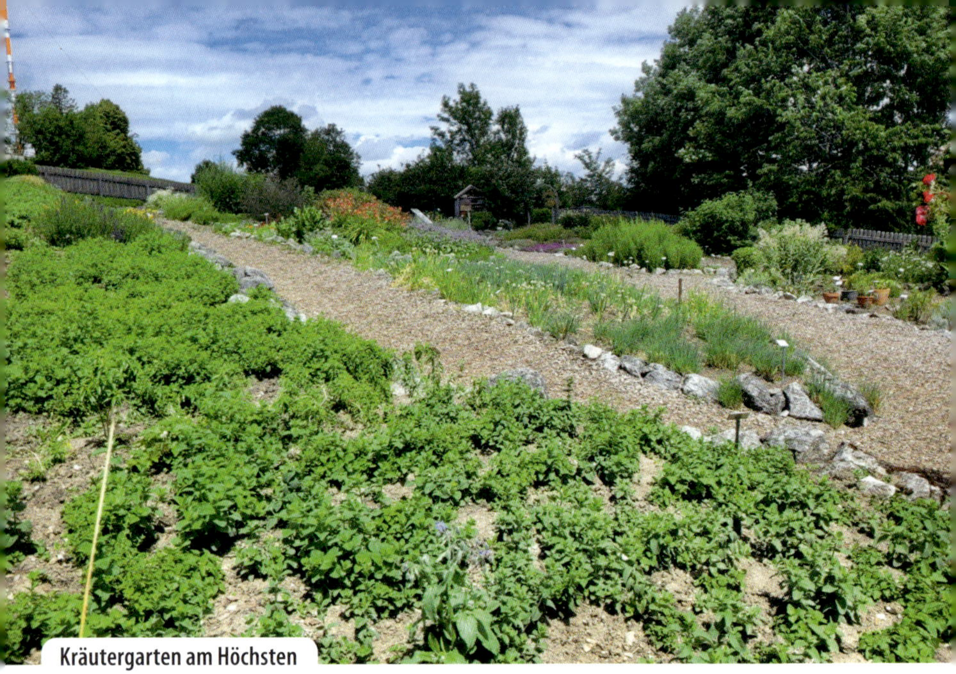

Kräutergarten am Höchsten

wegs waren. Doch schon 50 Meter weiter verlassen wir ihn in einer Linkskurve und gehen geradeaus in Richtung **Latten.** Neben der gelben Raute begrüßt uns nun wieder das Wanderzeichen der **Bodenseelandgänge.** An der nächsten Abzweigung folgen wir diesem nach links, um einen schönen, schmalen, von Wurzeln durchzogenen Pfad zu erkunden, der bald über einige Treppchen bergab führt. An der nächsten Kreuzung gehen wir links und auf eine urige Holzbrücke zu, die wir überqueren. Jenseits der Brücke steigt der Weg noch einmal steil an, führt uns durch eine Absperrung und zu einigen Wanderzeichen.

Wieder orientieren wir uns an der Beschilderung Richtung **Höchsten,** gehen links und rund 300 Meter schnurgerade durch den Wald bis zur nächsten Weggabelung. Erneut entscheiden wir uns für den linken Weg und kommen zu einem Stein. Dieser wurde zum Gedenken an zwei Soldaten aufgestellt, die gegen Ende des Zweiten Weltkriegs „sinnlos und überflüssig“ erschossen wurden. Bald kommen wir zu der asphaltierten Straße, auf der wir zu Beginn unserer Wanderung unterwegs waren. Hier gehen wir nach links, folgen dem Sträßchen etwa 800 Meter und überqueren an der nächsten Kreuzung die Straße, die zwischen unserem Parkplatz und dem ④ **Berggasthof Höchsten** hindurchführt. Wir folgen dem Wanderweg über dessen Parkplatz und schlendern zum ⑤ **Kräuter-, Duft- und Heilpflanzengarten** des Gasthofs. Schon finden wir uns auf dem **Mundartweg** wieder, der auf der Grenze zwischen Schwaben und Baden verläuft. Hier können wir uns über Sprachgrenzen informieren und ein paar (teils durchaus deftige) schwäbische und alemannische Begriffe kennenlernen. Etwas skurril muten die Fußabdrücke bekannter Persönlichkeiten an, die den Höchsten einmal besucht haben. So haben sich zum Beispiel Wigald Boning und Barbara Schöneberger hier verewigt – und auch Käpt'n Blaubär mitsamt Hein Blöd … Schon sehen wir den ⑥ **Aussichtspavillon** auf dem höchsten Punkt des Höchsten. Bei klarer Sicht erstreckt sich von hier aus ein spektakuläres Alpenpanorama vor unseren Augen.

Dieser Blick ist berückend schön! Wir schauen und staunen und genießen die Weite. Doch schließlich lösen wir uns davon, denn neben den Augen freut sich auch unser Gaumen über Aufmerksamkeit. Wir gehen den Weg ein paar Meter zurück und folgen dann den **Bodenseelandgängen** auf einem schmalen Wiesenpfad nach rechts. Zunächst sachte, dann für kurze Zeit steil, geht es bergab. Wir freuen uns über einige Ziegen auf einer Weide und durchwandern einen Hof, hinter dem eine kleine Kapelle steht. Nach ein paar Schritten nach

Rund um den Höchsten verläuft die ***Sprachgrenze*** *zwischen dem schwäbischen und dem alemannischen Dialekt. Südlich davon wird Alemannisch, nördlich Schwäbisch gesprochen.*

Prominente Fußabdrücke

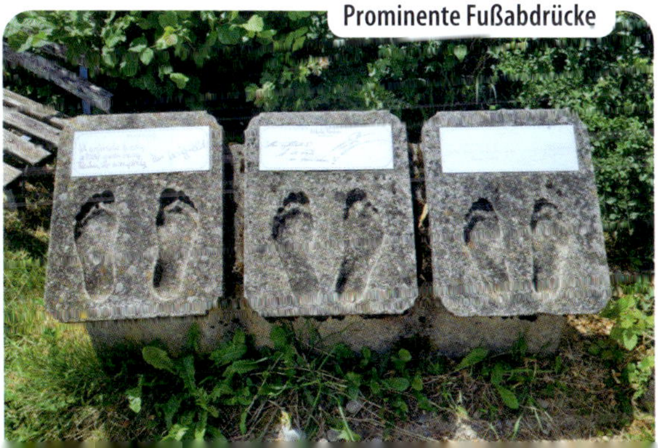

links stehen wir vor dem urigen 7 **Bergstüble.** Das behagliche Selbstbedienungsrestaurant bietet leckere kleine Gerichte und Kuchen an. Vor allem auf der Terrasse sitzt es sich angenehm bei grandioser Aussicht auf den Bodensee und die Alpen.

Wenn uns der Sinn eher nach einer Einkehr im edleren **Berggasthof Höchsten** steht, spazieren wir am Bergstüble vorbei und gehen immer der Straße nach in Richtung Wanderparkplatz. Hier können wir im Restaurant einkehren und uns mit regionaler und frischer Küche verwöhnen lassen. Wir haben die Qual der Wahl. Besuchen wir das eine, das andere – oder beides?

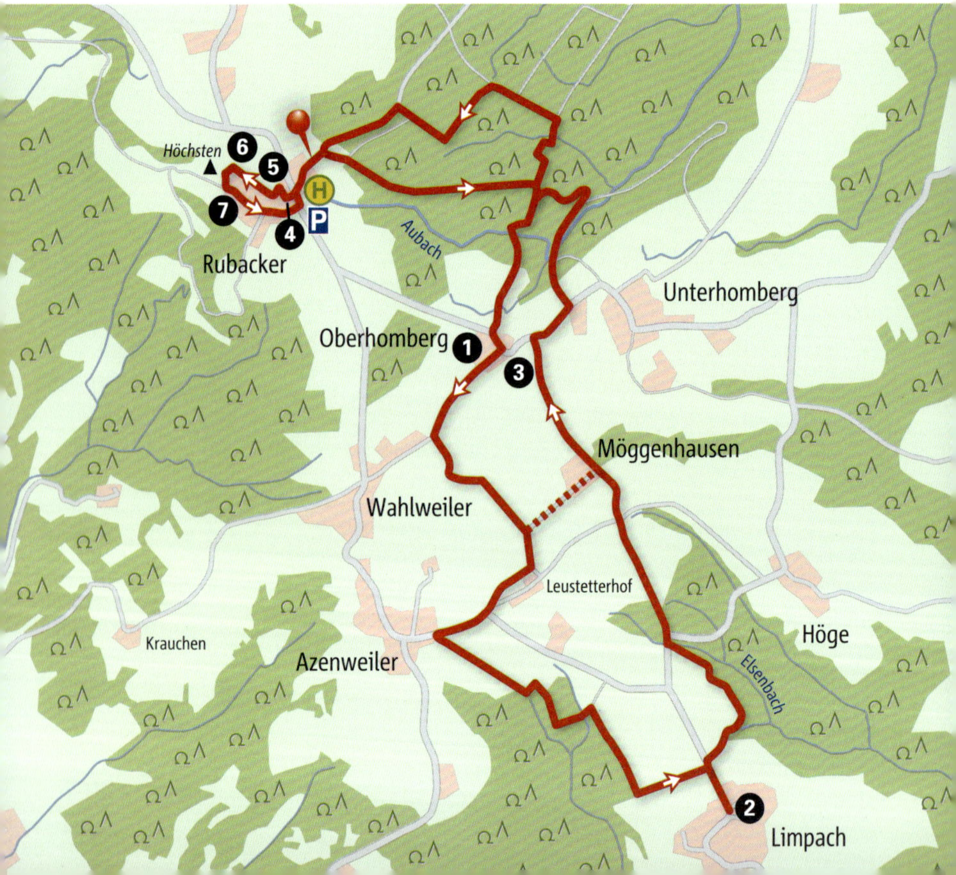

ALLES AUF EINEN BLICK

Entspannung ●●●●○
Abenteuer ●●●○○
Vielfalt ●●●○○

WIE & WANN

Gut befestigte Forst- und Wanderwege, schmale Wald- und Wiesenwege und wenig befahrene Asphaltstraßen; empfehlenswert zwischen März und November, besonders schön an klaren Tagen und bei Föhn wegen des Bergblicks

HIN & WEG

Auto: Wanderparkplatz Höchsten, gegenüber dem Berggasthof Höchsten, 88636 Illmensee
ÖPNV: Bus 7384, 7385, 685 oder 41 von Deggenhausertal, Markdorf und Wilhelmsdorf, Haltestelle Höchsten am Wanderparkplatz

ESSEN & ENTSPANNEN

1 **Landgasthof Linde,** Oberhomberg 9, 88693 Deggenhausertal, Tel. (0 75 55) 3 15, www.linde-am-hoechsten.de
2 **Biohotel Mohren,** Kirchgasse 1, 88693 Deggenhausertal-Limpach, Tel. (0 75 55) 93 00, www.mohren.bio
4 **Berggasthof Höchsten,** Höchsten 1, 88636 Illmensee, Tel. (0 75 55) 9 21 00, www.hoechsten.de/restaurant
7 **Bergstüble Höchsten,** Rubacker 16, 88693 Deggenhausertal-Homberg, Tel. (0 75 55) 91 98 00

ENTDECKEN & ERLEBEN

3 **Selfie Point**
5 **Kräuter-, Duft- und Heilpflanzengarten**
6 **Aussichtspavillon auf dem Höchsten**

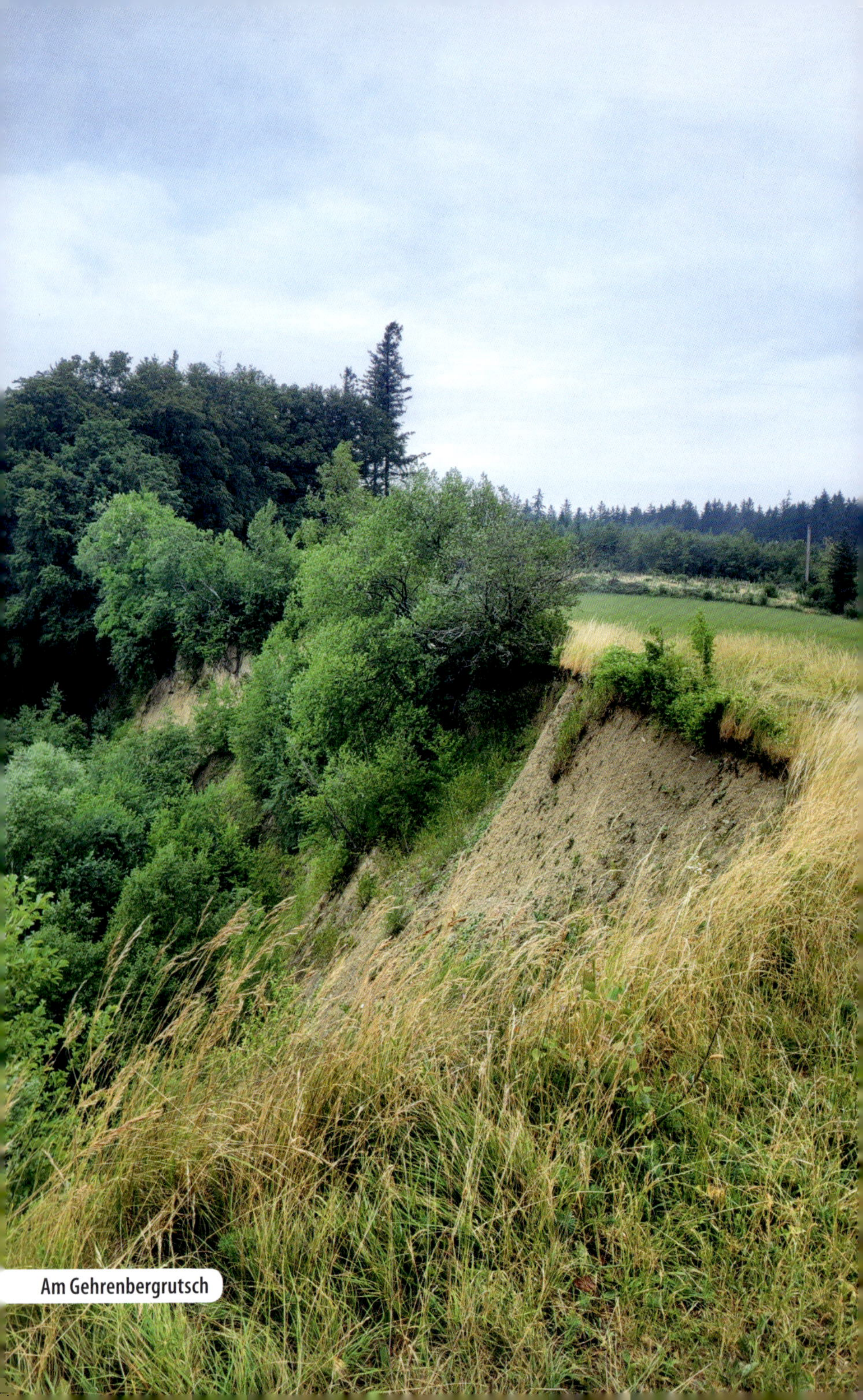

Am Gehrenbergrutsch

Aussichtsreich

Rundtour auf dem Gehrenberg

Die Aussicht vom und das Wandern auf dem Gehrenberg sind so schön, dass wir einen Ausflug ins Badische machen, um ihn zu erkunden. Los geht es auf dem **Parkplatz Vogelsang** im Markdorfer Ortsteil Möggenweiler. Über eine kleine Holzbrücke gehen wir auf dem **HW 7** in Richtung des ❶ **historischen Wasserspeichers**, den wir bereits nach 200 Metern erreichen. Das schön gepflegte Gelände ist ein Wohlfühlort, vom Wasserbehälter aus haben wir eine herrliche Aussicht über das Bodenseegebiet.

Genug geschaut, auf zum Gehrenbergturm! Dabei orientieren wir uns an den Wegmarken für die **Bodenseelandgänge,** die uns über weite Strecken unserer Wanderung begleiten werden. Bald queren wir den Platz vor einem Hundeverein und folgen wenige Meter danach einem Pfad rechts in den Wald. Schmal, steil und buckelig ist unser Weg jetzt, auch über Treppchen kraxeln wir bergan, gehen dann etwa 40 Meter auf einem breiteren Waldweg weiter, bis wir erneut den Wegweisern in den Wald folgen.

Durch schönen Baumbestand steigen wir stetig bergauf, kreuzen zwei größere Wege und eine kleine Straße. Eine Hütte mit Bank gewährt Unterschlupf. Ab und an unterstützen Stufen unseren Aufstieg, auf einer kleinen Holzbrücke queren wir ein Bächlein. Einen Wanderparkplatz überqueren wir schräg links und folgen unseren Wanderzeichen. Bald stoßen wir auf eine ❷ **Skulptur,** die den **geografischen Mittelpunkt des Bodenseekreises** kennzeichnet und zu dessen 50. Geburtstag

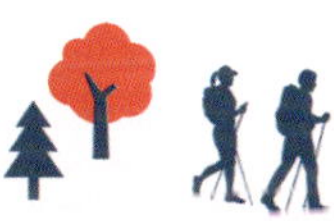

Kilometer: 13,1
Höhenmeter: 350
Stunden: 4,5
RUNDWEG

Dem Verschönerungs- und Verkehrsverein Markdorf verdanken wir den Bau des ***Gehrenbergturms*** *nach dem Vorbild des Eiffelturms. Die Teile wurden per Bahn geliefert und von Fuhrwerken zum Standort gebracht. 1903 wurde der Turm mit einem Festakt eingeweiht.*

geschaffen wurde. Beschwingt gehen wir auf federndem Waldboden weiter. Noch einmal geht es über Stufen bergauf, bevor sich der Blick zum Bodensee öffnet. Schon sehen wir den ❸ **Gehrenbergturm.** Dort angekommen, haben wir uns eine ausgiebige Pause verdient und erfreuen uns am großartigen Panorama von der Aussichtsplattform des 30 Meter hohen Bauwerks. Höhenängstliche haben auch von einer der Liege- oder Picknickbänke am Fuß des Turmes einen schönen Ausblick.

Ausgeruht wenden wir uns einige Meter hinter dem Turm nach links und gehen etwa 350 Meter bis zum ❹ **Gehrenbergrutsch.** Der Hang fällt hier rund 50 Meter tief ab. Schwindelfreiheit ist unbedingt erforderlich! Die Abbruchkante entstand 1911 durch einen Erdrutsch und ist bis heute in Bewegung. Dicht daran vorbei führt unser Wanderweg, doch der Nervenkitzel lohnt: Die Aussicht über Markdorf, den Bodensee, die Alpen sowie die Berge des Hegaus und sogar des Schwarzwalds ist spektakulär. Von dort machen wir uns geradeaus auf in Richtung **Linzgaublick.** Dabei orientieren wir uns weiterhin an den Bodenseelandgängen.

Historischer Wasserspeicher

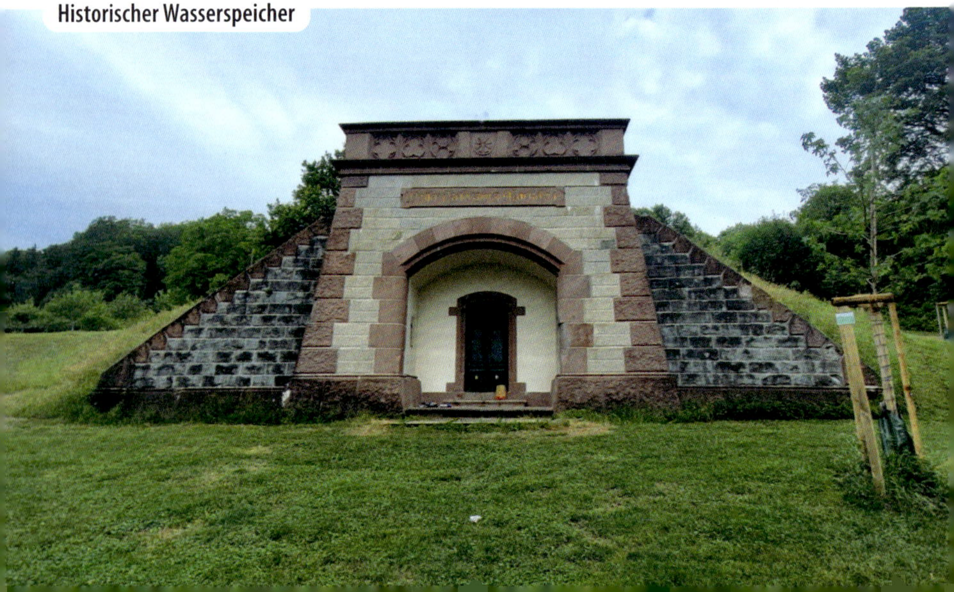

Weniger Abenteuerlustige können die kritische Stelle umgehen, indem sie etwa 100 Meter vor der Abzweigung zum Gehrenbergrutsch dem **HW 7** folgen und rechts über die Wiesen gehen. Nach etwa 250 Metern verlassen sie den HW 7 und wenden sich links in Richtung **Linzgaublick.** Ungefähr 150 Meter weiter stoßen sie wieder auf unseren Wanderweg und wenden sich rechts.

Ab diesem Punkt orientieren wir uns alle wieder an den **Bodenseelandgängen** und folgen den Wanderzeichen. Zunächst gehen wir geradeaus, dann halten wir uns an einer Gabelung nach 400 Metern links. Meist moderat, ab und an recht steil, geht es stetig bergab. Etwa 100 Meter nach der Abzweigung gehen wir rechts und kommen bald zum **5 Aussichtspunkt Linzgaublick,** der seinem Namen alle Ehre macht.

Für die Seele

Der Gehrenberg beeindruckt uns mit zauberhaften Ausblicken.

Wir folgen dem Weg noch etwa 200 Meter, gehen an seinem Ende links – und stehen vor einer **6 Schaukelliege** für zwei, die zum „Abhängen" einlädt. Gemütlich vor uns hin schaukelnd genießen wir den Augenblick, ehe wir uns wieder auf den Weg machen.

Direkt hinter der Schaukel gehen wir rechts, und auch an der nächsten Weggabelung ein paar Meter weiter wählen wir den rechten Weg. Hier verlassen wir das Wanderzeichen der Bodenseelandgänge und folgen der **gelben Raute** in Richtung **Gehrenbergturm.** Auf einem breiten Weg wandern wir kaum spürbar, doch stetig bergauf. Mitten durch ein Blütenmeer spazieren wir, unzählige Disteln erfreuen uns mit ihrem leuchtenden Blau. Nach etwa 1 Kilometer führt unser Weg nach links in Richtung **Gatterholz,** für kurze Zeit begleitet uns der **blaue Balken.** In der Ferne sehen wir noch einmal den Gehrenbergturm aufragen. Bald überqueren wir eine Straße und gehen unmittelbar danach schräg rechts. An einem Wanderparkplatz wenden wir uns links in Richtung **Gipfelhütte,** auch an den nächsten beiden Kreuzungen orientieren wir uns an diesem Ziel,

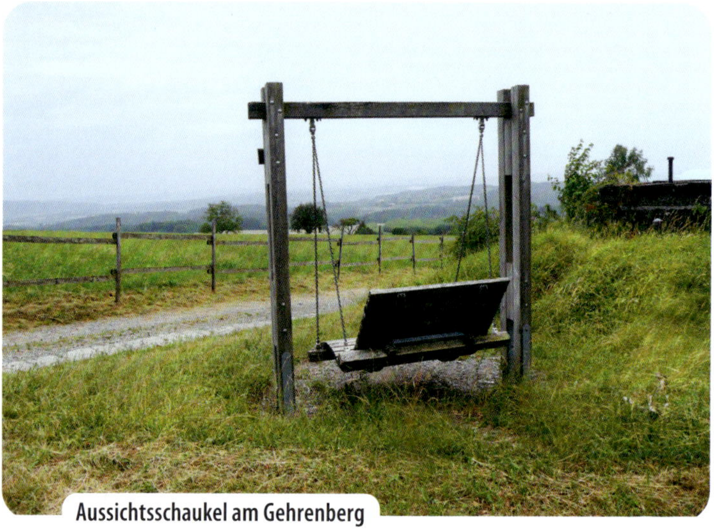

Aussichtsschaukel am Gehrenberg

jetzt begleitet vom **blauen Kreuz.** Schachtelhalm und riesige Farne säumen den Weg, bald überqueren wir ein Bächlein, das in seinem Tobel für uns unsichtbar dahinfließt. Stetig bergauf führt unser Weg bis zu der einfachen Holzhütte, in der eine Rast möglich ist.

Wir gehen rechts an ihr vorbei und auf einem schmalen Pfad zum höchsten Punkt des Gehrenbergs. Dieser liegt recht unspektakulär mitten im Wald und ist mit einem großen Stein gekennzeichnet. Auf gleichem Weg kehren wir zurück zur Gipfelhütte und wenden uns links in Richtung **Oberteuringen.** Erneut folgen wir den **Bodenseelandgängen,** an denen wir uns auf dem gesamten restlichen Weg orientieren können. An der nächsten Gabelung gehen wir rechts und folgen einem Kiesweg bergab. Bei nächster Gelegenheit wenden wir uns links, hier ist der Weg von Schilf gesäumt und für einige Zeit recht eben.

Auf einer Lichtung erfreuen uns hohe Gräser ganz unterschiedlicher Sorten. Noch einmal erstreckt sich ein Meer von blauen Disteln, umgaukelt von Schmetterlingen, vor unseren Augen, ehe unser Weg wieder

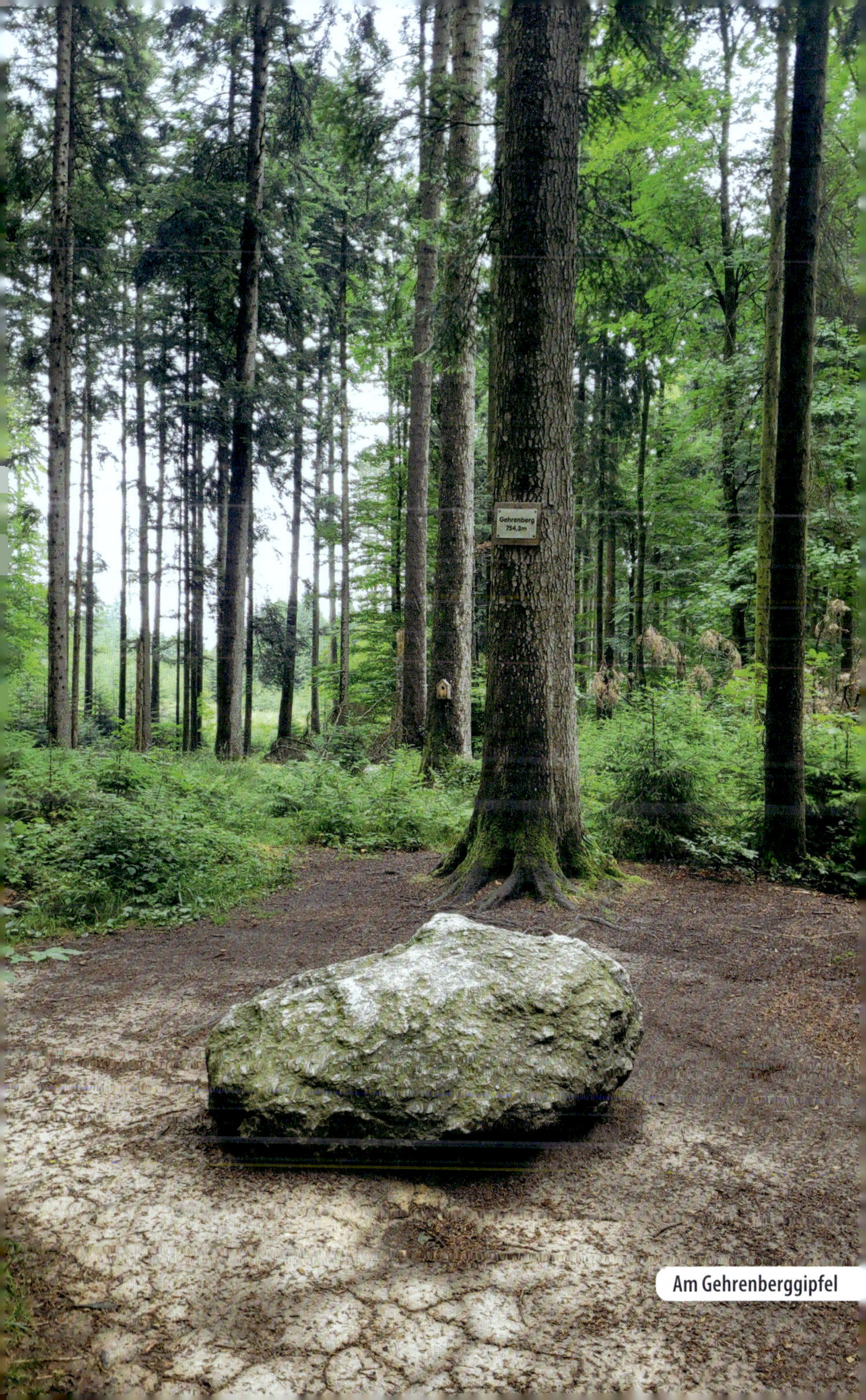

Am Gehrenberggipfel

tiefer in den Wald hineinführt. Zur Linken begleitet uns ein Bächlein. An der nächsten Kreuzung gehen wir nach links und folgen diesem Weg etwa 200 Meter. Unversehens schieben sich einige Gebäude in unser Blickfeld, direkt davor wenden wir uns nach rechts in Richtung **Fünfländerblick.** Zunächst über kleine Brücken und Treppchen durch den Wald, dann mit Blick auf Obstplantagen am Waldrand entlang führt uns der schmale Pfad abwechslungsreich durch die Landschaft. Dem breiteren Weg, auf den wir stoßen, folgen wir etwa 30 Meter nach rechts und gehen dann nach links. Einen Weg, der rechts abgeht, beachten wir nicht weiter und orientieren uns an der danach folgenden Kreuzung rechts, erneut mit der Beschilderung **„Fünfländerblick".** Hier heißt es aufgepasst, denn schon nach etwa 50 Metern müssen wir nach links auf einen malerischen schmalen Pfad abbiegen. Hohe Farne begleiten uns, auf einer Holzbrücke überqueren wir ein Bächlein, ehe wir wieder auf den etwas breiteren Weg treffen, den wir eben verlassen haben, und uns links halten.

200 Meter weiter verlassen wir an einer großen Wiese unseren Weg und steigen am Waldrand entlang einen schmalen Wiesenweg hinauf. Je höher wir steigen, desto großartiger wird das Panorama, das sich vor uns ausbreitet. Nach etwa 150 Metern entdecken wir am Waldrand eine Bank. Ein selbst ernannter Spaßvogel hat hier ein Schild aufgestellt, das uns auffordert, den Vogelstimmen zu lauschen. Diesem Wunsch kommen wir herzlich gerne nach. Die Natur bereitet uns ein Fest für alle Sinne, wir lauschen, wir schauen – und wir riechen, denn die Wald- und Wiesenpflanzen verströmen einen unvergleichlichen Duft. Dieser Weg ist ein Geschenk! Die hügelige Landschaft, die sich vor uns ausbreitet, erinnert uns an das Auenland. Schon bei dunstigem Wetter ist der Blick wunderschön, an klaren Tagen setzt der Alpenblick noch ein Glanzlicht obendrauf.

Stets folgen wir unseren Wegweisern, zunächst noch einmal spürbar ansteigend durch einen Wald, dann am Waldrand entlang. Hier, wo unser Wanderweg zu einem asphaltierten Sträßchen wird, tut sich erneut ein atemberaubendes Panorama vor uns auf. Wir sind am 7 **Fünfländerblick** angelangt, wo wir uns mithilfe einer Panoramatafel orientieren können.

Kurz bleiben wir noch auf diesem Sträßchen, dann lotst uns ein Wegweiser nach rechts zum **Parkplatz Vogelsang.** An dieser Beschilderung werden wir uns ab jetzt stets orientieren. Über einen Wiesenweg gehen wir am Waldrand entlang, links von uns ein buntes Blumenmeer. Bald kommt eine Holzliege in Sicht, die waldumduftet am Wegesrand steht und uns zu einer erneuten Pause verführt. Unser Weg führt gerade an ihr vorbei in den Wald, er wird bald wieder etwas wurzelig und holprig. Im Gebiet des Waldkindergartens gehen wir an einer Hütte nach rechts und sofort wieder rechts in den Wald hinein. Hier sollten wir etwas aufpassen, denn einige Biketrails münden in unseren Weg.

Etwa 150 Meter nach unserem Abzweig in den Wald erreichen wir ein Hinweisschild, welches das Ende des

*Die Länder des **Fünfländerblicks** sind etwas eigenwillig interpretiert, denn auch deutsche Bundesländer sind mitgezählt – wir sehen bis in die Schweiz, Liechtenstein, Österreich, Baden-Württemberg und Bayern.*

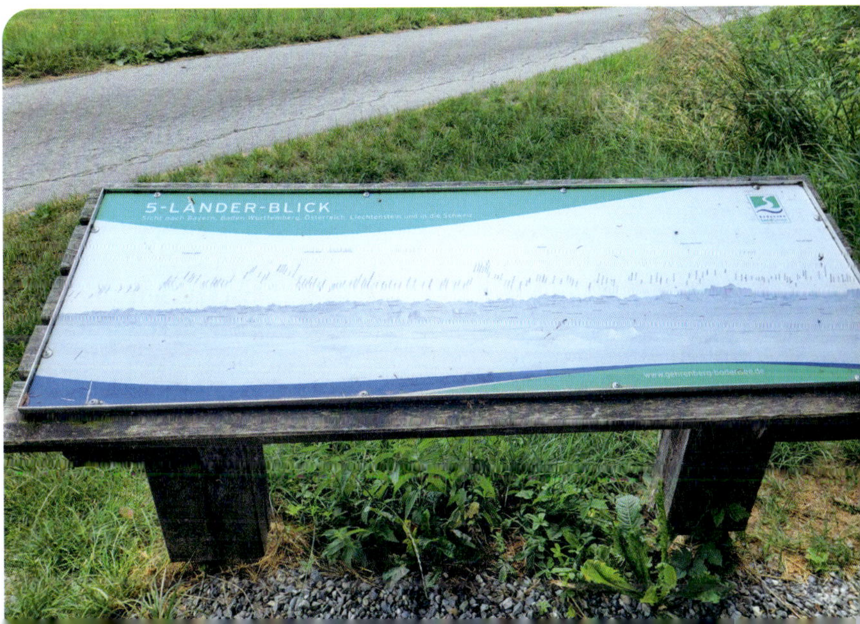

Biketrails anzeigt, und wenden uns links. Erneut geht es stellenweise recht steil bergab, häufig unterstützt von ein paar Stufen oder Wurzeln. Ein besonders steiles Stück wird mit einer Treppe überbrückt, an deren Fuß wir eine Brücke überqueren. Bald öffnet sich der Wald zu unserer Linken, wir erblicken Felder, Obstplantagen und Ortschaften. Unser Weg führt an einem „Lesebänkle“ vorbei, wo wir uns bei einer Lektüre niederlassen können. Bald darauf sehen wir Möggenweiler vor uns liegen. Noch einmal nehmen wir die Aussicht ganz in uns auf, gehen dann auf dem asphaltierten Sträßchen, auf das wir stoßen, nach rechts und bummeln die letzten Meter zurück zum Parkplatz.

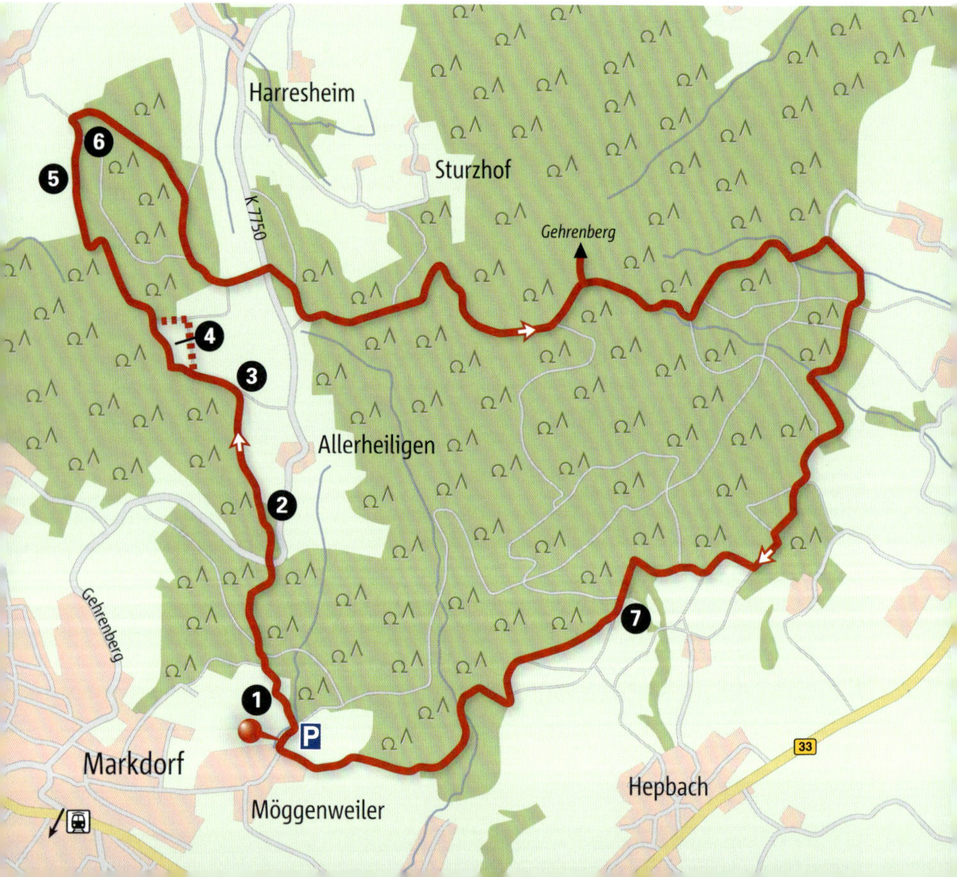

ALLES AUF EINEN BLICK

Entspannung 3/5
Abenteuer 4/5
Vielfalt 4/5

WIE & WANN

Gut befestigte Forst- und Wanderwege, schmale Wald- und Wiesenwege; empfehlenswert vor allem zwischen März und November, besonders schön an klaren Tagen, wenn die Berge gut hervortreten, und zur Zeit der Streuobstblüte

HIN & WEG

Auto: Wanderparkplatz Vogelsang am Ende der Möggenweilerstraße, 88677 Markdorf-Möggenweiler
ÖPNV: Bahnhof Markdorf (Baden), von dort zu Fuß 1,9 Kilometer bis zum Ausgangspunkt am Wanderparkplatz

ESSEN & ENTSPANNEN

Keine Einkehr- und Einkaufsmöglichkeiten, ein Rucksackvesper sollte mitgebracht werden.

ENTDECKEN & ERLEBEN

1. **Historischer Wasserspeicher**
2. **Skulptur am geografischen Mittelpunkt des Bodenseekreises**
3. **Gehrenbergturm**
4. **Gehrenbergrutsch**
5. **Aussichtspunkt Linzgaublick**
6. **Schaukelliege**
7. **Fünfländerblick**

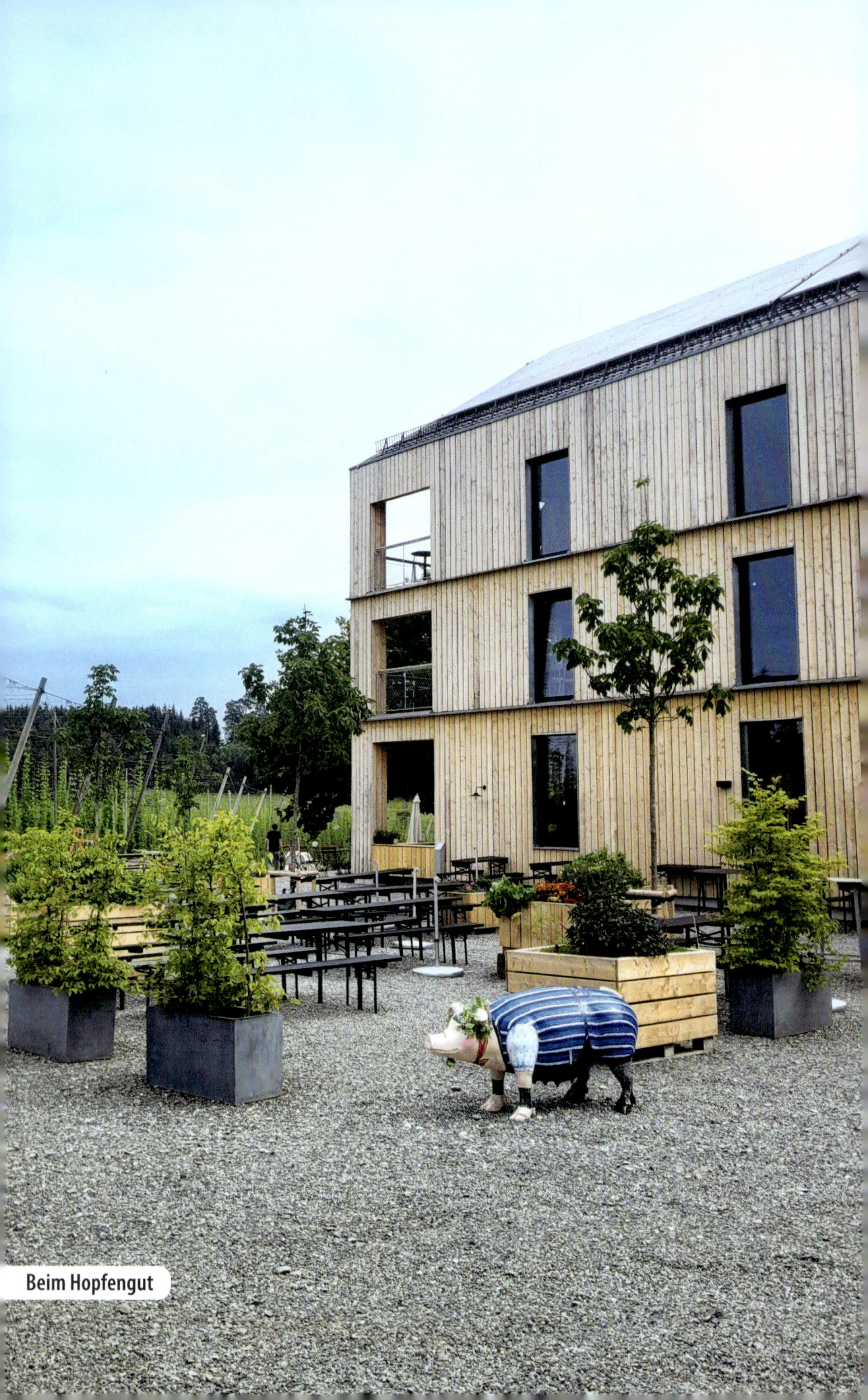

Beim Hopfengut

Im Hopfenparadies

Auf dem Tettnanger Hopfenpfad

Charakteristisch für die Umgebung von Tettnang sind die eindrucksvollen Hopfenfelder mit ihren langen Stangen. Daneben prägen Streuobstwiesen und Obstplantagen das Bild. Gute Gründe für uns, noch einen Abstecher ins Hinterland des Bodensees zu machen und, zumindest zum Teil, über den Hopfenpfad der Stadt Tettnang zu bummeln. Immer wieder treffen wir dort auf Stelen, die uns mit interessanten Informationen rund um den Hopfen versorgen.

__Tettnang__ nennt sich die Hopfenhauptstadt Europas. Die Region ist das südlichste Anbaugebiet Deutschlands, in dem auf 2,4 Prozent der weltweiten Anbaufläche etwa 7 Prozent des hierzulande produzierten Hopfens wachsen.

Eine dieser Stelen steht direkt am Parkplatz, von dem aus wir uns zu unserer Wanderung aufmachen. Sie dient auch als Startpunkt für den **Hopfenpfad,** der uns auf großen Teilen unserer Wanderung begleitet und dem wir zunächst rund 2 Kilometer folgen. Auch entdecken wir wieder einmal einen der Hauptwanderwege des Schwäbischen Albvereins, nämlich den **HW 4,** und können uns an seinem **roten Balken** orientieren. Wir wenden dem Städtchen Tettnang den Rücken zu und gehen auf einer kleinen Asphaltstraße leicht bergan in Richtung **Siggenweiler.** Direkt hinter dem Ortsausgangsschild von Tettnang stehen an einer Weggabelung ein Wegkreuz und eine Bank, von der aus wir eine tolle Aussicht über den Ort bis hin zum Bodensee haben. Wir halten uns rechts und gehen in Richtung **Hopfenmuseum** und **Bernau.** Die für die Gegend typischen Obstplantagen säumen den Wegesrand. Jetzt, Anfang Mai, blühen die Apfelbäume üppig. Der Duft von frisch gemähtem Gras steigt uns in die Nase, die Sonne wärmt unsere Haut und unsere Seele.

Kilometer: 8
Höhenmeter: 130
Stunden: 2,5
RUNDWEG

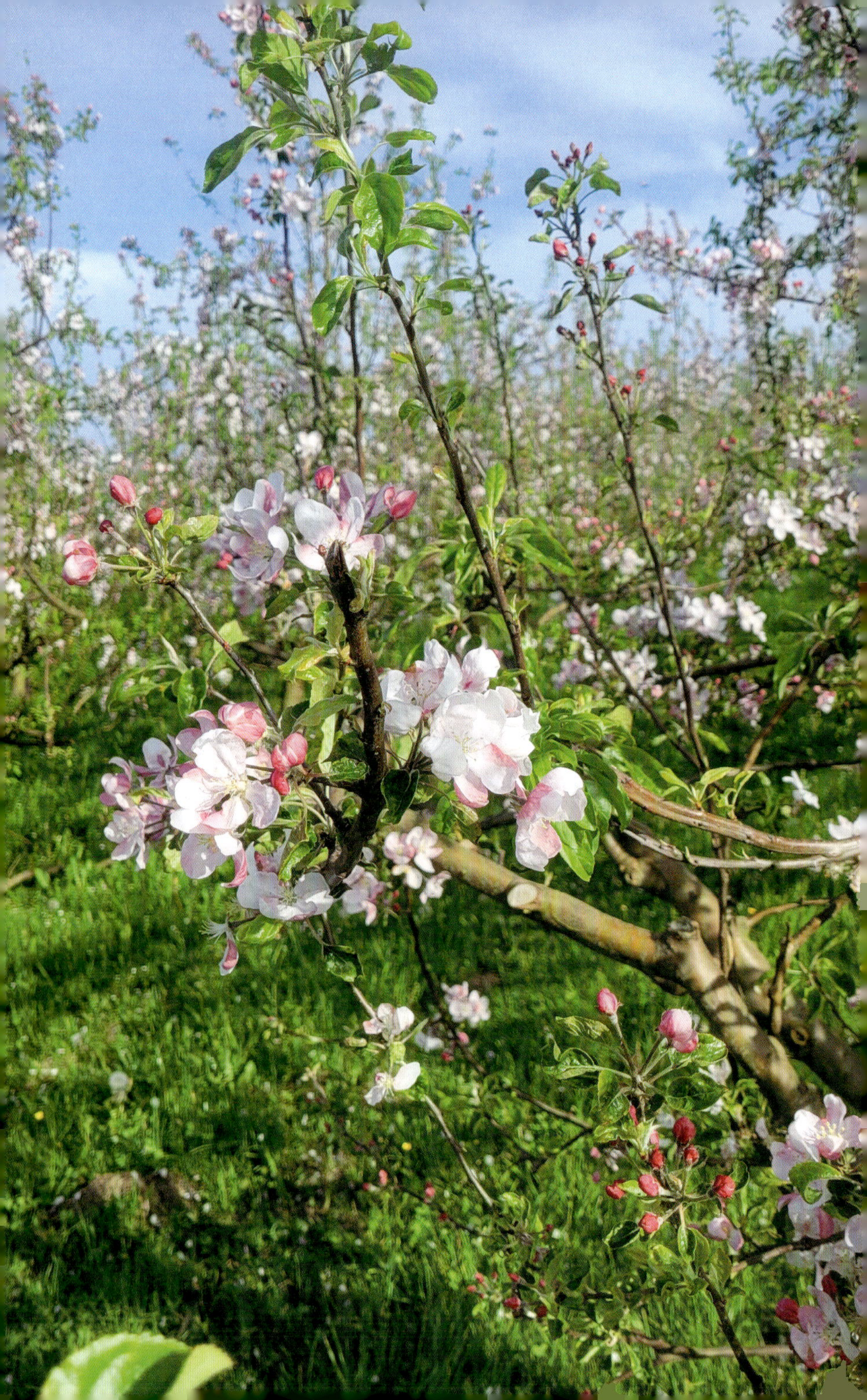

Wir erreichen **Bernau,** das wir nach links durchwandern. Bald lassen wir seine Häuser hinter uns und schlendern durch die von Wiesen umgebenen Obstplantagen, bis wir etwa 450 Meter nach dem Weiler zum **1 Obsthof Rösler** kommen. Hier steht ein Verkaufsautomat, an dem wir uns mit frischem Obst und Gemüse für unsere Tour eindecken können.

Für die Seele

Hopfenfelder und regionale Köstlichkeiten: ein Labsal für Auge und Gaumen.

Kurz hinter dem Obsthof gabelt sich unser Sträßchen. An einem Baum, der die Mitte der Kreuzung ziert, erkennen wir unsere Wanderzeichen und wenden uns rechts. Bald macht die Straße eine Biegung nach links, hier gehen wir auf einem schmalen Weg geradeaus und steigen einige Stufen hinauf. Weiter geht es durch ein sonnendurchglänztes Waldstück. Der Weg windet sich unter Buchen entlang, deren Blätter hellgrün in der Sonne leuchten, Lichtreflexe huschen über den Waldboden. Ein Wegweiser zeigt die Richtung zur **2 Lourdes-Grotte.** Wer diesen Abstecher machen möchte, kann die Andachtsstätte in etwa 150 Metern erreichen.

Ansonsten gehen wir geradeaus, passieren nach kurzer Zeit eine Weihnachtsbaumpflanzung und steigen links davon eine schmale Treppe hinauf. Oben angekommen, folgen wir einem schmalen, aber stets gut erkennbaren Pfad und gehen dabei zwischen grobmaschigen Zäunen. An einer stattlichen Eiche macht unser Weg eine Kehre nach links und führt über eine Treppe zur **Brünnensweiler Höhe** hinauf.

Dort oben steht die **3 Kapelle Maria Königin des Friedens.** Unter zwei Linden laden Bänke zu einer Pause im Schatten. Still ist es hier, nur die Vögel zwitschern, sonst ist kaum ein Geräusch zu hören. Wir halten inne und genießen die Ruhe und die Aussicht über die Landschaft.

Erholt gehen wir weiter und folgen unserem klar erkennbaren Weg über flache Stufen bergab. Im Hin-

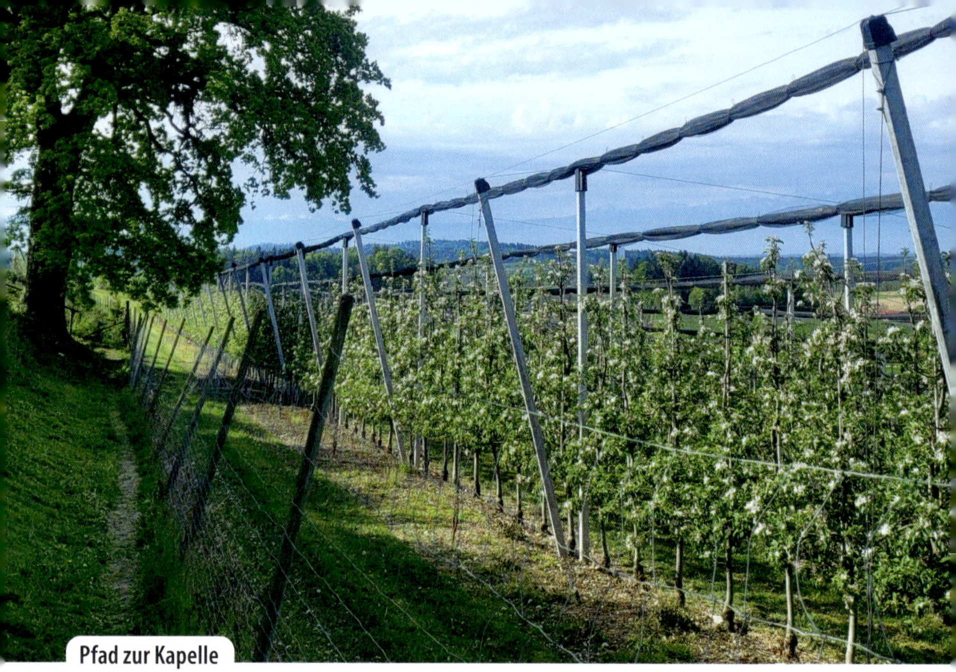

Pfad zur Kapelle

tergrund erblicken wir jetzt die charakteristischen hohen Stangen von Hopfenfeldern.

Im Ort **Brünnensweiler** angekommen, verlassen wir den Hopfenpfad und gehen rechts in Richtung **Siggenweiler**. Wer die Wanderung um 3 Kilometer abkürzen möchte, kann auf dem Hopfenpfad bleiben und nach links wandern. Wir anderen orientieren uns am **roten Balken** und spazieren bald am **4 Obsthof Appenmaier** mit seinem Hofladen vorbei, wo wir uns nochmals den Rucksack füllen können. Bald darauf kommen wir an eine etwas größere Landstraße, gehen ein paar Schritte nach rechts und überqueren sie an einer Bushaltestelle, um in Richtung **Herrgottsweiler** und **Obereisenbach** zu wandern.

Links ragen Hopfenstangen hoch hinauf, an denen diese Kletterpflanze emporrankt, bis die Dolden im Spätsommer geerntet werden. Wir passieren ein Wegkreuz und durchqueren passend dazu **Herrgottsweiler.** Unser Sträßchen führt jetzt bergab und trifft irgendwo im Nirgendwo auf einen Wegweiser mit Wanderzeichen. Weiterhin orientieren wir uns am roten Balken und schlagen uns links in die Büsche. Ein von Wurzeln durchzogener schmaler Pfad führt die Böschung hinauf, zunächst durch dichtes Unterholz, dann durch ein Waldstück. Farne begrüßen uns hier und grün leuchtendes Moos. An einer mit Pusteblumen übersäten Wiese treten wir wieder aus dem Wäldchen heraus. Ein leichter Windstoß lässt die Schirmchen silbrig durch die Luft schweben.

An der nächsten Wegkreuzung verlassen wir unseren roten Balken und folgen der **gelben Raute** in Richtung **Siggenweiler** und **Hopfenmuseum.** Zwischen blühenden Obstbäumen wandern wir auf einem schönen Wiesenweg dahin, der sich malerisch durch die hügelige Landschaft windet. Am Wegesrand blühen Vergissmeinnicht und der allgegenwärtige Löwenzahn. Ein Hang zu unserer Linken ist übersät mit rosa blühenden Lichtnelken, dazwischen leuchtet gelb der Hahnenfuß. An der nächsten Gabelung halten wir uns links und kommen bald darauf nach **Siggenweiler.**

Der Naturweg geht in eine asphaltierte Straße über, auf der wir das Anwesen des **5 Bergpracht-Milchwerks** betreten. Hier ist es zu Produktionszeiten (an Wochentagen von 6 bis 14 Uhr) möglich, über einen

Aussicht von der Kapelle

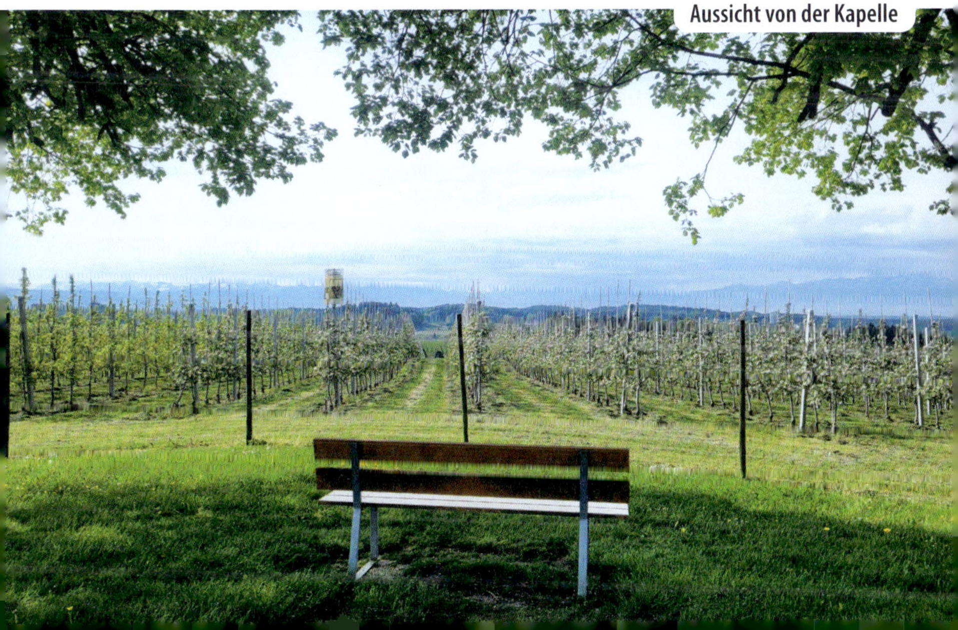

Besuchersteg die Käseproduktion zu beobachten. Auch außerhalb dieser Zeit klären uns Informationstafeln entlang des Stegs über die verschiedenen Stationen der Käseherstellung auf. Haben wir Appetit bekommen, können wir uns an Werktagen außerdem im **Käsereiladen** mit Milchprodukten eindecken.

Zwischen einer Kapelle und einem kleinen Brunnen überqueren wir anschließend die **Hopfensteige.** Wenn wir wollen, können wir auf einer der Bänke am Dorfweiher kurz innehalten, ehe wir den Wegweisern in Richtung **Hopfenmuseum** folgen und die **Hopfensteige** entlangwandern. Am Ortsschild von Siggenweiler folgen wir dem Hinweis zum **Hopfenmuseum** nach rechts.

*Neben einem sehenswerten kleinen Hopfenmuseum gibt es im **Hopfengut No. 20** einen Besuchersteg, eine Schaubrauerei und einen Laden mit Spezialitäten wie Hopfentee, Biergelee – und natürlich Bier.*

Gleich darauf gelangen wir zum inmitten von Hopfenfeldern liegenden **6 Hopfengut No. 20.** In der neu gebauten Hopfenscheune oder im Biergarten nehmen wir gemütlich Platz und lassen uns mit leckeren regionalen Spezialitäten verwöhnen. Satt und zufrieden treten wir anschließend unseren Verdauungsspaziergang in Richtung Tettnang an.

Dabei gehen wir zunächst wieder auf dem **Hopfenpfad.** Der asphaltierte Weg geht bald in einen Schotterweg über. Fliederduft umweht uns, Pferde grasen auf einer Koppel. Wieder führt unser Weg durch Hopfenfelder und Obstplantagen. Die grünen Wiesen sind voller gelber und weißer Farbtupfer. An einer Kreuzung mit einer gewaltigen Linde halten wir uns links, kurz darauf biegen wir an einer der Stelen des Hopfenwegs rechts in eine kleine asphaltierte Straße ab. Nach etwa 200 Metern erreichen wir einen **7 Aussichtspunkt** mit großartiger Sicht über Tettnang und den Bodensee. Mehrere Picknicktische und -bänke stehen hier, die zu einer Aus(blick)zeit inmitten von Grillengezirpe und Vogelgezwitscher einladen.

Ausgeruht gehen wir weiter. Auch an der nächsten Kreuzung bleiben wir dem Hopfenpfad in Richtung **Tettnang** treu. Kurz führt unser Weg am Waldrand entlang, eher wir uns dem idyllisch gelegenen Weiler

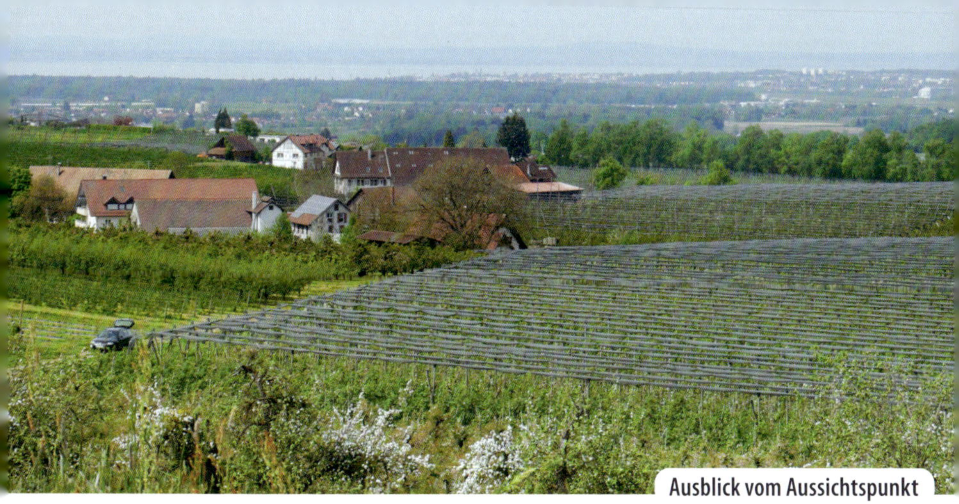

Ausblick vom Aussichtspunkt

Dieglishofen nähern. Hier entdecken wir weitere Verkaufsautomaten mit Obst, Säften und Milchprodukten, so beim **8 Obsthof Wagner.** Vor einem Bauernhaus bewundern wir riesige Kastanienbäume, ehe wir Dieglishofen hinter uns lassen. Nun verlassen wir den Hopfenpfad und gehen rechts auf dem **Jubiläumsweg Bodenseekreis** in Richtung **Kaltenberg.**

Inmitten einer Wolke von Blumenduft spazieren wir etwa 400 Meter auf unserem Sträßchen dahin. Schon sehen wir in der Ferne die Bäume der Allee, die wir ansteuern. An der **Bushaltestelle Hofgut Kaltenberg** gehen wir rechts in eine Sackgasse hinein und folgen dieser bis zu einem Wegweiser mit Wanderzeichen. Hier halten wir uns links und wandern auf einem schmalen Weg durch die wunderschöne **9 Birkenallee.** Die Blätter rascheln leise im Wind und filtern das Sonnenlicht. Vögel zwitschern, Blumen blühen. Schön ist das!

Am Ende der Allee gelangen wir zu den ersten Häusern von **Tettnang.** Wir überqueren die **Kaltenberger Straße** und biegen in die Straße **Hoher Rain** ein. Diese schlendern wir entlang, bis wir zu unserer Linken eine mit der **gelben Raute** markierte Treppe sehen, die zwischen den Gärten bergan führt. Oben angekommen, queren wir einen Spielplatz. Um einen Baum auf dem Hügel ist eine Rundbank gebaut. Hier haben wir einen schönen Blick über Tettnang und bis zum Säntis.

Hinter dem Spielplatz gehen wir nach rechts und kommen nach 400 Metern wieder an unserem Ausgangspunkt an.

Wer möchte, kann von unserem Parkplatz aus zum etwa 1 Kilometer entfernten Ortszentrum von Tettnang mit sehenswerter Altstadt und dem Neuem Schloss wandern. Dort finden wir weitere lohnende Einkehrmöglichkeiten, um die Wanderung zu beschließen. Direkt beim historischen Stadtkern Tettnangs liegt das vom Grafengeschlecht der Montfort erbaute prachtvolle **⑩ Neue Schloss.** Besucher können bei einer Führung die Beletage mit ihren prächtigen, stuckverzierten Räumen und die Schlosskapelle besuchen.

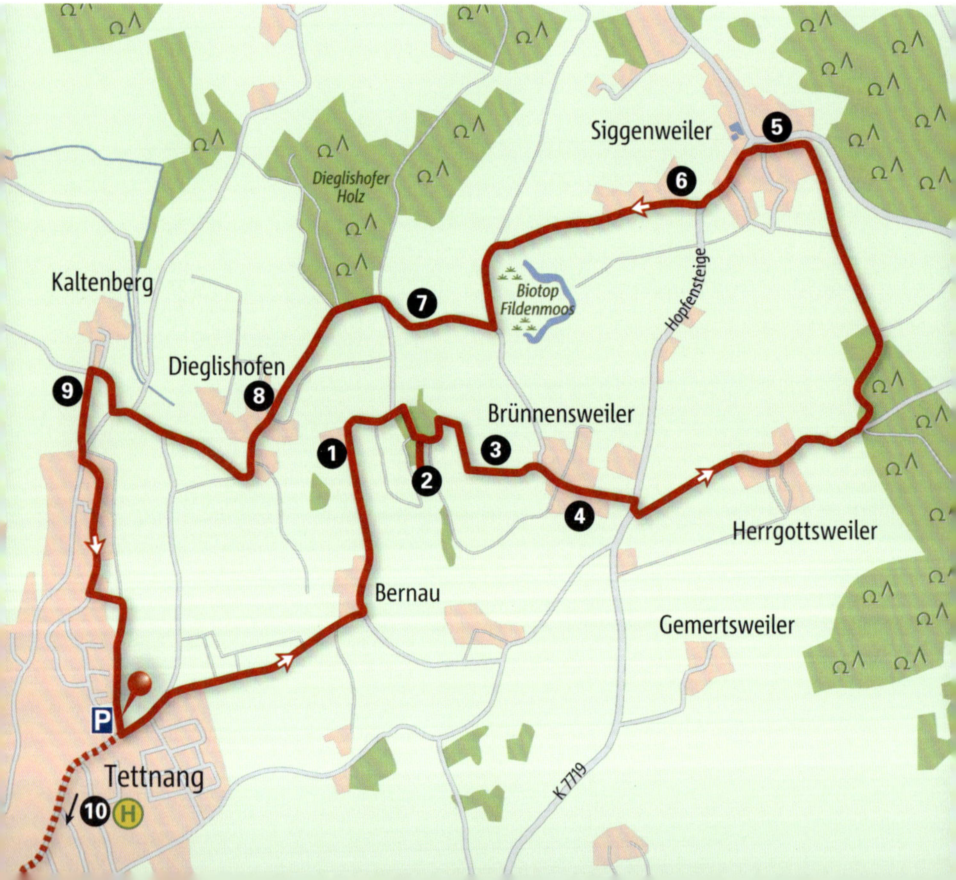

ALLES AUF EINEN BLICK

Entspannung 4/5
Abenteuer 3/5
Vielfalt 3/5

WIE & WANN

Wenig befahrene Asphaltsträßchen, gut befestigte Wanderwege, wenige schmale Wald- und Wiesenwege; ganzjährig machbar, allerdings wenig Schatten, besonders empfehlenswert zur Zeit der Baumblüte oder zur Hopfenernte ab Ende August

HIN & WEG

Auto: Parkplatz in der Alpenblickstraße, 88069 Tettnang
ÖPNV: Busse u. a. von Meckenbeuren, Friedrichshafen, Ravensburg, Wangen, Haltestelle Busbahnhof Tettnang Bärenplatz, von dort zu Fuß ca. 800 Meter bis zum Ausgangspunkt

ESSEN & ENTSPANNEN

1. **Obsthof Rösler (Verkaufsautomat),** Dieglishofen 5, 88069 Tettnang
4. **Obsthof Appenmaier (Hofladen),** Brünnensweiler 4, 88069 Tettnang, Tel. (0 75 42) 70 11
5. **Bergpracht-Milchwerk (Käsereiladen),** Eisenbacher Straße 4, 88069 Tettnang-Siggenweiler, Tel. (0 75 42) 9 33 40, www.bergpracht.de
6. **Hopfengut No. 20 (mit Hopfenmuseum),** Hopfengut 20, 88069 Tettnang, Tel. (0 75 42) 95 22 06, www.hopfengut.de
8. **Obsthof Wagner (Verkaufsautomat),** Dieglishofen 2, 88069 Tettnang, www.obsthof-wagner.de

ENTDECKEN & ERLEBEN

2. **Lourdes-Grotte**
3. **Kapelle Maria Königin des Friedens**
7. **Aussichtspunkt am Hopfenpfad**
9. **Birkenallee**
10. **Neues Schloss Tettnang,** Montfortplatz 1, 88069 Tettnang, Tel. (0 75 42) 9 46 98 40, www.schloss-tettnang.de

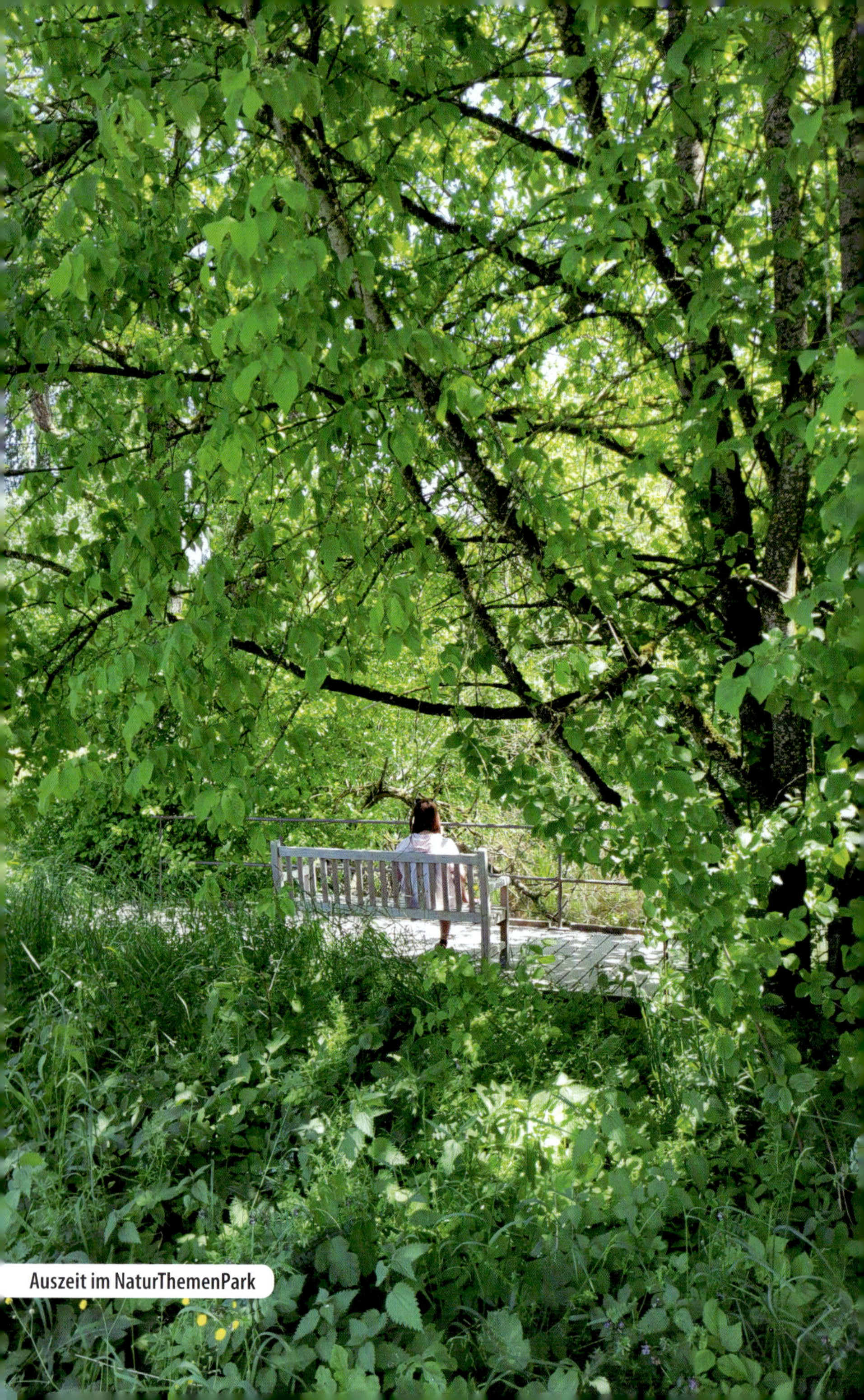

Auszeit im NaturThemenPark

Augenschmaus

Genießertour um Bad Saulgau

Wir beginnen unsere Wanderung vorausschauend auf dem Parkplatz beim schönen **1 Wagenhauser Weiher,** der uns zum Anschluss an die Tour einen erfrischenden Sprung ins kühle Nass ermöglicht. Doch erst wollen wir uns auf den Weg machen und freuen uns auf viele kleine – und einige leckere – Auszeiten, die diese Route uns schenkt.

So wenden wir dem Weiher zunächst den Rücken zu, gehen einige Meter entlang der Straße in Richtung **Fulgenstadt** und bald darauf rechts ein wenig befahrenes Asphaltsträßchen hinauf. Etwa 550 Meter nach der Abzweigung erreichen wir eine Kreuzung, an der wir zweimal kurz nacheinander links gehen. Die nächsten 1,5 Kilometer orientieren wir uns am Wanderweg **Nr. 1** der Gemeinde Bad Saulgau. Wir folgen ihm zunächst am Waldrand entlang, dann durch ein Waldstück hindurch, ehe wir uns nach rechts wenden und, mit weitem Blick über die hügelige Landschaft, durch die Felder wandern. Dabei führt der Weg stetig leicht bergab auf einen Wald zu. Dort angekommen, gehen wir nach rechts und überqueren die nächste Kreuzung geradeaus.

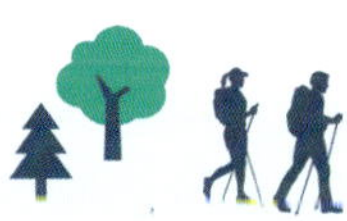

Kilometer: 11,2
Höhenmeter: 130
Stunden: 3,5
RUNDWEG

Auf den nächsten Kilometern folgen wir dem **Nistkastenlehrpfad** und werden immer wieder auf unterschiedliche Behausungen in den Bäumen treffen. Der Weg führt auf federndem Waldboden in den Wald hinein, eine Liege lädt uns zu einer kleinen Rast ein. An einer T-Kreuzung gehen wir nach links, an der Gabelung wenige Meter dahinter geradeaus und kommen nach etwa 200 Metern

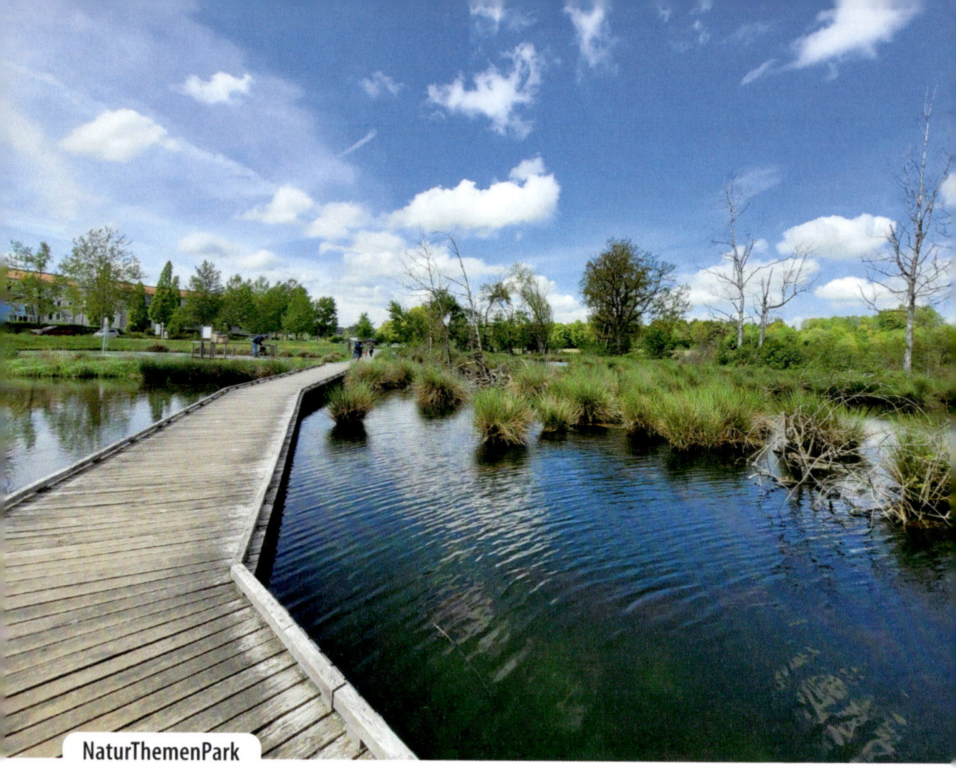

NaturThemenPark

Die Gemeinde Bad Saulgau hat schon verschiedene Auszeichnungen für ihr ***Biodiversitätskonzept*** *bekommen, mit dem sie seit über 20 Jahren einen konsequenten Naturschutz verfolgt. So erhielt sie beispielsweise den Titel „Landeshauptstadt der Biodiversität".*

zum ❷ **Infopunkt des NaturThemenParks.** Der Park soll Natur- und Umweltthemen lebendig vermitteln. Zu diesem Zweck wurden unterschiedliche Themenwege geschaffen, von denen wir einige im Verlauf unserer Wanderung streifen.

Weiterhin orientieren wir uns am **Nistkastenlehrpfad** und gehen nach rechts. Nach ca. 450 Metern folgen wir einem schmalen Pfad nach links und verlassen bald darauf den Wald. Stets entlang des **Stockäckergrabens** wandern wir dahin, bunte Nistkästen hängen in den Bäumen, an einem Heckenschaugarten können wir verschiedene Heckenformen betrachten.

Bei einem großen Insektenhotel endet unser Weg. Wir gehen zunächst nach rechts, nach rund 30 Metern wieder nach links und erreichen einen faszinierenden Bereich des ❸ **Naturthemenwegs Wasser.** An einem **Teich** mit Springbrunnen hoffen viele hungrige Koi-Karpfen auf Futter. Putzig sehen sie aus, mit ihren weit aufgesperrten Mäulern. Futter steht bereit und kann gegen eine kleine Spende gekauft werden. Wenige Meter weiter führt ein **Steg** über einen flachen Teich, über den wir hinwegspazieren. Enten schnattern, Vögel zwitschern, die Sonne spiegelt sich im vom Wind gekräuselten Wasser. Ah, Auszeit pur! Kurz nach dem Ende des Steges überqueren wir eine kleine Straße – und wähnen uns unversehens im Paradies. Wir sind im **4 Kurgarten Bad Saulgau** mit seinem farbenprächtig leuchtenden Blumenschmuck angelangt. Hier schlendern wir nach Herzenslust herum, betrachten das Gärtchen mit Küchenkräutern und die naturnah gestalteten Staudenbeete. Bald hören wir es plätschern, ein Bächlein fließt durch die Anlage, in dem wir unsere Wanderfüße kühlen können. Oder wir lassen uns unter einer Pergola auf einer der vielen Bänke nieder und frönen süßem Nichtstun.

Für die Seele

Kurgarten, Kloster samt Café, Wald und Weiher nähren Körper und Seele.

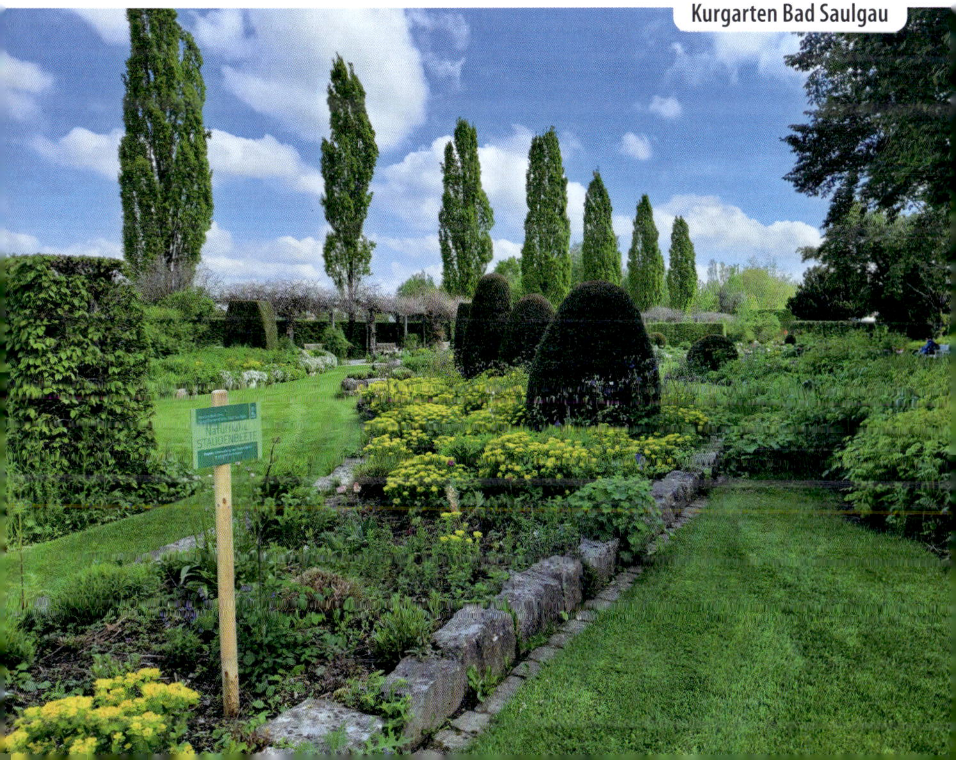

Kurgarten Bad Saulgau

Oberschwaben ist reich an ***Thermalquellen,*** *mehrere Thermalbäder laden zum Entspannen und Erholen ein. Das schwefelhaltige Wasser aus der Heilquelle der Sonnenhof-Therme sprudelt aus 650 Metern Tiefe in mehrere Becken mit Temperaturen von 28 bis 40 Grad Celsius.*

Nur ungern reißen wir uns los – doch unser Magen meldet sich, auch er möchte zu seinem Recht kommen. Durch einen weiten Durchgang in einer hohen Buchenhecke verlassen wir unsere Oase der Ruhe. Am Eingang der ❺ **Sonnenhof-Therme** vorbei gehen wir etwa 350 Meter geradeaus, überqueren auf einer Fußgängerbrücke eine Straße und gelangen in die Parkanlage ❻ **Schillerhöhe.**

Zu unserer Rechten sehen wir ❼ **Schillers Café und Garten** liegen und gehen darauf zu. Es wird von einem inklusiven Verein betrieben und ist jeweils am Freitagnachmittag für einen Besuch geöffnet. Vor dem Café halten wir uns links und an der nächsten Kreuzung rechts. Zwischen eindrucksvollen Bäumen wandern wir in Richtung ❽ **Kinzelmannturm.** Natürlich lassen wir uns die Ersteigung des hölzernen Bauwerks nicht nehmen, von dem wir einen weiten Blick über Bad Saulgau und seine Umgebung genießen.

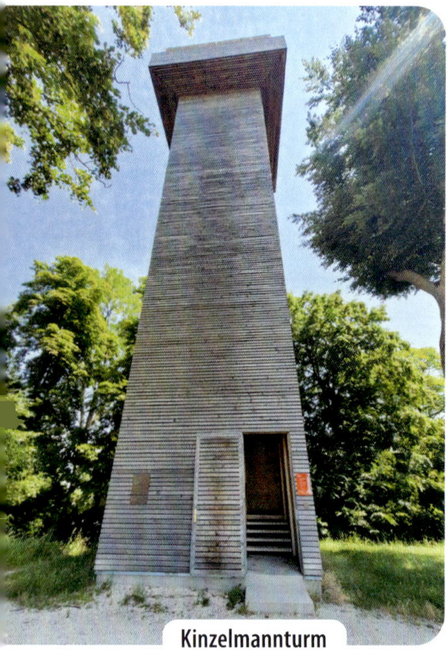
Kinzelmannturm

Wieder unten angekommen, orientieren wir uns links, kommen an einem **Schiller-Denkmal** vorbei und steigen über Treppen bergab in Richtung Stadtmitte. Vom Fuß der Treppen aus gehen wir zunächst wenige Meter nach rechts, dann links in die **Schillerstraße,** der wir für etwa 200 Meter bis zur **Hauptstraße** folgen. Hier wenden wir uns nach rechts und erreichen nach 150 Metern den **Marktplatz.** Am Straßenrand sehen wir weitere Zeugnisse des Umweltkonzepts der Stadt stehen: In großen Pflanztrögen wachsen Kräuter – Selbstbedienung ist ausdrücklich erwünscht.

Rund um den Marktplatz gibt es unterschiedliche Einkehrmöglichkeiten. Schwäbische Küche können wir im denkmalgeschützten ❾ **Haus am Markt**

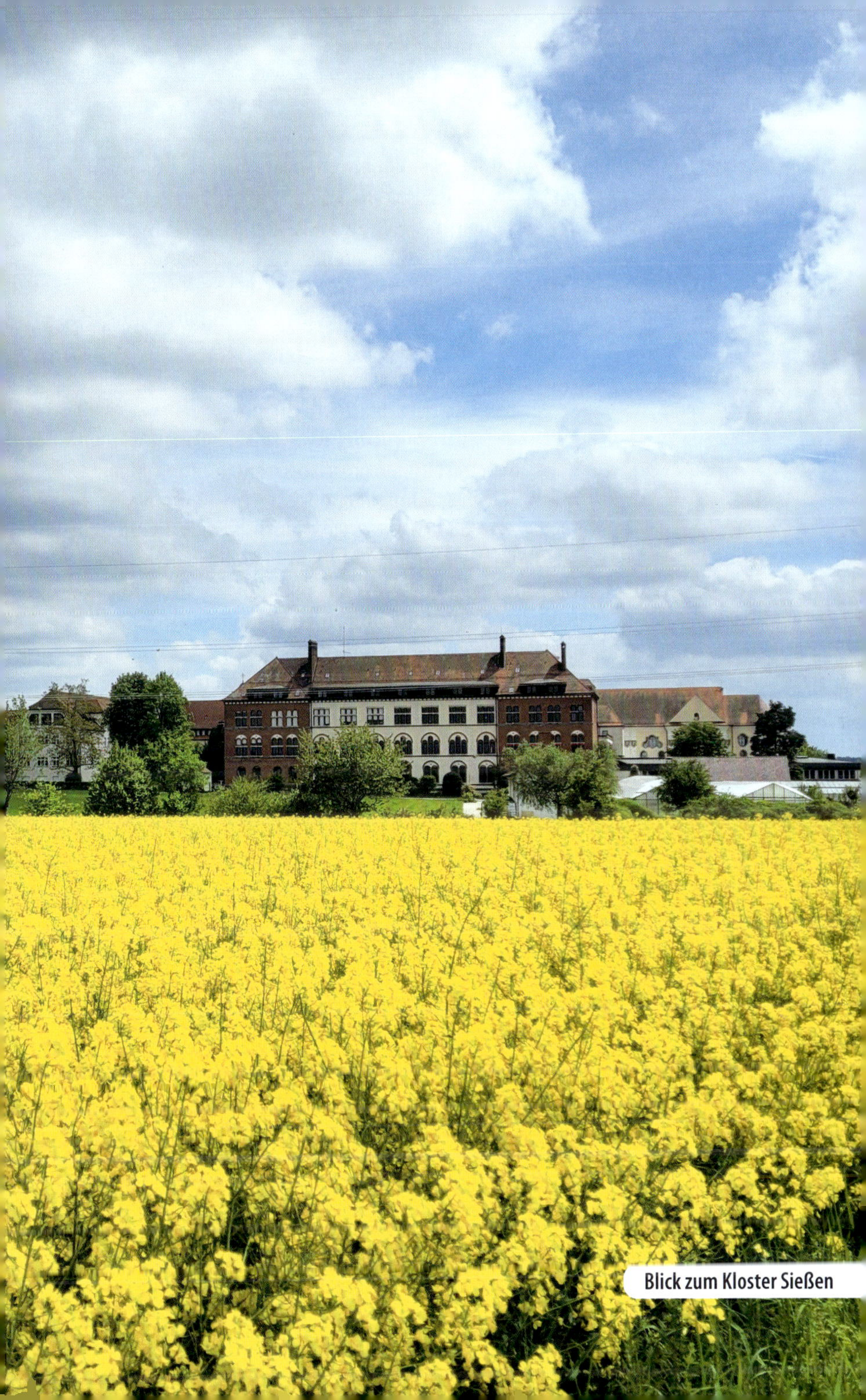

Blick zum Kloster Sießen

genießen, interessant und modern gestaltet bietet uns die ⑩ **Kostbar** frische Küche mit internationalem Einschlag. Überhaupt sitzt es sich hier am Marktplatz schön, ob in einem der Restaurants oder im Eiscafé.

Nach unserer ausgedehnten Pause schlendern wir satt und zufrieden die **Bachstraße** entlang. Wir orientieren uns jetzt am **roten Balken** des HW 7 und gehen nach etwa 200 Metern rechts in das Sträßchen **Obere Mühle,** zu dessen hübscher Namensgeberin wir durch eine Unterführung gelangen. Eine Mühle stand seit der Stadtgründung hier, heute ist das Mühlrad allerdings nur noch ein Schaurad. Nach einer weiteren Unterführung erreichen wir den **Sießener Fußweg,** dem wir in Richtung **Kloster Sießen** folgen. Zunächst gehen wir an zwei Weihern vorbei, dann begleitet uns der Stadtbach und trägt mit seinem Plätschern zu unserem Wohlgefühl bei. Der Fuß- und Radweg wird gesäumt von einer wunderschönen Birkenallee, die uns willkommenen Schatten bietet. Bald kommt eine Kapelle mit einem Friedhof in Sicht, nur kurze Zeit danach sind wir beim ⑪ **Kloster Sießen** angelangt. Durch eine beeindruckende Kastanienallee kommen wir zum Eingang des Klosterhofes.

*Im **Hummelsaal** beherbergt das Kloster eine Ausstellung mit Kunstwerken von Schwester Maria Innocentia Hummel, die im Kloster lebte. Sie wurde durch ihre Kinderbilder und die Hummel-Figuren, die nach ihren Entwürfen gefertigt wurden, weltberühmt.*

Doch bevor wir diesen betreten, wollen wir den **Franziskusgarten** besuchen, der vor dem Kloster zu unserer Rechten liegt. In Serpentinen folgen wir einem Fußweg bergab und entdecken, unten angekommen, viele lauschige Genießereckchen, zum Beispiel im Labyrinth oder am Klosterteich. Nach so viel Nahrung für die Seele wollen wir auch unserem Bauch – und vor allem unseren Geschmacksnerven – noch einmal Gutes tun. Wir durchqueren das Klostertor und schmausen im **Café im Klosterhof** unvergleichlich cremige Torte oder leckeren Kuchen aus eigener Herstellung. Im wahrsten Sinne des Wortes gesättigt an Leib und Seele bummeln wir dann am Gemüsegarten vorbei in Richtung **Klosterkirche,** deren Besuch sich vor allem für Barockliebhaber lohnt.

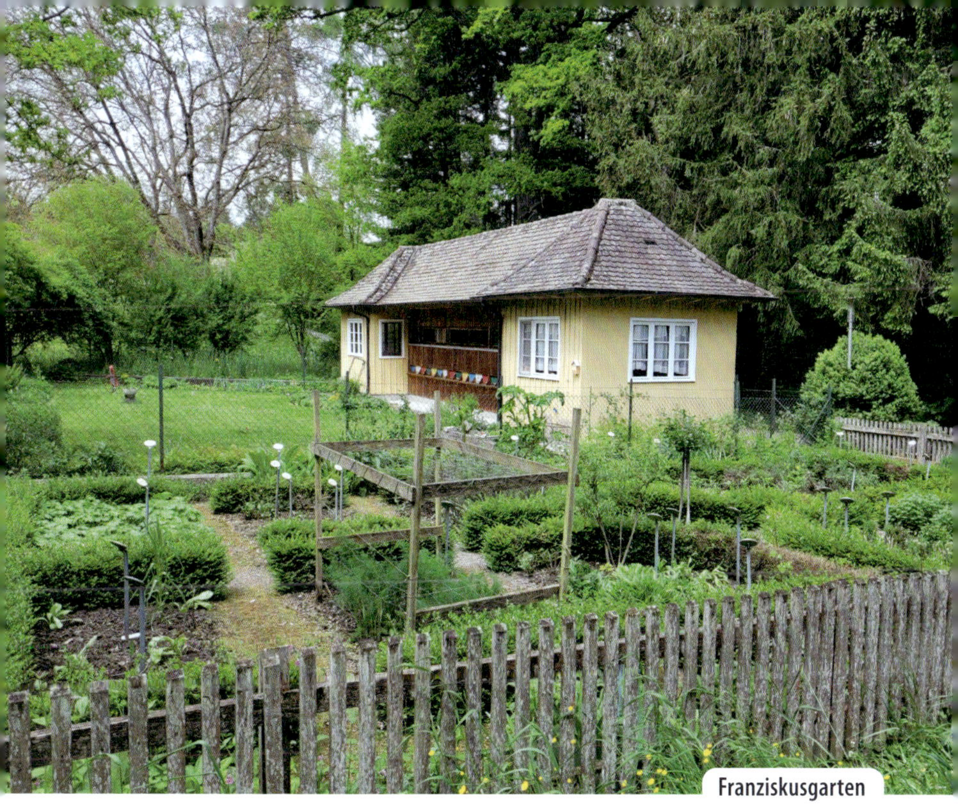

Franziskusgarten

Von der Klosterkirche aus gehen wir auf einem Fußweg an einem Spielplatz vorbei, überqueren die **Dominikus-Zimmermann-Straße,** wandern auf der **Brühlstraße** durch ein Neubaugebiet und dann geradeaus durch die Felder auf einen Wald zu. Dort angekommen, überqueren wir eine Kreuzung mit einer Bank und gehen ohne Wanderzeichen geradeaus weiter. An der übernächsten Kreuzung, die wir nach 350 Metern Marsch durch den Wald erreichen, wenden wir uns rechts und folgen diesem Weg bis zum Waldrand. Hier entscheiden wir uns erneut für den rechten Weg. Zwischen dem Wald und einer Feld- und Wiesenlandschaft spazieren wir bis zu einer Landstraße. Diese überqueren wir und wandern auf einem Forstweg weiter. Bald teilt sich dieser, wir gehen nach links und durch eine Absperrung. Schon sehen wir Schilf und erste Tümpel, ein eindeutiger Hinweis, dass wir uns dem **Wagenhauser Weiher** nähern. Der Weg wird zu einem schmalen Pfad, ehe er sich zu einer Liegewiese weitet. Einladend kräuselt sich das Wasser des Weihers im sanften Wind. Wir haben das Ende unserer Wanderung erreicht – und krönen sie, wenn wir mögen, mit einem Sprung ins erfrischende Nass.

Sollten wir nach dem Bad noch einmal Hunger haben, lädt das ⓬ **Seestüble** in Wagenhausen zu einer weiteren Einkehr ein. Gemütlich auf der Terrasse mit Blick auf den See sitzend, können wir uns hier mit Küche aus regionalen und saisonalen Zutaten verwöhnen lassen. Wir erreichen das Lokal nach 150 Metern, wenn wir die Straße zwischen See und Parkplatz entlanggehen.

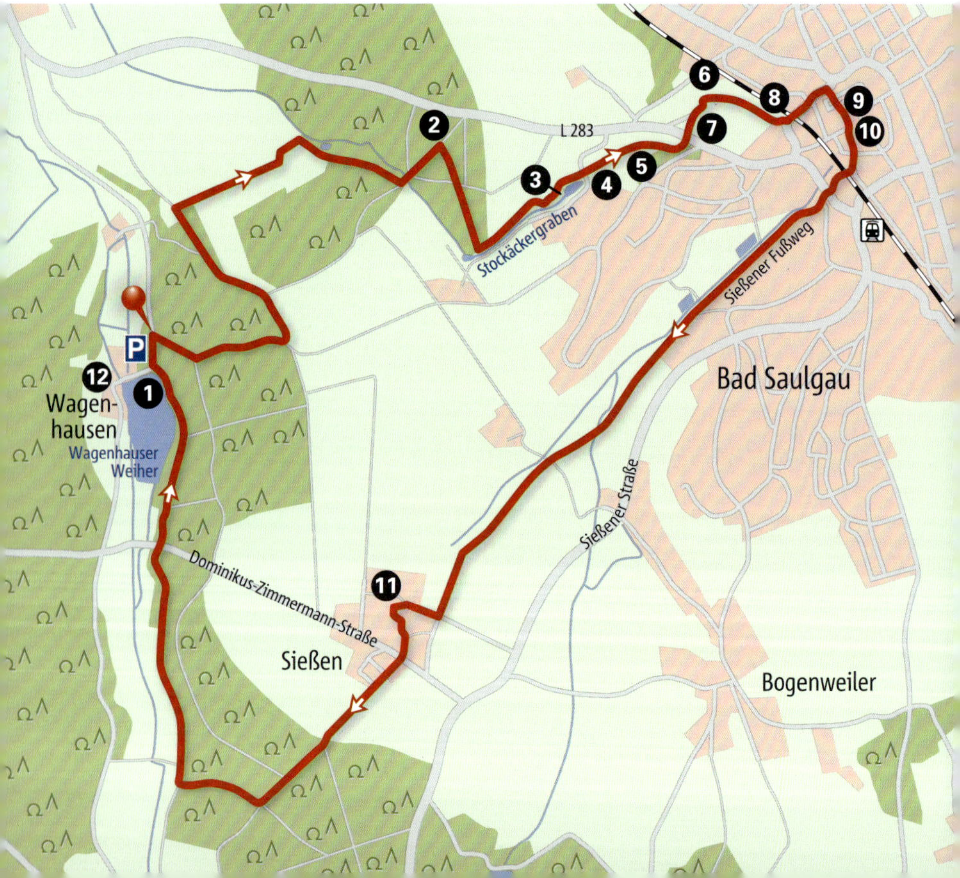

ALLES AUF EINEN BLICK

Entspannung 5/5
Abenteuer 3/5
Vielfalt 5/5

WIE & WANN

Wenig befahrene Asphaltsträßchen, Bürgersteige, gut befestigte Wanderwege; zu jeder Jahreszeit reizvoll

HIN & WEG

Auto: Gebührenfreier Parkplatz am Wagenhauser Weiher, 88348 Bad Saulgau
ÖPNV: Bahnhof Bad Saulgau, von dort 500 Meter zu Fuß über die Karl- und die Bachstraße, Einstieg in die Tour am Marktplatz

ESSEN & ENTSPANNEN

7 **Schillers Café und Garten,** Kirchberg 2, 88348 Bad Saulgau, www.schillerssaulgau.de
9 **Haus am Markt,** Marktplatz 1, 88348 Bad Saulgau, Tel. (0 75 81) 5 27 52 75, www.restaurant-bad-saulgau.de
10 **Kostbar,** Marktplatz 2, 88348 Bad Saulgau, Tel. (0 75 81) 52 78 81, www.kostbar-bad-saulgau.jimdofree.com
11 **Café im Klosterhof,** Kloster Sießen 13, 88348 Bad Saulgau, Tel. (0 75 81) 8 06 00, www.klostersiessen.de
12 **Seestüble,** Wagenhausen 3, 88348 Bad Saulgau, Tel. (0 75 81) 9 00 90 20, www.seestueble-restaurant.de

ENTDECKEN & ERLEBEN

1 **Wagenhauser Weiher**
2 **Infopunkt NaturThemenPark**
3 **Naturthemenweg Wasser**
4 **Kurgarten Bad Saulgau**
5 **Sonnenhof-Therme,** Am Schönen Moos 1, 88348 Bad Saulgau, Tel. (0 75 81) 4 83 90, www.bad-saulgau.de/sonnenhof
6 **Schillerhöhe**
8 **Kinzelmannturm**
11 **Kloster Sießen** mit Franziskusgarten, Klosterkirche und Hummelsaal, Tel. (0 75 81) 8 00, siehe ESSEN & ENTSPANNEN

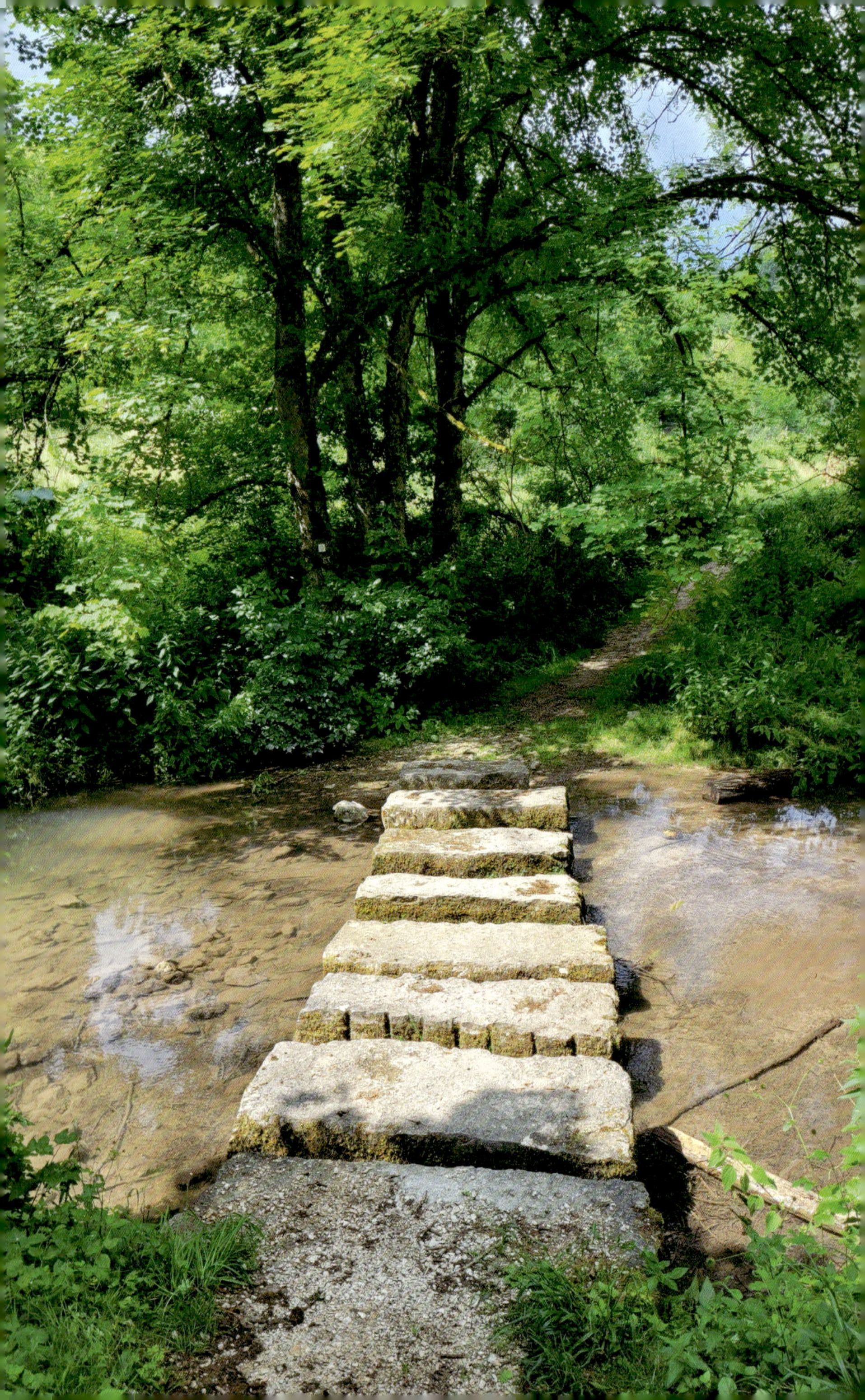

Wandergenuss

Streifzug in Lautertal

Ausgehend von Obermarchtal, verlassen wir auf dieser Tour Oberschwaben in Richtung Schwäbische Alb. Zu verführerisch ist die Natur rund um die Große Lauter, auch freuen wir uns auf idyllische Einkehrmöglichkeiten.

Doch zunächst durchwandern wir die barocke Anlage der ❶ **ehemaligen Reichsabtei Obermarchtal,** die wir durch ein nur wenige Meter von unserem Parkplatz entferntes Tor betreten. Heute treffen wir gleich auf zwei Hauptwanderwege des Schwäbischen Albvereins – zunächst den HW 5, später den HW 7 – und orientieren uns, soweit möglich, an ihrem **roten Balken,** den wir auch hier am Tor entdecken. Staunend wandern wir am opulent ausgeschmückten **Münster Sankt Peter und Paul** vorbei bis zur rückwärtigen Mauer, von der aus wir einen schönen Blick über die Donau mitsamt Donauwehr und Fischtreppe haben.

Wir wenden uns rechts und gehen über eine steile Treppe durch einen Durchlass in der gewaltigen Klostermauer hindurch in Richtung Fluss. Unten windet sich der Pfad durch einen schattigen Gang aus Gehölzen und endet an einem Rastplatz mit Blick auf die Donau. Wir durchwandern den **Mühlweg** und überqueren dann den Fluss. Hier auf der Brücke haben wir nochmals eine großartige Sicht auf Wehr und Fischtreppe. Nachdem wir etwa 300 Meter auf einem asphaltierten Sträßchen gegangen sind, wenden wir uns vor einer Bahnschranke nach rechts in Richtung unseres ersten Ziels, **Lauterach.**

Kilometer: 13,3
Höhenmeter: 270
Stunden: 4
RUNDWEG

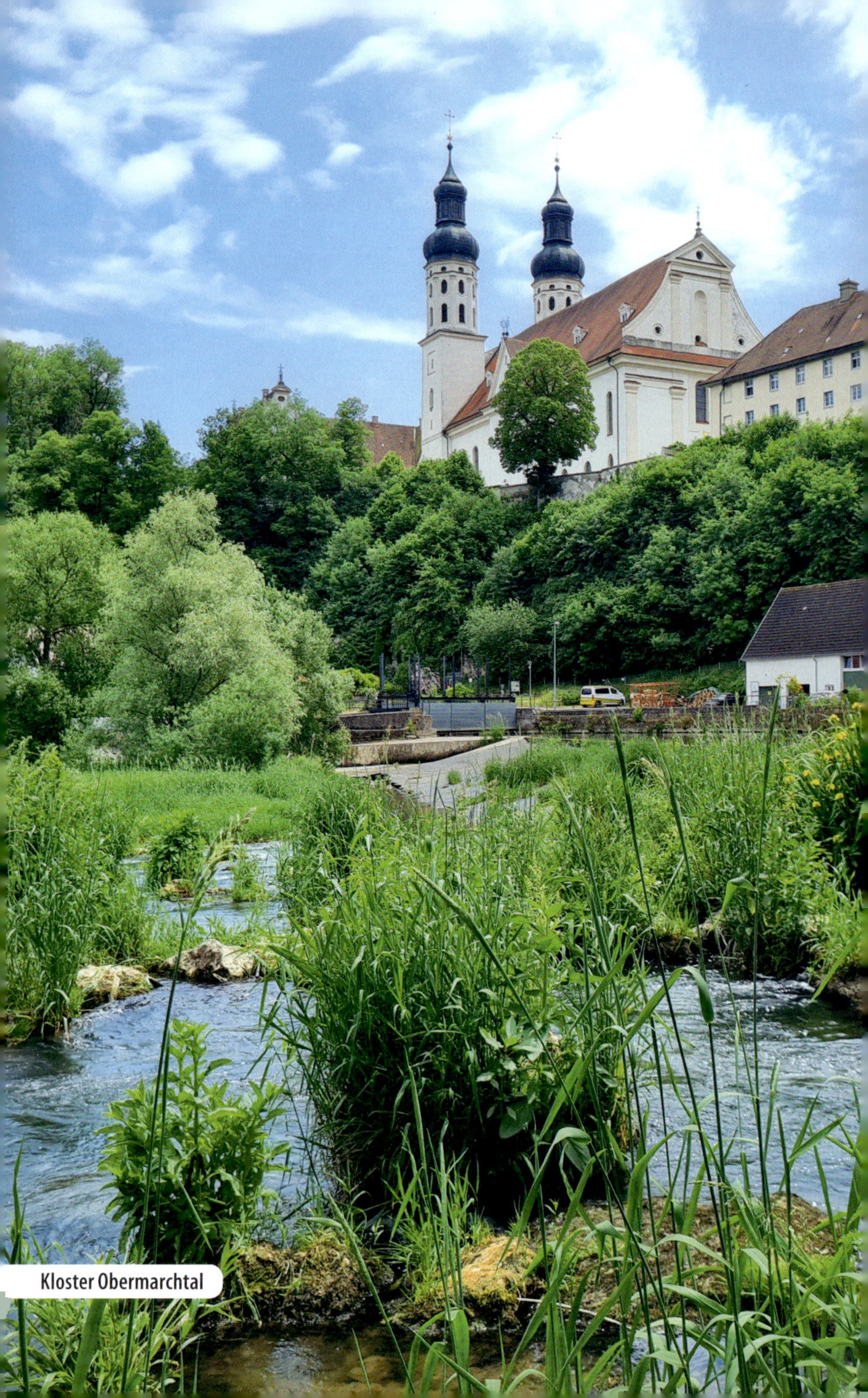

Kloster Obermarchtal

Grillengezirpe begleitet uns, von hier aus haben wir einen tollen Blick auf die Klosteranlage. Bald hören wir leises Plätschern und können einen Blick auf die Donau werfen, die zu unserer Rechten fließt. Nach etwa 1,5 Kilometern erreichen wir die **Lautermündung.** Von jetzt an treffen wir regelmäßig auf Informationstafeln über die Große Lauter, die wir auf einer Brücke überqueren, und das Lautertal.

Etwa 120 Meter hinter der Brücke gehen wir links durch eine Unterführung, direkt danach noch einmal links. Unser Wanderweg führt auf Felsen zu, die wir eben schon bewundern konnten, umrundet diese und führt ins **Große Lautertal.** Große Holunderbüsche stehen am Wegesrand, von Efeu überwucherte Felsen wachsen empor, Heckenrosen blühen verschwenderisch und vervollständigen das wildromantische Bild. Unser Weg steigt stetig, doch kaum merklich an, dabei begleitet uns die Lauter mit leisem Geplätscher. Nach einer Biegung stehen wir vor einem kleinen Kraftwerk, das Strom für das Kloster Untermarchtal erzeugt. Die Turbinen werden mit Wasser aus einem 620 Meter langen Kanal gespeist, der 1923 bis 1925 gebaut wurde.

Kurz bevor sich die Lauter zu einem Teich verbreitert, macht unser Weg eine Kurve nach links, wir überqueren den Fluss über eine kleine Brücke. Am Ende des Teichs teilt sich der Weg, wir gehen geradeaus und bleiben auf dem **HW 5.** An den ersten Häusern von **Lauterach** vorbei erreichen wir die Straße **Am Hochberg.** Dort wenden wir uns nach links in Richtung **Laufenmühle** und **Biosphärenzentrum,** folgen der Straße etwa 180 Meter recht steil bergan und überqueren sie nach einer Linkskurve. Ein Pfeil mit der Beschriftung „HW 5" weist uns den Weg.

Sollten wir an einem Vormittag unter der Woche unterwegs sein, lohnt ein Abstecher in den **❷ Hofladen der Lauteracher Alb-Feld-Früchte.** Hier kommen die regi-

Für die Seele

Naturerlebnisse an Donau und Lauter schenken uns eine Auszeit vom Alltag.

*Die **Große Lauter** mäandert auf 37 Kilometern Länge durch ein romantisches Tal. Entlang ihres Laufs finden sich viele Sehenswürdigkeiten wie Burgruinen, Höhlen und Wacholderheiden. 2019 gewann die Lauter die Publikumswahl zu „Deutschlands Naturwunder".*

*Der Schwäbischen Alb kam einst im deutschen **Linsenanbau** große Bedeutung zu. Doch in den 1950er-Jahren verschwanden die alten Alblinsensorten, sie waren nicht mehr rentabel. Mittlerweile werden sie von der Erzeugergemeinschaft wieder erfolgreich vermarktet.*

__Tuffstein__ eignet sich sehr zum Hausbau, da er durch die offenporige Struktur recht leicht ist und gut dämmt. Auf der Schwäbischen Alb sind viele ältere Gebäude aus diesem Material gebaut, unter anderem die nahe Laufenmühle.

onalen Alb-Leisa her, die Alblinsen, die wir aber auch im Klosterladen von Obermarchtal oder online erstehen können. Den Hofladen erreichen wir, indem wir der Straße Am Hochberg weitere 100 Meter folgen.

Ansonsten biegen wir auf der anderen Straßenseite in den Weg in Richtung Biosphärenzentrum Lauterach ein. Wir passieren die **Revierförsterstelle** und gehen hoch über der Lauter entlang, bis unser Weg sich vom Fluss entfernt. An der nächsten Gabelung folgen wir unserem roten Balken nach rechts, wandern zwischen mohnbetupften Feldern und Wiesen hindurch und kommen in einen Wald. Bald sehen wir in der Ferne das idyllische Gelände des ❸ **Biosphären-Infozentrums Lauterach** liegen, wie gemacht dafür, die Seele baumeln zu lassen. Und genau das tun wir jetzt, schlendern über Holzbrückchen, kühlen unsere Füße, lassen uns im Gras nieder und genießen die Sonne. Wenn das **Schneggahäusle** an schönen Nachmittagen geöffnet hat, können wir uns mit selbst gebackenem Kuchen, Bauernhofeis und Getränken verwöhnen lassen.

Eigentlich wollen wir hier gar nicht mehr weg. Uneigentlich aber schon, denn es gibt noch viel zu sehen. Wir trösten uns damit, dass wir später noch einmal hierherkommen können, da unser Rückweg ganz nah vorbeiführt. So lassen wir das Schneggahäusle hinter uns und überqueren die Lauter ein weiteres Mal. Picknickbänke stehen hier und eine ❹ **Tuffsteinsäge,** mit der früher Tuffstein bearbeitet wurde.

Wir überqueren eine kleine Straße und nehmen auf der anderen Seite den Waldweg zum **Wolfstal,** einem für die Schwäbische Alb typischen Naturraum. Zu beiden Seiten türmen sich steile Felsen über uns. Es ist angenehm kühl und feucht, tief atmen wir die Waldluft ein. Nach etwa 430 Metern auf dem Waldweg kommen wir an eine Kreuzung mit Wanderzeichen. Wir orientieren uns an der **blauen Raute** in Richtung **Bärenhöhle** und folgen ihr links den Hang hinauf. Hier ist Trittsicherheit gefordert, denn der Pfad führt steil

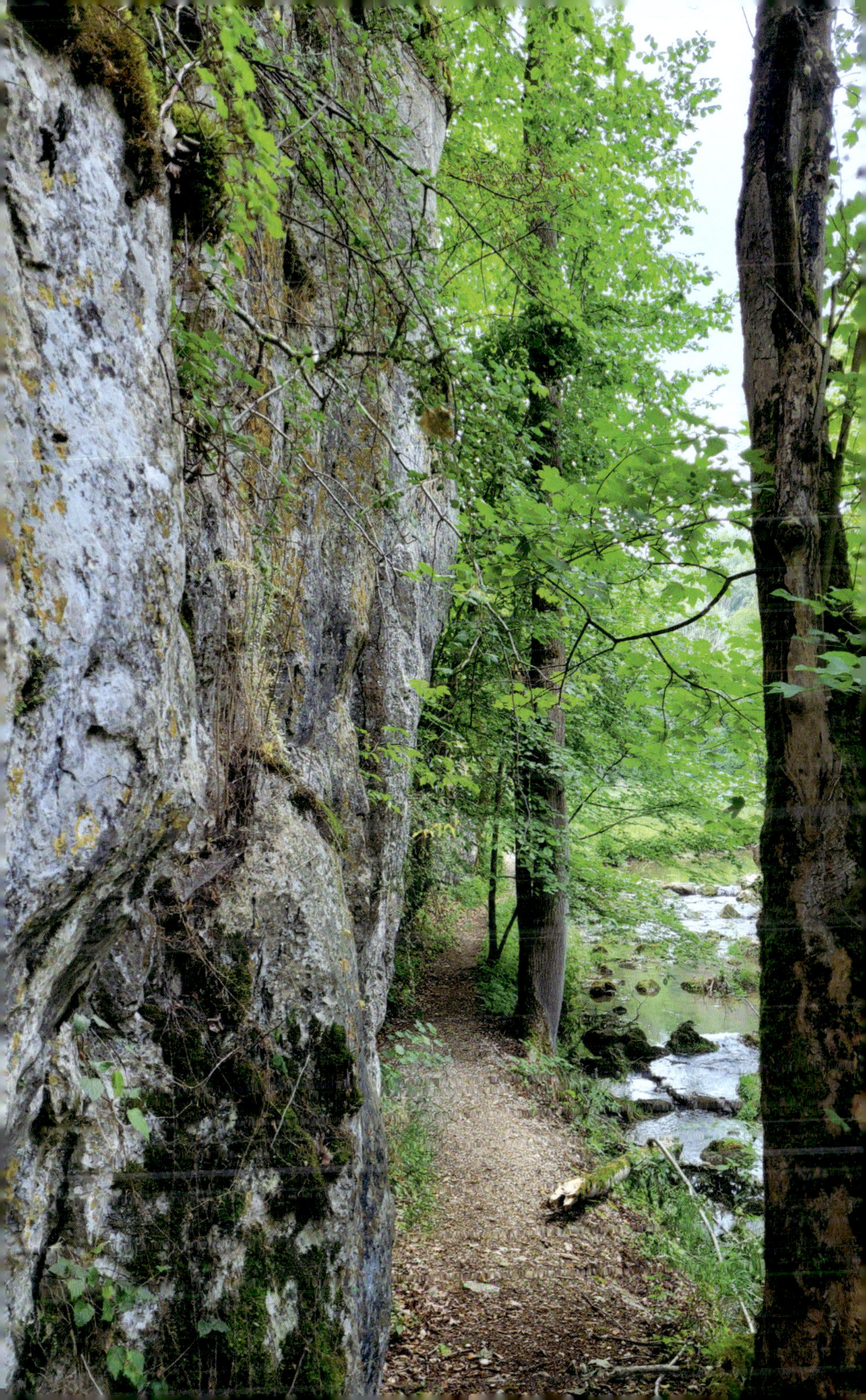

und schmal über Steine und Baumwurzeln bergan. Vorsicht! Bei Nässe kann es hier sehr rutschig sein.

Bald finden wir uns hoch über dem Wolfstal wieder und erreichen nach kurzer Zeit die **5 Bärenhöhle,** die schon Eiszeitjägern einen Unterschlupf bot. Fast schon unter dem Überhang des Höhlendaches geht unser Weg nach rechts weiter. Es wird noch einmal abenteuerlich, denn wir müssen einen quer liegenden Baumstamm überwinden, ehe sich unser Pfad steil und schmal weiter den Hang hinaufwindet. Wir orientieren uns weiter an der blauen Raute, bis wir auf dem Grat des Höhenrückens ankommen. Hier wenden wir uns nach rechts. An der nächsten Weggabelung gehen wir nach links und weniger steil als zuvor durch wunderschönen Buchenwald bergab. Wie Waldwesen brechen wir unten aus dem Gebüsch hervor und stehen auf einem breiteren Wanderweg, dem wir nach rechts folgen, bis wir zum **6 Schwäbischen Aquädukt** gelangen. Hier überfließt der Lauterkanal die Lauter. Nach wenigen Metern folgen wir einem schmalen Pfad links zur Lauter hinab in Richtung **Unterer Lauter-Aquädukt.** Große Quader ermöglichen einen Übergang über den Fluss. Sie laden ein, die Schuhe auszuziehen und mit den Füßen etwas im Wasser zu plätschern.

Am anderen Ufer gehen wir auf einem Wiesenweg weiter, der kurz nach einer Informationstafel die Wiese quert und an deren gegenüberliegendem Rand entlang nach rechts führt, ehe wir in den tiefen Schatten von Bäumen eintauchen. Die Lauter kommt uns hier ganz nah und begleitet unseren Wanderweg. Wir überqueren auf einem Brückchen den Lauterkanal, der auf dem **7 Unteren Lauter-Aquädukt** über die Lauter fließt. Klingt verwirrend, aber unter uns fließt quasi zweimal die Lauter. Danach umrunden wir auf sehr schmalem Pfad einen Felsen und wandern über eine große Wiese. An einer Brücke neben einer Fischtreppe überqueren wir das Flüsschen nochmals und halten uns danach rechts. Auf einem breiten Wanderweg gehen wir zurück in Richtung **Biosphärenzentrum Lauterach**, wobei wir einen Teil des Weges wiedererkennen. Wir entdecken die Abzweigung, an der wir aus dem Wald traten, gehen jedoch weiter geradeaus. Bald wird aus feinem Schotter Asphalt. Schließlich kommen wir an eine Kreuzung, wo wir die Lauter überqueren und rechts in Richtung **8 Laufenmühle** gehen. Hier können wir in rustikalem Ambiente bodenständige schwäbische Küche wie zum Beispiel Maultaschen und Gaisburger Marsch kosten. Aufgepasst! Sonntags ist Ruhetag!

Satt und zufrieden spazieren wir nach unserer Pause zurück über die Brücke und weiter in Richtung **Biosphärenzentrum Lauterach.** An der Tuffsteinsäge biegen wir rechts ab, gehen aber diesmal nicht zum Infozentrum, sondern folgen nun dem **HW 7,** dessen **roter Balken** uns bis kurz vor dem Ziel begleiten wird, rechts einen steilen Pfad hinauf in Richtung **Hochberg.** Der Name ist Programm! Zunächst im Zickzack, später flacher steigen wir rasch bergauf und kommen ganz

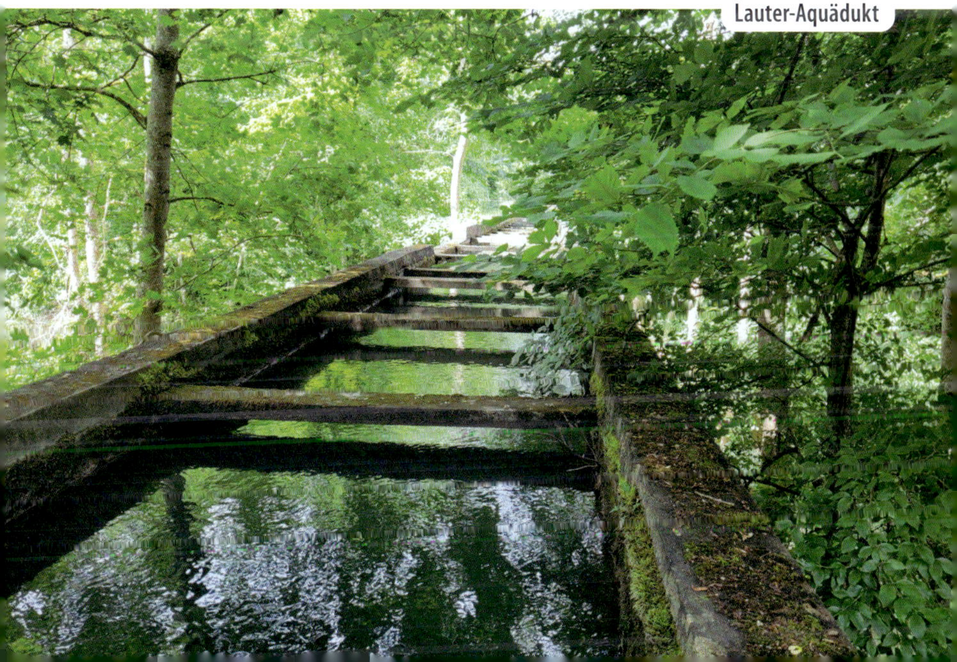

Lauter-Aquädukt

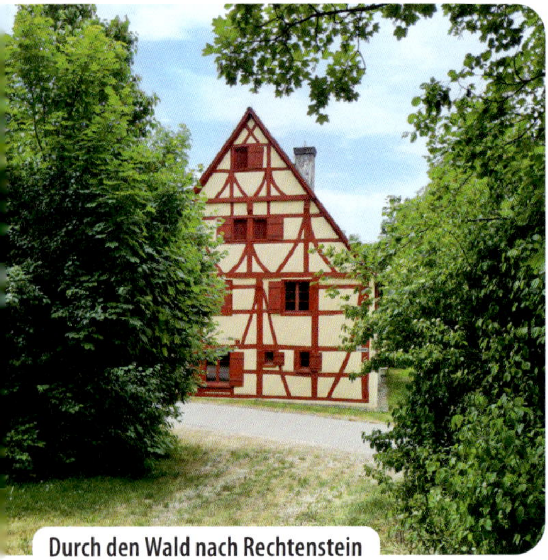
Durch den Wald nach Rechtenstein

schön außer Puste. Doch der Weg führt durch einen schönen grünen Buchenwald, der uns für die Anstrengung entschädigt. Etwa 1,2 Kilometer gehen wir bergauf, wobei wir etwa nach der Hälfte des Aufstiegs eine wenig befahrene Landstraße kreuzen. Ab und an gehen weitere Pfade von unserem Weg ab, doch orientieren wir uns stets am roten Balken, der unseren Weg deutlich kennzeichnet.

Endlich kommen wir oben an und werden mit einer grandiosen Aussicht belohnt. Wir gehen nach rechts, entdecken auf dem 9 **Hochberg** ein Bismarckdenkmal – und vor allem einen Rastplatz mit Bänken und sogar einer Feuerstelle. Gerne lassen wir uns nieder, um zu verschnaufen und zu schauen. Weit schweift unser Blick in Richtung Donau, Obermarchtal und über Oberschwaben. Wow!

Ausgeruht folgen wir dem roten Balken am Waldrand entlang und beachten die kleine Asphaltstraße, die links bergab führt, nicht weiter. Nach etwa 200 Metern gehen wir links über die Wiese, wenden uns nach weiteren etwa 40 Metern rechts und wandern an einer Hecke entlang. Etwas versteckt entdecken wir unser Wanderzeichen an einem Baum. Einmal mehr beeindruckt uns die Aussicht, sei es in Richtung Schwäbische Alb, sei es in Richtung Oberschwaben. Eine Bilderbuchlandschaft breitet sich unter uns aus. Wir sehen den Turm der Ruine Rechtenstein, den Bussen, bald kommt auch Obermarchtal in unser Blickfeld.

An den nächsten beiden Kreuzungen halten wir uns links und gehen in Richtung **Obermarchtal** und **Rechtenstein.** Gehölze säumen den Wegesrand, um uns herum summt und duftet es, Heckenrosen, Holunder und Schafgarbe stehen in voller Blüte. Etwa 250 Meter nach der zweiten Kreuzung kommen wir an eine kleine Straße, die bergab führt. Hier wenden wir uns nach rechts. An der nächsten Kreuzung halten wir uns links und erreichen bald eine riesige Linde, die ein Wegkreuz und eine Bank beschattet. Unser Wanderweg führt an dieser Stelle nach rechts weiter in Richtung **Rechtenstein.** Zunächst kurz durch Felder, dann durch Wald gehen wir etwa 700 Meter leicht bergab, bis unser Weg sich gabelt. Hier schwenken wir nach links. Vor uns taucht ein sehr schönes Fachwerkgebäude auf, der **Brühlhof.** Wir gelangen an eine Asphaltstraße, biegen links ein und folgen der **Brühlhofstraße** bis zu einem Bahnübergang, den wir überqueren.

Hier waren wir schon einmal zu Beginn unserer Wanderung! Wir verabschieden uns vom HW 7 und

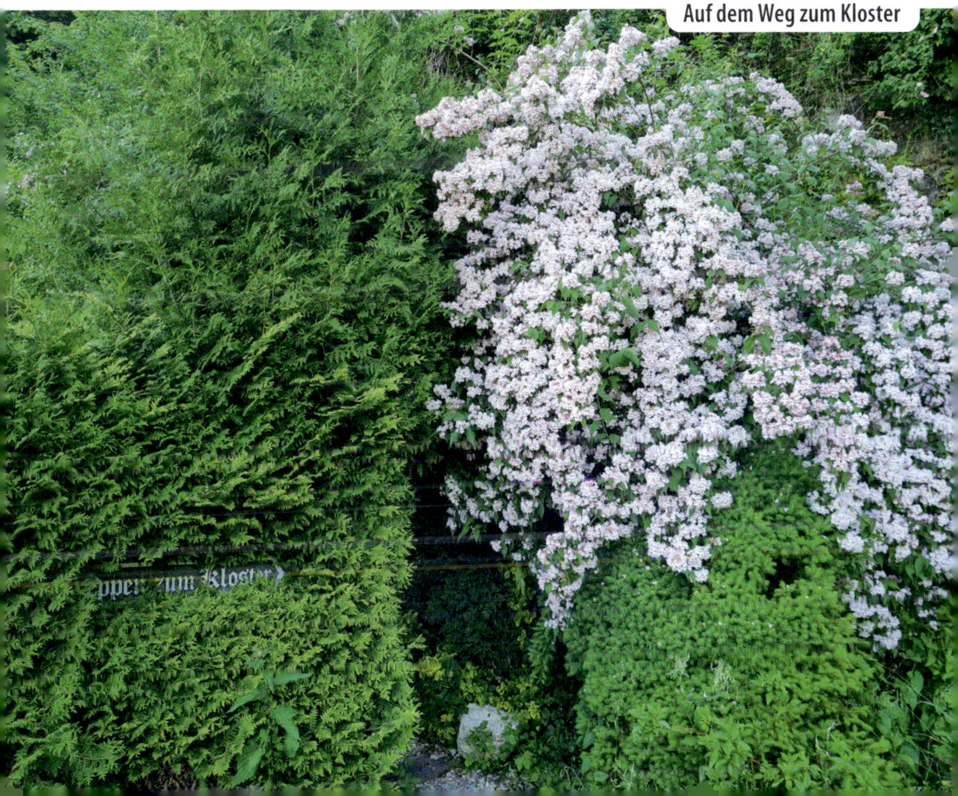

Auf dem Weg zum Kloster

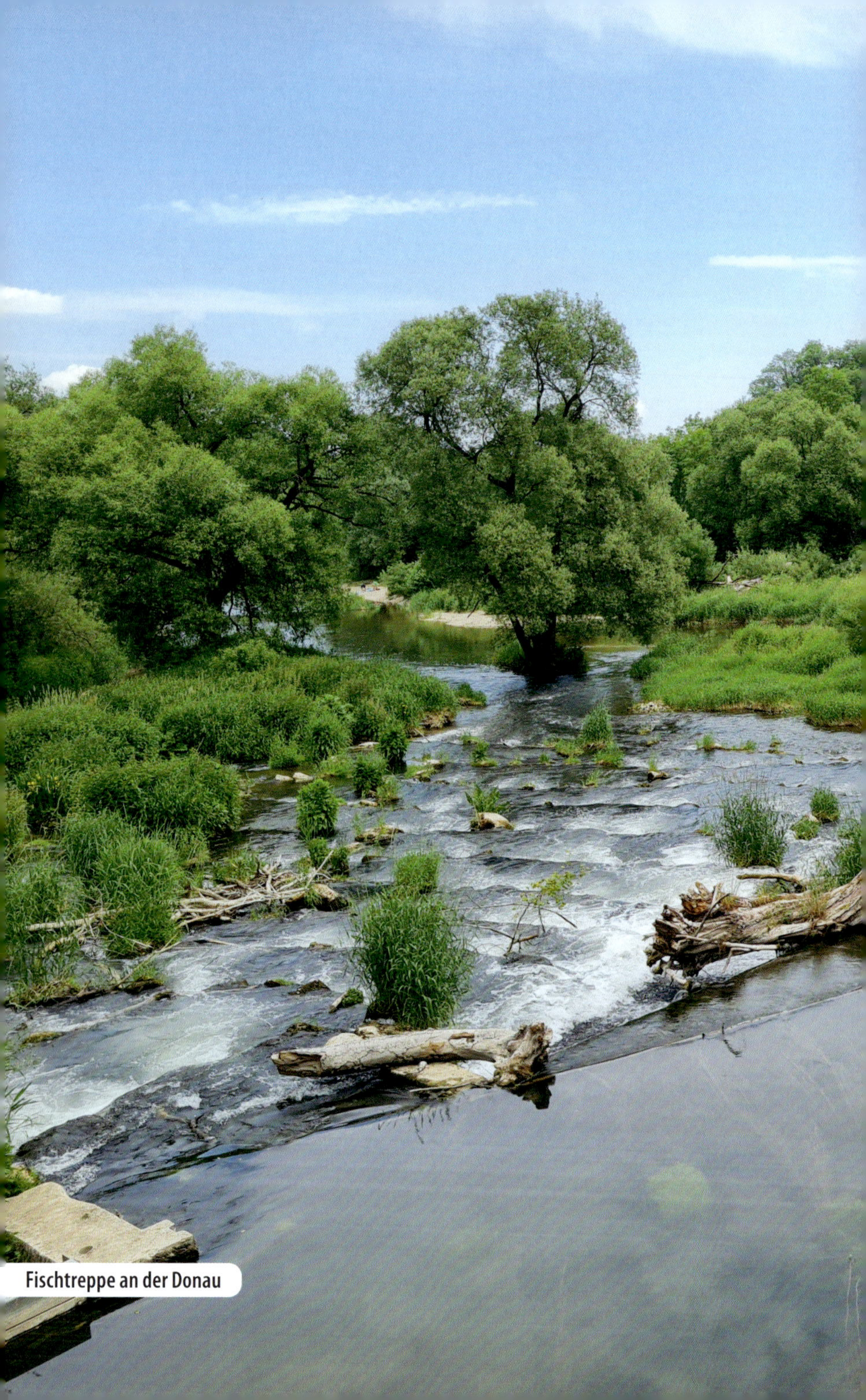

Fischtreppe an der Donau

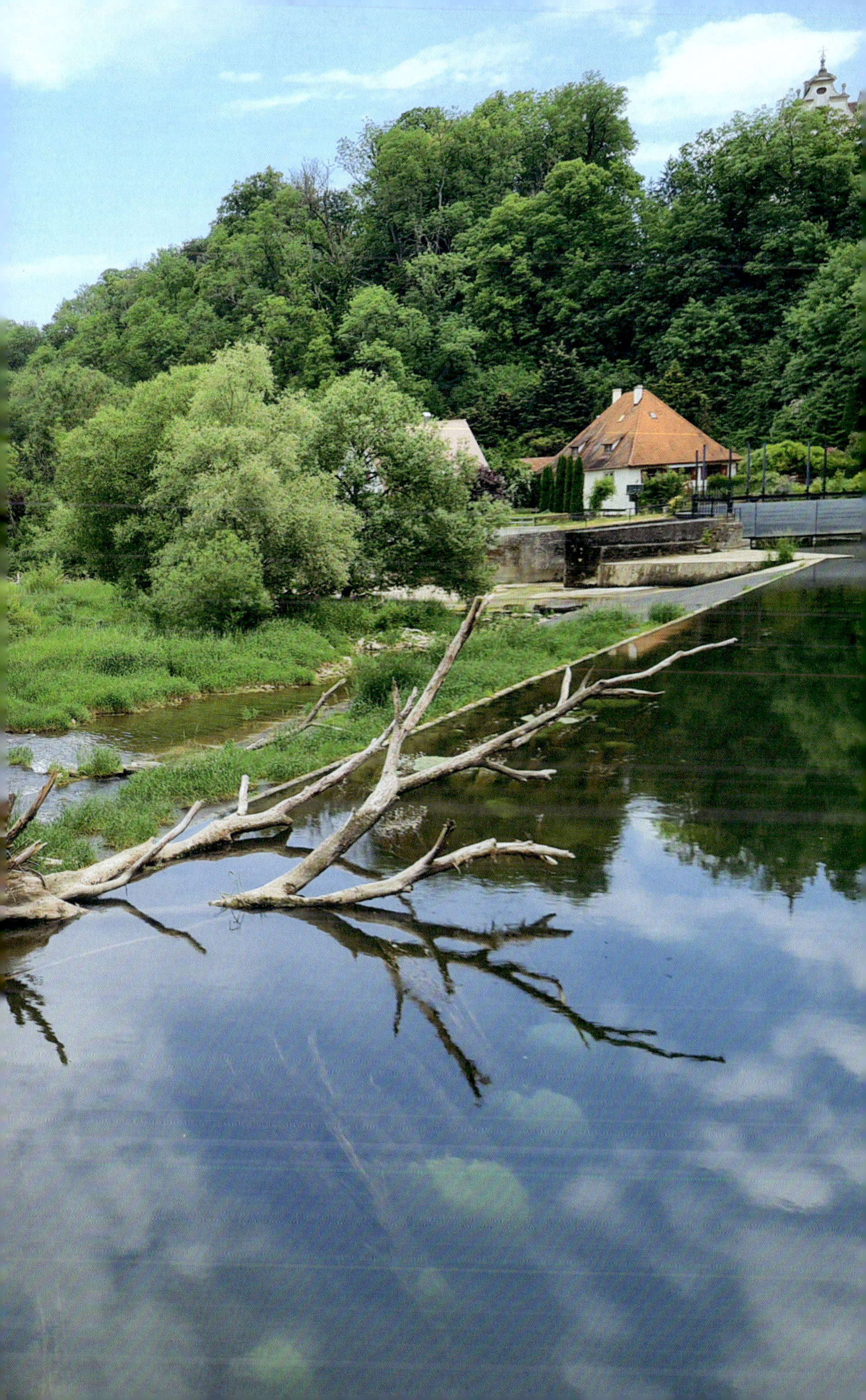

gehen auf dem **HW 5** auf bekanntem Weg zurück: geradeaus über die Brücke, dann links und den Fußweg zum Kloster hinauf. Haben wir es vorher noch nicht getan, lohnt es sich, Kloster und Kirche zu erkunden – und den **Klosterladen** zu besuchen, in dem es neben einer Vielzahl anderer Dinge köstliche Mitbringsel aus der Region zu kaufen gibt. Sollte sich unser Magen nach all der Wanderei wieder melden, können wir ihm beim Verlassen des Klosterareals noch einmal Gutes tun und uns im historischen Gebäude des **⑩ Klostergasthofs Adler** mit regionaler und saisonaler Küche verwöhnen lassen. Besonders schön sitzt es sich in der historischen Gaststube mit ihrer 300 Jahre alten Holzdecke.

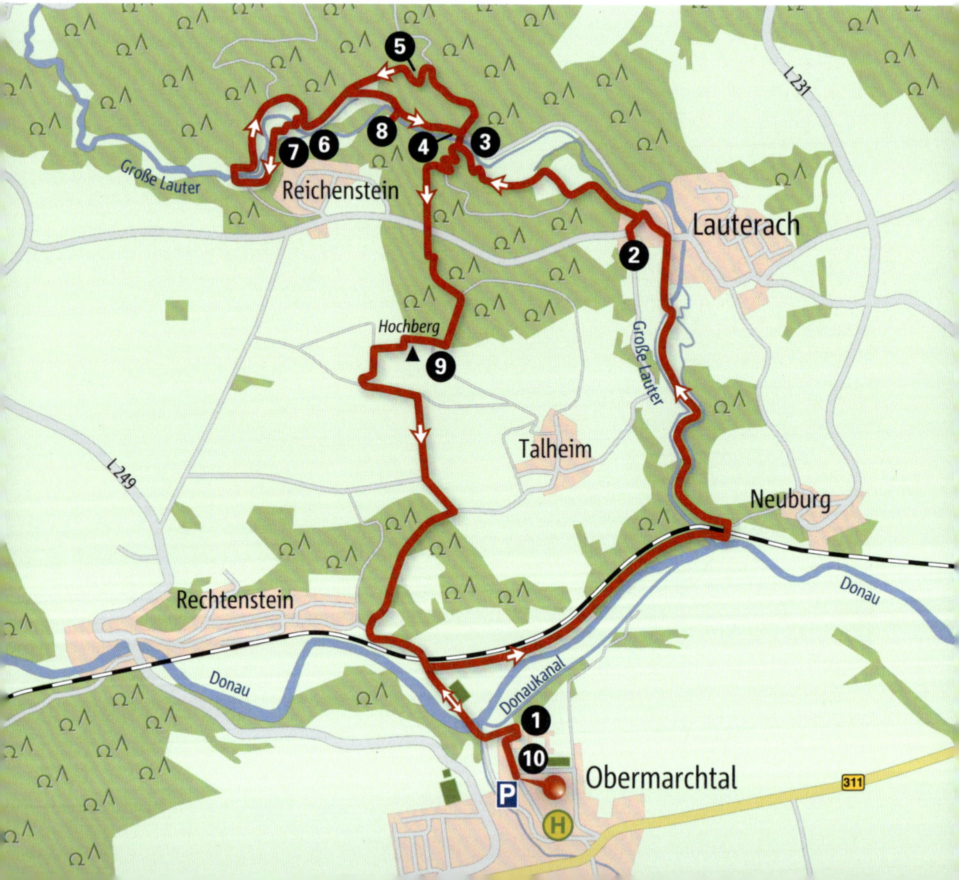

ALLES AUF EINEN BLICK

Entspannung

Abenteuer

Vielfalt

WIE & WANN

Vor allem befestigte Wanderwege, teilweise recht steile Pfade, Trittsicherheit erforderlich, auf dem Weg zur Bärenhöhle bei Nässe Rutschgefahr; von März bis November gut machbar, besonders schön im März, wenn die Märzenbecher im Wolfstal blühen

HIN & WEG

Auto: Gebührenfreier Parkplatz Hauptstraße 2, 89611 Obermarchtal, direkt vor dem Eingang zum Kloster

ÖPNV: Bus 320 von und nach Ehingen und Riedlingen, Haltestelle Obermarchtal Musikerheim, von dort 450 Meter zu Fuß über die Hauptstraße zum Ausgangspunkt

ESSEN & ENTSPANNEN

2 **Hofladen Lauteracher Alb-Feld-Früchte,** Am Hochberg 25, 89584 Lauterach, Tel. (0 73 75) 99 78 00, www.lauteracher.de

3 **Schneggahäusle im Biosphären-Infozentrum,** Am Bach 5, 89584 Lauterach, www.schneggahaeusle.de (Öffnungszeiten vor dem Besuch der Website entnehmen)

8 **Gaststätte Laufenmühle,** Laufenmühle 4, 89584 Lauterach, Tel. (0 73 75) 15 26

10 **Klostergasthof Adler,** Hauptstraße 1, 89611 Obermarchtal, Tel. (0 73 75) 9 22 53 20, www.klostergasthof-adler.de

ENTDECKEN & ERLEBEN

1 **Ehemalige Reichsabtei Obermarchtal** mit Klosterladen und Kirche, Klosteranlage 2, 89611 Obermarchtal, Tel. (0 73 75) 95 05-0, www.kloster-obermarchtal.de

3 **Biosphären-Infozentrum Lauterach,** www.gemeinde-lauterach.de, siehe ESSEN & ENTSPANNEN

4 **Tuffsteinsäge**

5 **Bärenhöhle**

6 **Schwäbischer Aquädukt**

7 **Unterer Lauter-Aquädukt**

9 **Aussichtspunkt Hochberg**

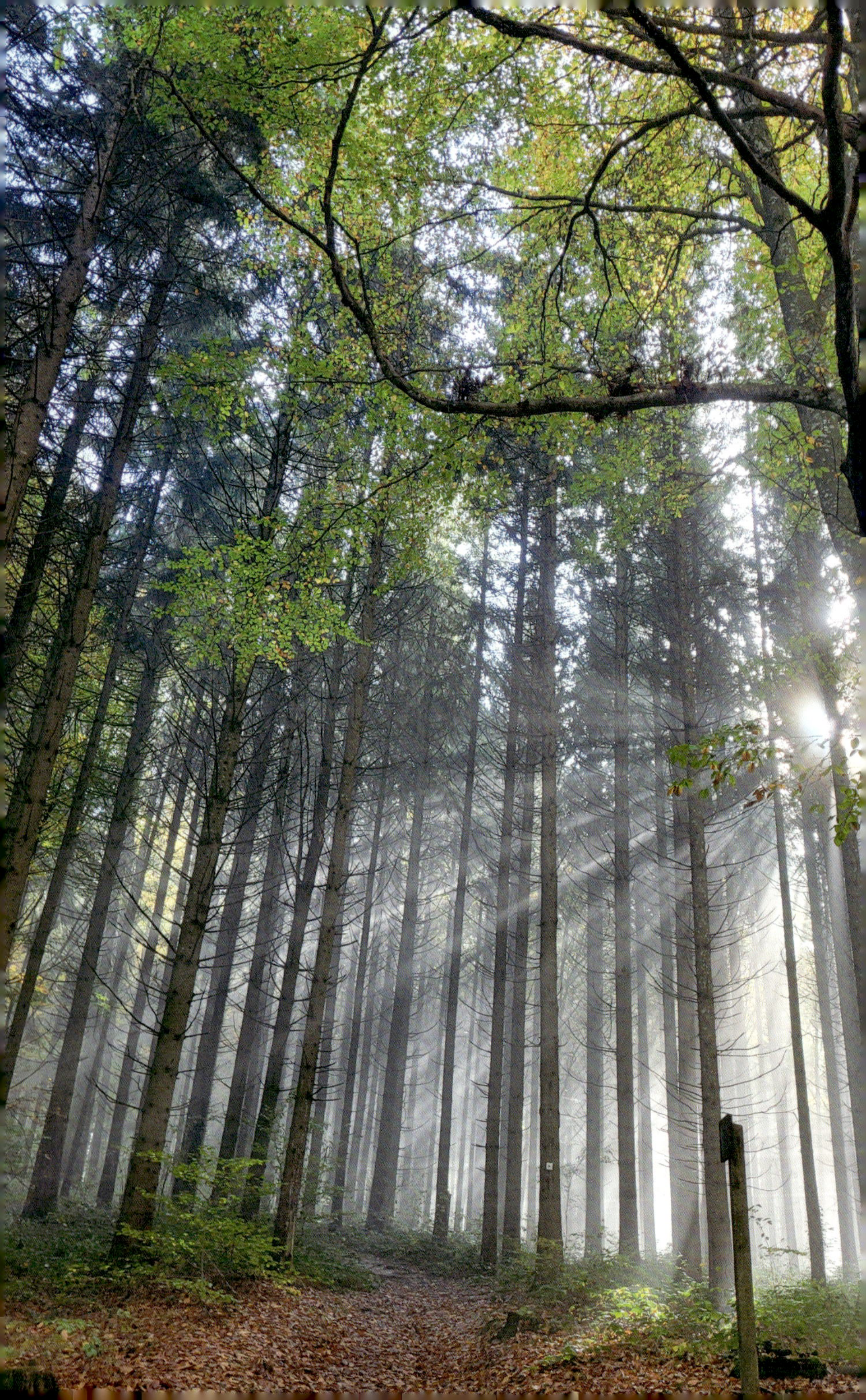

Aus(sichts)zeit

Der heilige Berg Oberschwabens

Der 737 Meter hohe Bussen prägt weithin sichtbar die Landschaft. Auch wir haben seine markante Gestalt bereits auf einigen unserer Wanderungen aus der Ferne bewundert. Logisch, dass wir ihn nicht nur von Weitem sehen, sondern auch persönlich kennenlernen wollen.

Vom Wanderparkplatz aus gehen wir rechts in den Wald und folgen zunächst der **gelben Raute.** Nach etwa 160 Metern kommen wir an eine T-Kreuzung, wo wir uns nach links wenden und am Waldrand entlang ein Feld zur Hälfte umrunden. Wieder kommen wir zu einer T-Kreuzung. Dort gehen wir nach links und in den Wald hinein. An der nächsten Abzweigung folgen wir dem rechten Weg bis zu einem Jägerstand, an dem wir unser Wanderzeichen entdecken. Tatsächlich führt dahinter ein schmaler Pfad rechts in den Wald. Bunt bemalte Stelen stehen am Wegesrand, die mit einem Gebet oder Sinnspruch versehen sind. Bald lugt ein Dach zwischen den Bäumen hervor und wir erreichen die pittoreske **1 Bussenkapelle,** vor der sich eine Bank und ein Tisch für eine erste Auszeit anbieten.

Jetzt orientieren wir uns am **blauen Dreieck,** gehen an der Kapelle nach links und folgen dem **Rundweg Bussen,** der schon nach etwa 40 Metern noch einmal links auf einen Weg mit weiteren Gebetsstelen führt. Etwa 700 Meter bleiben wir auf diesem mal etwas schmaleren, mal breiteren Weg, dessen Stelen uns nur am Beginn der Strecke begleiten. Dann gelangen wir zu einer asphaltierten Straße. Wir folgen ihr für etwa 350 Meter nach rechts. An der

Kilometer: 6,2

Höhenmeter: 170

Stunden: 2

RUNDWEG

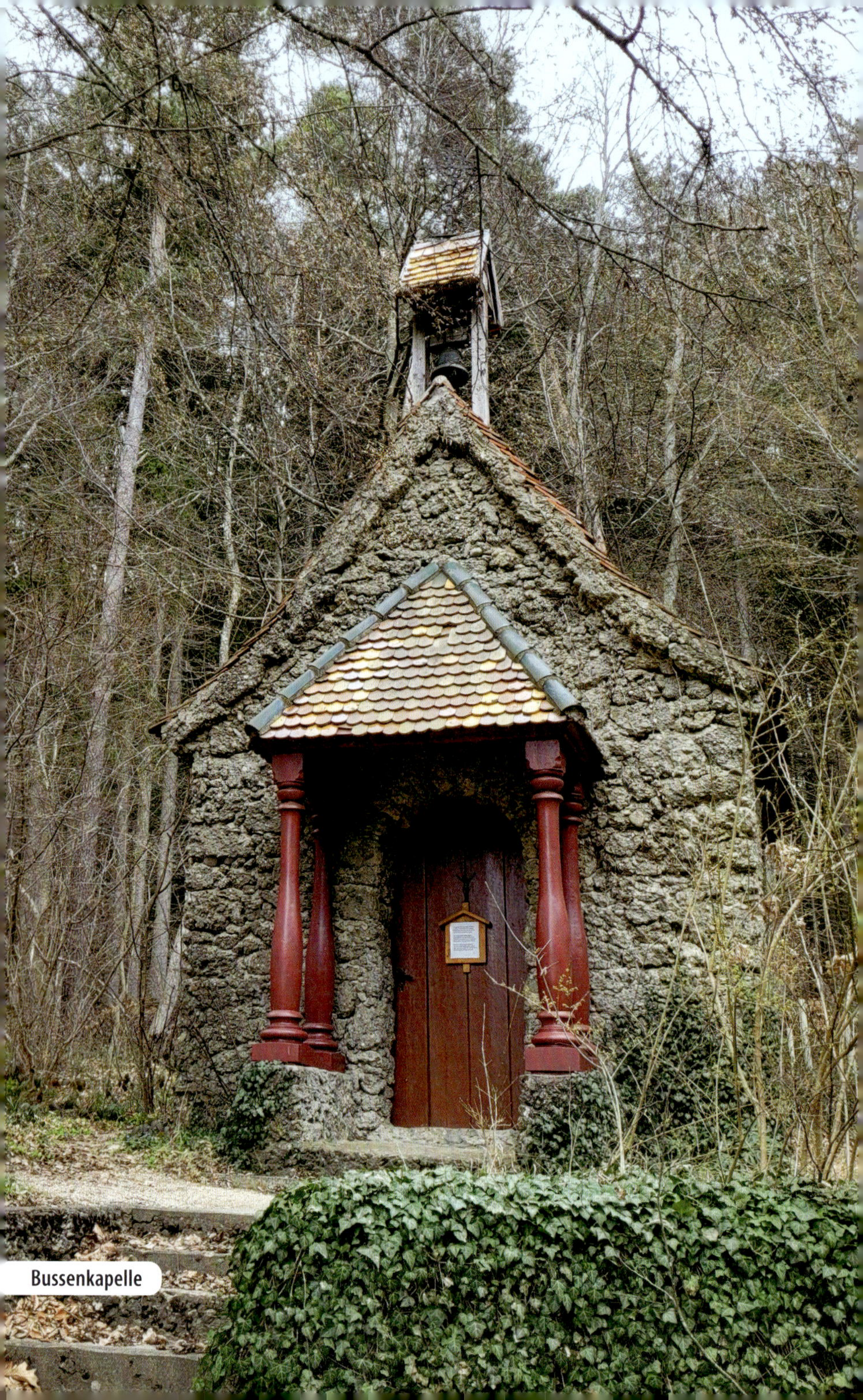

Bussenkapelle

nächsten Kreuzung gehen wir nach links und gelangen bald nach **Offingen.** Am Ortseingang nimmt der ❷ **Schöpfungsweg** seinen Anfang und führt nach links. Von Donnerstag bis Sonntag lohnt es sich jedoch, zunächst einige Meter geradeaus weiterzugehen, um in der ❸ **Gartenwirtschaft Schönblick** einzukehren. Der Name ist Programm, der Blick vom Biergarten über die Landschaft Oberschwabens ist spektakulär.

Für die Seele

Auf dem „heiligen Berg Oberschwabens" genießen wir die Schöpfung.

Gestärkt begeben wir uns jetzt auf den Schöpfungsweg und sehen bald die erste, dem Thema Wind gewidmete Station. Auch diese punktet mit einem beeindruckenden Panorama. Gerne setzen wir uns auf die Bank, die dort steht, und genießen den Wohlfühlblick. Sechs weitere Stationen werden uns auf unserem Weg begegnen und uns Impulse zu den Themen Wasser, Sonne, Erde, Begrenztsein, Gebote und Ruhe geben.

An der nächsten Kreuzung gehen wir nach links und folgen dem Schöpfungsweg etwa 400 Meter bergab bis zu einer Gabelung. Hier wenden wir uns nach rechts und erkennen an der bald folgenden Station mit der Nummer 6, dass wir auf dem richtigen Weg sind. Kurz darauf stößt dieser auf eine kleine Straße, der wir wenige Meter nach rechts folgen, um gleich darauf wieder rechts in ein weiteres Sträßchen einzubiegen. Recht steil führt dieses bergan, belohnt uns aber mit einem schönen Blick über die liebliche Landschaft Oberschwabens. Nach ca. 400 Metern verlassen wir es und folgen dem Schöpfungsweg nach rechts. Kurz vor einer kleinen Kapelle verlassen wir auch diesen und orientieren uns an der **gelben Raute,** die uns geradeaus in den Wald leitet.

Nach etwa 40 Metern teilt sich der wunderschöne Waldweg erneut. Wir wählen den linken Pfad, der steil hinauf zur **Bussenruine** führt. Nach einer fast rechtwinkligen Biegung unterstützen Treppenstufen unseren Aufstieg. Wir durchqueren den Burggraben der

Ruine und erklimmen ein letztes Treppchen. Geschafft! Über einen kleinen Damm gelangen wir zur 4 **Bussenruine,** von der neben einigen Mauerresten nur noch der Bergfried erhalten ist. Diesen aber kann man von Mai bis Oktober besteigen und hat von oben einen berückend schönen Rundumblick, der bei klarem Wetter bis zu den Alpen, dem Ulmer Münster und der Schwäbischen Alb reicht.

*Auf dem **Bussen** befand sich wohl bereits eine keltische und später eine germanische Kultstätte. Seit dem Jahr 805 ist eine Kirche nachweisbar, seit 1521 pilgern die Menschen zur Schmerzhaften Muttergottes, daher der Name „heiliger Berg Oberschwabens".*

Nachdem wir uns sattgesehen haben, bummeln wir in Richtung **Bussenkirche.** Auf einer malerischen Wiese können wir an einem der Picknicktische eine Pause einlegen und stehen bald darauf vor der 5 **Kirche St. Johannes Baptist.** Sehr gut können wir nachvollziehen, dass der weithin sichtbare **Bussen,** der heilige Berg Oberschwabens, schon seit der Eiszeit als Kultstätte und Schutzburg galt – auch wir fühlen uns wohl an diesem Kraftort, der zum Auftanken einlädt.

Schließlich lösen wir uns vom Panorama und steigen die Treppen vor der Kirche hinab. Wir entdecken die siebte Station des Schöpfungswegs, eine Bank mit der Aufschrift „Guck naus ins Land". Dann gehen wir auf dem mit einem **roten Balken** gekennzeichneten

In der Bussenkirche

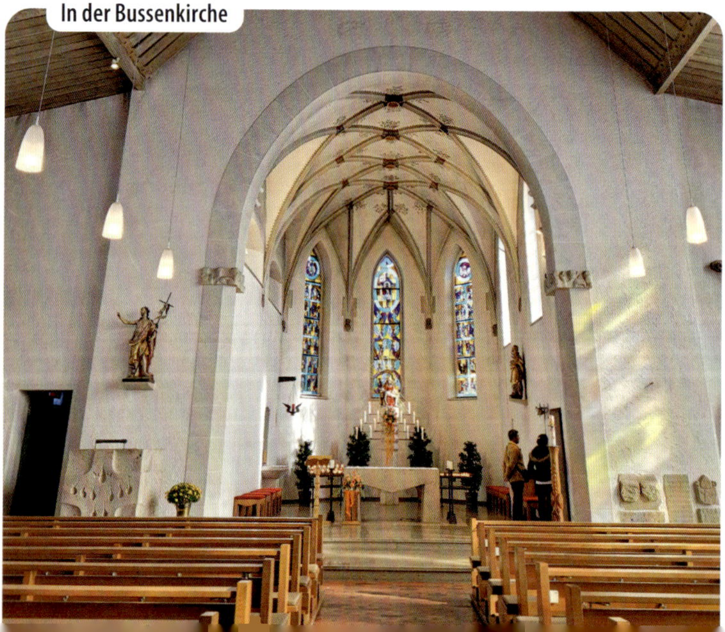

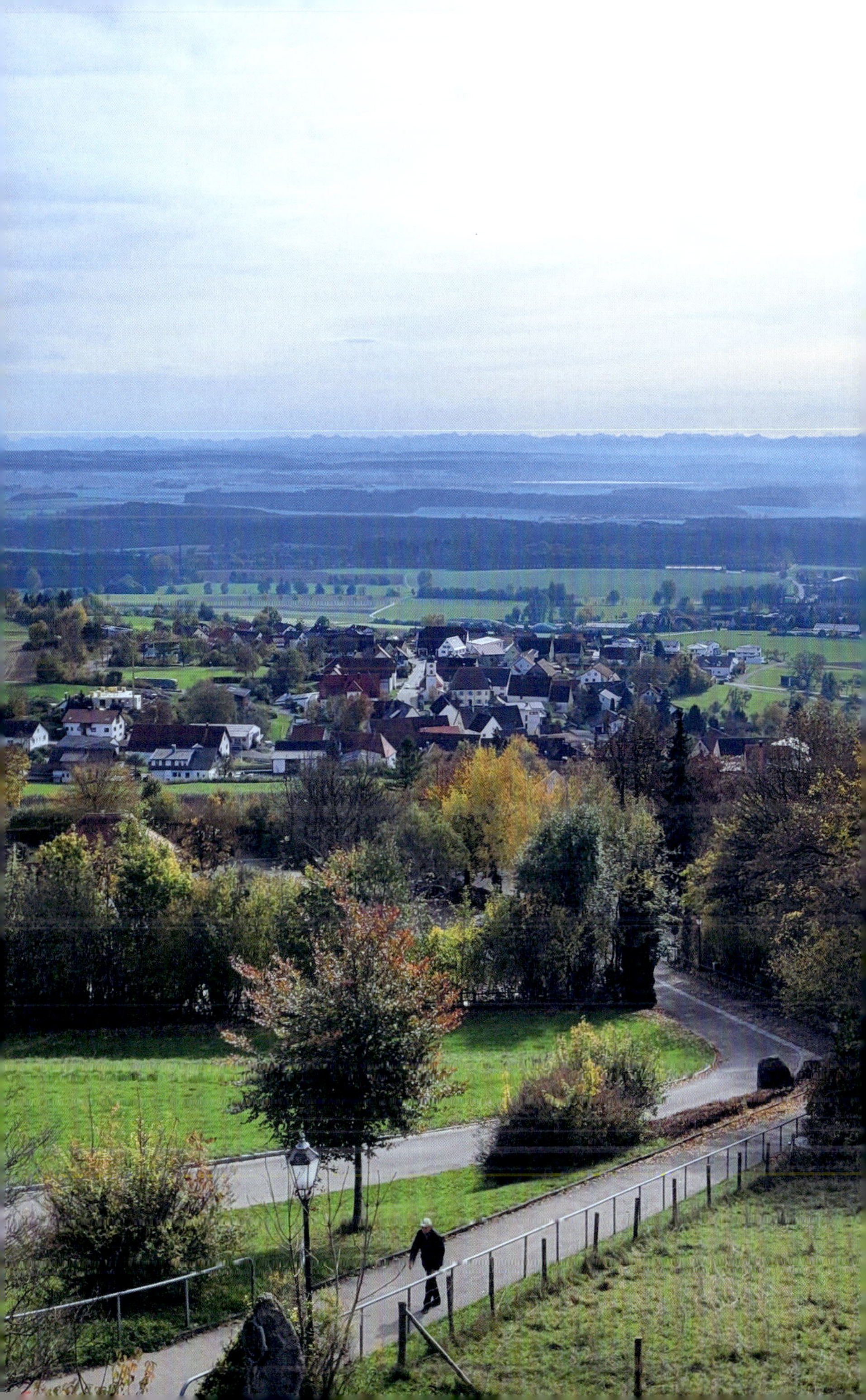

Grasweg nach rechts und folgen diesem etwa 60 Meter bis zu einer Weggabelung. Hier wenden wir uns nach links und orientieren uns am **blauen Dreieck,** das auf der restlichen Strecke unser Begleiter sein wird. Steil bergab geht es auf schmalem Weg durch den Mischwald, über den Schöpfungsweg hinweg bis zu einem Bächlein mit einem kleinen Wasserrad. Wir überqueren den Wasserlauf auf einer Holzbrücke und steigen auf der anderen Seite einige Stufen hinauf, ehe wir einen breiteren Weg queren und auf einem Pfad in den Wald wandern. An einer Gabelung halten wir uns rechts und gelangen auf einem wunderschönen Weg zurück zu unserem Parkplatz.

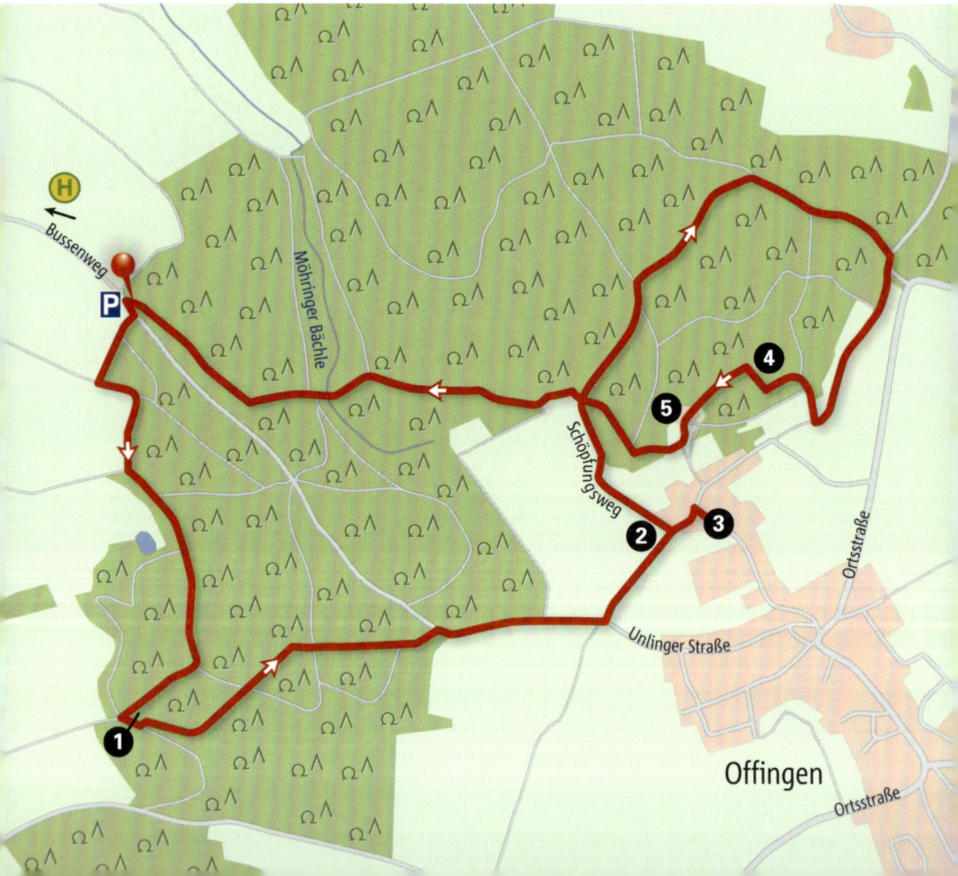

ALLES AUF EINEN BLICK

Entspannung 4/5
Abenteuer 3/5
Vielfalt 3/5

WIE & WANN

Wenig befahrene Sträßchen, befestigte Wanderwege, teilweise recht steile Pfade, auf denen Trittsicherheit erforderlich ist; bei trockenem Wetter ganzjährig machbar, besonders schön bei Föhn, wenn die Sicht gut ist

HIN & WEG

Auto: Wanderparkplatz Bussenweg, 88527 Unlingen
ÖPNV: Bus 320 von und nach Ehingen und Riedlingen, Haltestelle Unlingen Sonne, von dort ca. 1,5 Kilometer zu Fuß zum Ausgangspunkt über Hauptstraße, Marktstraße, Bussenweg

ESSEN & ENTSPANNEN

3 **Gartenwirtschaft Schönblick,** Zum Bussen 24, 88524 Uttenweiler-Offingen, Tel. (0 73 74) 7 58, www.schoenblick-bussen.de

ENTDECKEN & ERLEBEN

1 **Bussenkapelle**
2 **Beginn des Schöpfungswegs Bussen**
4 **Bussenruine**
5 **Kirche St. Johannes Baptist auf dem Bussen**

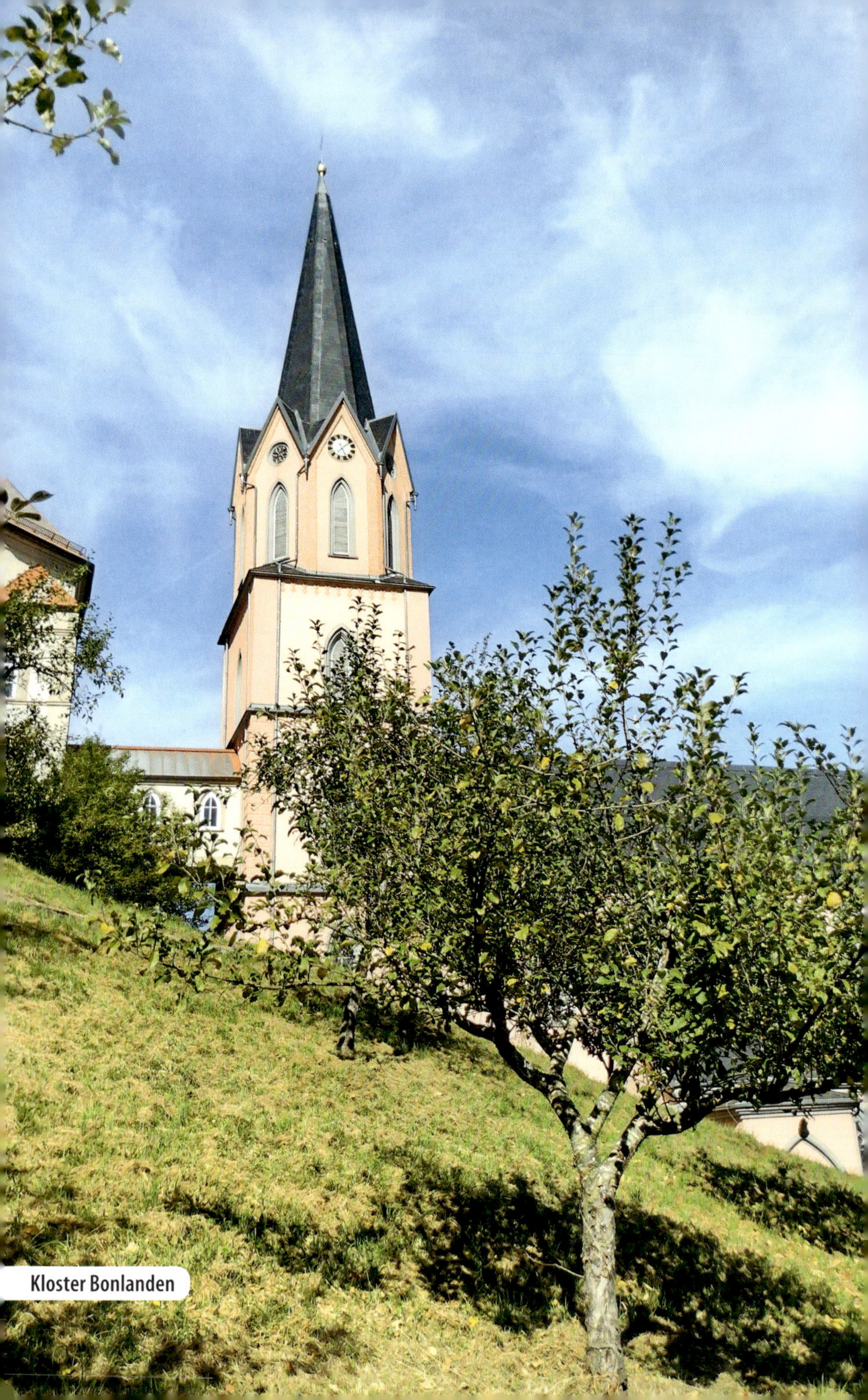

Kloster Bonlanden

Sonnengesang

Beim Kloster Bonlanden

Mit Klosterteich und Klostergarten haben die Franziskanerinnen von Bonlanden ein kleines Refugium geschaffen, das wir uns jedoch für den Abschluss unserer Wanderung aufheben. Zunächst streben wir vom ❶ **Kloster** weg und folgen vom Parkplatz aus der **Faustin-Mennel-Straße** nach rechts. Dabei kommen wir an der **Klosterkirche St. Michael** vorbei, deren Besuch lohnt, um die schönen Wand- und Deckenmalereien im Inneren anzusehen.

Bei der ersten Gelegenheit gehen wir links zwischen den Klostergebäuden und einem weiteren kleinen Parkplatz hindurch und gelangen auf einen Feldweg, dem wir rund 2 Kilometer folgen. Zunächst führt er uns vorbei an den Wirtschaftsgebäuden und Gewächshäusern des Klosters, dann am Waldrand entlang. Jetzt im Hochsommer blühen hier Indisches Springkraut und Disteln, Gräser wiegen sich im Wind. Die orangefarbenen Beeren von Ebereschen leuchten in der Sonne. Rechts schweift unser Blick über die Landschaft des Illertals, während wir in der Ferne schon unser Ziel, die Bergkapelle in Erolzheim, erkennen.

Am Ortsrand von **Erolzheim** wird der Feldweg zu einer asphaltierten Straße. Sie beschreibt bald eine Rechtskurve. Hier weist ein Schild nach links zur **Bergkapelle**. Durch einen beeindruckenden Hohlweg gehen wir bergauf. Angenehm kühl und schattig ist es hier! An der nächsten Kreuzung halten wir uns scharf rechts und folgen den Wegzeichen des **Martinuswegs.** Auf Schotteruntergrund

Kilometer: 7
Höhenmeter: 90
Stunden: 2
RUNDWEG

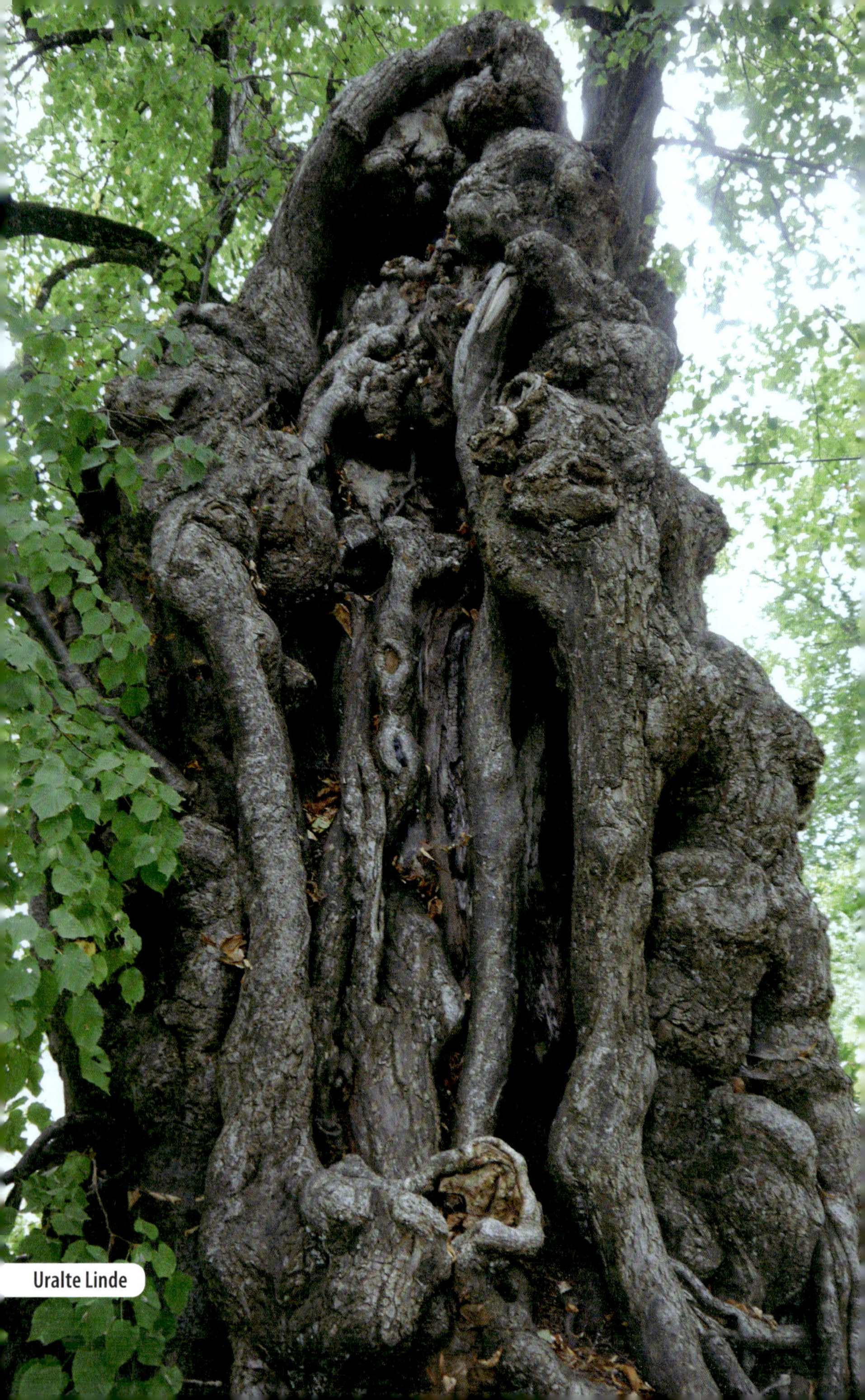

Uralte Linde

steigen wir stetig bergan, rechts unter uns sehen wir den Hohlweg, den wir eben durchquert haben. Nach etwa 230 Metern verordnet uns der schön gelegene ❷ **Aussichtspunkt Kapellenberg** mit seinem Picknicktisch eine Auszeit. Eine Panoramatafel erklärt uns die Bergwelt, die wir bei klarem Wetter bewundern können.

Weiter geht es über einige Stufen zur ❸ **Bergkapelle Erolzheim.** Ihr Besuch lohnt, besonders die Holzdecke in Form eines Sternenhimmels ist wunderhübsch. Gerne halten wir hier innere Einkehr. Sind wir an einem Sonntag unterwegs, können wir nachmittags in der ehrenamtlich betriebenen **Pilgerstube** in der Eremitage einkehren und uns mit Kuchen verwöhnen lassen.

Für die Seele

Eine uralte Linde, ein Klostergarten und ein Klosterweiher erden uns.

Schließlich gehen wir auf dem Sträßchen rechts von der Kapelle steil bergab und kommen an einigen Stationen eines Kreuzwegs vorbei, die von wunderbaren großen Bäumen beschattet werden. Wir überqueren die nächste Kreuzung und gelangen nach wenigen Metern zu einer 600 Jahre alten ❹ **Winterlinde,** deren knorriger Stamm einen beeindruckenden Umfang hat. Auf einer Bank können wir uns auf Zeitreise begeben: Was dieser Baum wohl alles gesehen haben mag in seinem langen Leben?

Von der Linde aus gehen wir zurück zu der Kreuzung, die wir zuvor passiert haben. Hier wählen wir links den mit **Rundweg** bezeichneten Pfad. Er führt durch lichten Mischwald und ermöglicht uns schöne Ausblicke auf Erolzheim und das Illertal. Nach etwa 450 Metern erreichen wir wieder den **Martinusweg** und folgen diesem bergab bis zur nächsten Kreuzung. Links sehen wir den Hohlweg, durch den wir gekommen sind, daneben führt ein nicht markierter Pfad in den Wald hinein. Wir folgen ihm für etwa 200 Meter.

*Entlang des **Martinuswegs** wird an neun Stelen in Form von Kreuzen, die 2019 eingeweiht wurden, der Lebensweg des heiligen Martin von Tours dargestellt.*

Am Waldrand endet der Pfad. Wir wenden uns nach links und gehen auf einem schmalen Weg weiter, zunächst zwischen Feld und Waldrand, dann durch den Wald, bis wir nach etwa 600 Metern eine Gabelung erreichen. Wir entscheiden uns für den linken Weg. Über einen schönen Pfad spazieren wir auf dem Höhenrücken, der uns auf dem Hinweg zu unserer Linken begleitet hat. Der naturbelassene Wald tut gut! Wir passieren eine Kuhle, in der früher Sand abgebaut wurde, gehen durch einen kleinen Hohlweg, der sich zu einer weiten Wiese mit schönem Blick öffnet, und wandern schließlich am Waldrand entlang bis zur nächsten Weggabelung. Dort entscheiden wir uns für den linken Weg und gehen noch einmal 200 Meter durch den Wald.

Wieder aus dem Wald heraus, wenden wir uns nach links und folgen einem Wiesenweg zwischen Waldrand und Feld entlang, dann durch eine Kehre nach rechts. Nach etwa 480 Metern treffen wir auf einen anderen Weg, der links in einem spitzen Winkel

Im Klostergarten Bonlanden

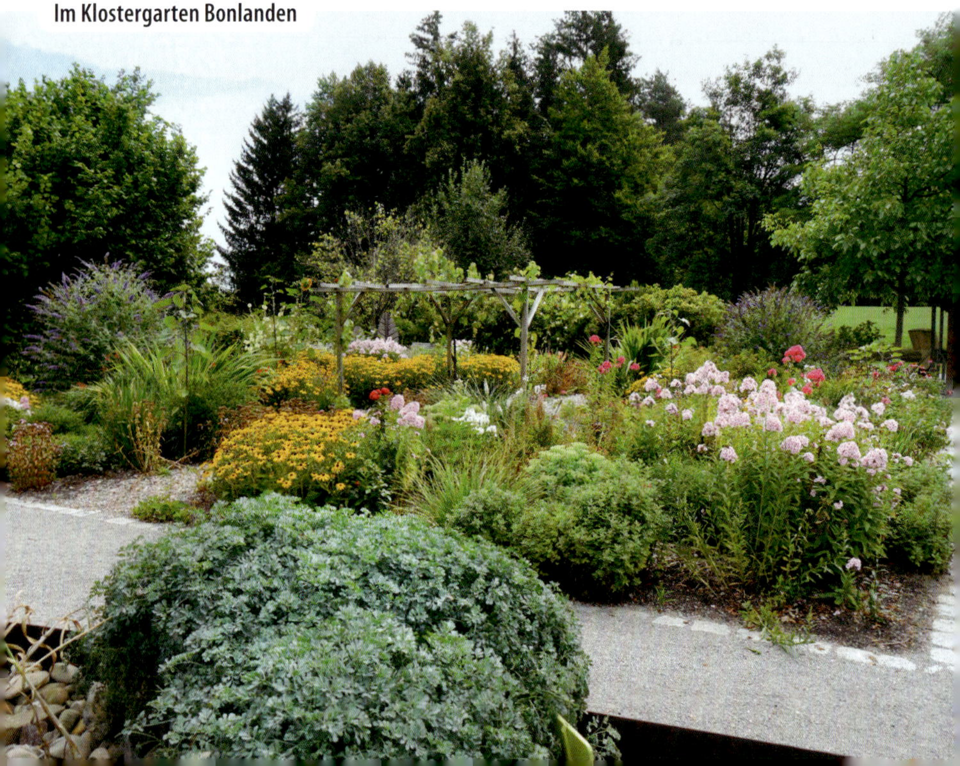

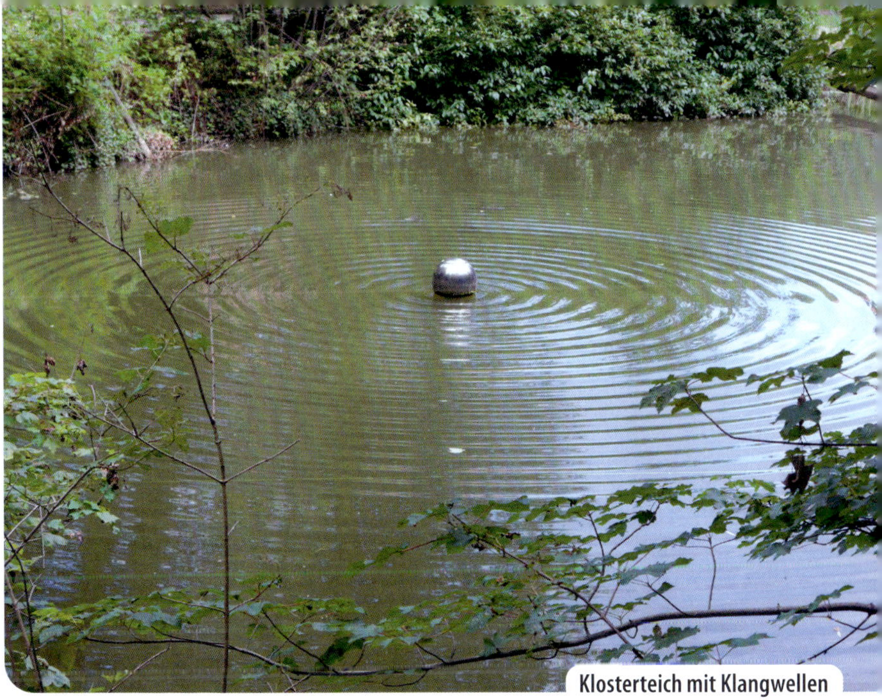

Klosterteich mit Klangwellen

abbiegt. Auf diesem wandern wir noch einmal rund 700 Meter am Waldrand entlang, bis wir eine asphaltierte Straße erreichen. Den Pfadfinderpart unserer Wanderung haben wir nun hinter uns. Wir gehen zunächst wenige Meter nach rechts und bei nächster Gelegenheit nach links und spazieren auf das Kloster Bonlanden zu. Schon neigt sich unsere Wanderung dem Ende zu, doch nicht ohne abschließend einige Höhepunkte auf dem Gelände des Klosters für uns bereitzuhalten.

Am Wegweiser in Richtung **Kloster Bonlanden** gehen wir nach links. Nach wenigen Metern führt ein Fußweg zum **5 Klostergarten Mutter Erde.** Ein Labyrinth mit einer Erdkugel im Zentrum finden wir hier, daneben unzählige Kräuter, Bienen und Schmetterlingspflanzen. Wir lassen uns auf einer der Bänke nieder und genießen die friedliche Stimmung, das bunte Blühen, das Summen und Duften um uns herum.

Sonnensatt schlendern wir zum **6 Klosterteich Schwester Wasser,** indem wir einige Meter in Richtung Parkplatz gehen und uns dann rechts halten – und

„Sonnengesang“ ist der Name eines Liedes, das Franz von Assisi zum Lob des Schöpfers und der Schöpfung geschrieben hat. Der Heilige sprach die Gestirne, Wasser, Feuer, Wind, Erde und den Tod mit Schwester oder Bruder an.

entdecken einen weiteren ganz besonderen Ort. Ein kleiner, von Bänken umgebener Weiher liegt vor uns. Per Knopfdruck können wir Lieder auswählen. Während wir ihnen lauschen, werden im Weiher passende Wellenmuster erzeugt. Fasziniert sehen wir diesem Tanz des Wassers zu und bewundern die meditativen Muster, die sich bilden.

Zum Abschluss können wir die schön gestaltete, ganzjährige **Krippenausstellung** des Klosters besuchen, ehe wir uns ein cremiges, hausgemachtes Stück Kuchen im 7 **Klostercafé** gönnen. Vielleicht wollen wir auch noch im vielfältigen Angebot des Klosterladens nach Mitbringseln stöbern, ehe wir uns zurück zum Parkplatz begeben.

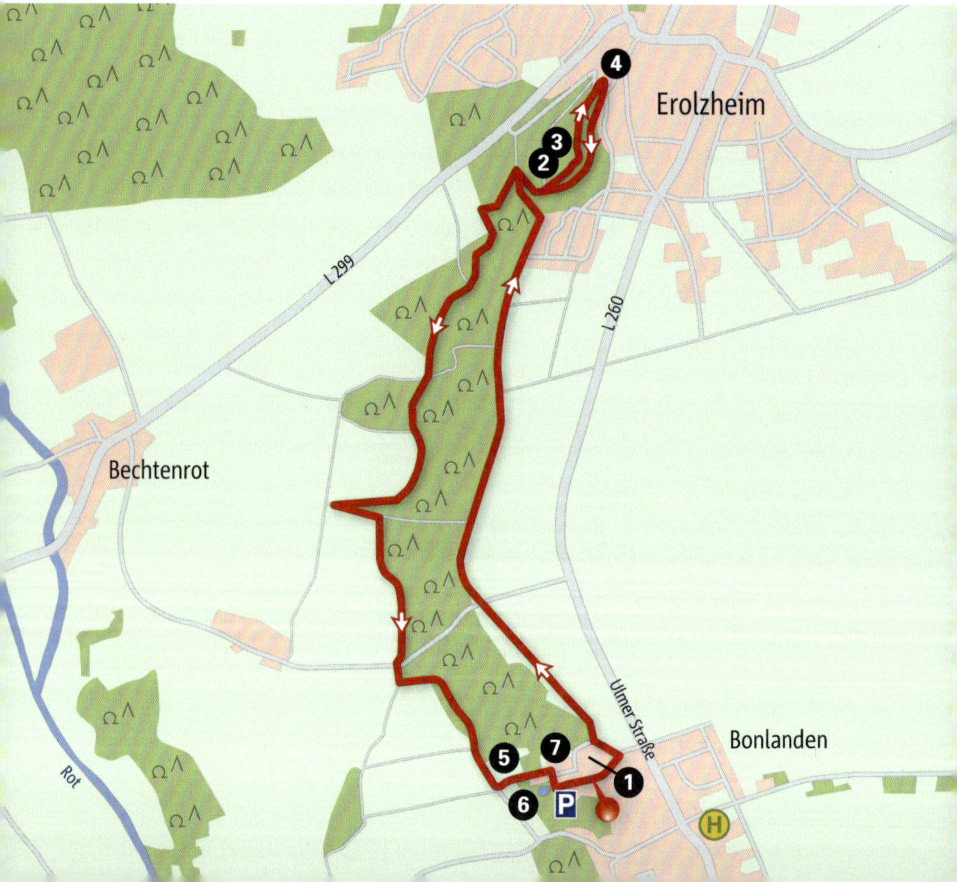

ALLES AUF EINEN BLICK

Entspannung
Abenteuer
Vielfalt

WIE & WANN

Teils gut befestigte Forst- und Wanderwege, kaum befahrene Asphaltstraßen und schmale Waldwege; bei trockenem Wetter zu jeder Jahreszeit gut machbar, im Sommer steht auf den Wiesenwegen das Gras teilweise hoch

HIN & WEG

Auto: Gebührenfreier Parkplatz am Kloster Bonlanden, Faustin-Mennel-Straße, 88450 Bonlanden

ÖPNV: Bus 250 von Biberach oder Memmingen, Umstieg in Egelsee, Haltestelle Bonlanden, von dort etwa 600 Meter zu Fuß über Ulmer Straße und Faustin-Mennel-Straße zum Startpunkt

ESSEN & ENTSPANNEN

3 **Pilgerstube an der Bergkapelle,** Kapellenberg 1, 88453 Erolzheim, www.bergkapelle-erolzheim.de/pilgerstube

7 **Klostercafé Bonlanden,** Kongregation der Franziskanerinnen von Bonlanden, Faustin-Mennel-Straße 1, 88450 Berkheim-Bonlanden, Tel. (0 73 54) 88 41 68, www.kloster-bonlanden.de/klostercafe-bonlanden

ENTDECKEN & ERLEBEN

1 **Kloster Bonlanden** mit Klosterkirche St. Michael und Krippenausstellung, Faustin-Mennel-Straße 1, 88450 Berkheim-Bonlanden, Tel. (0 73 54) 88 40, www.kloster-bonlanden.de

2 **Aussichtspunkt Kapellenberg**

3 **Bergkapelle Erolzheim,** siehe ESSEN & ENTSPANNEN

4 **Naturdenkmal Winterlinde**

5 **Klostergarten Mutter Erde**

6 **Klosterteich Schwester Wasser**

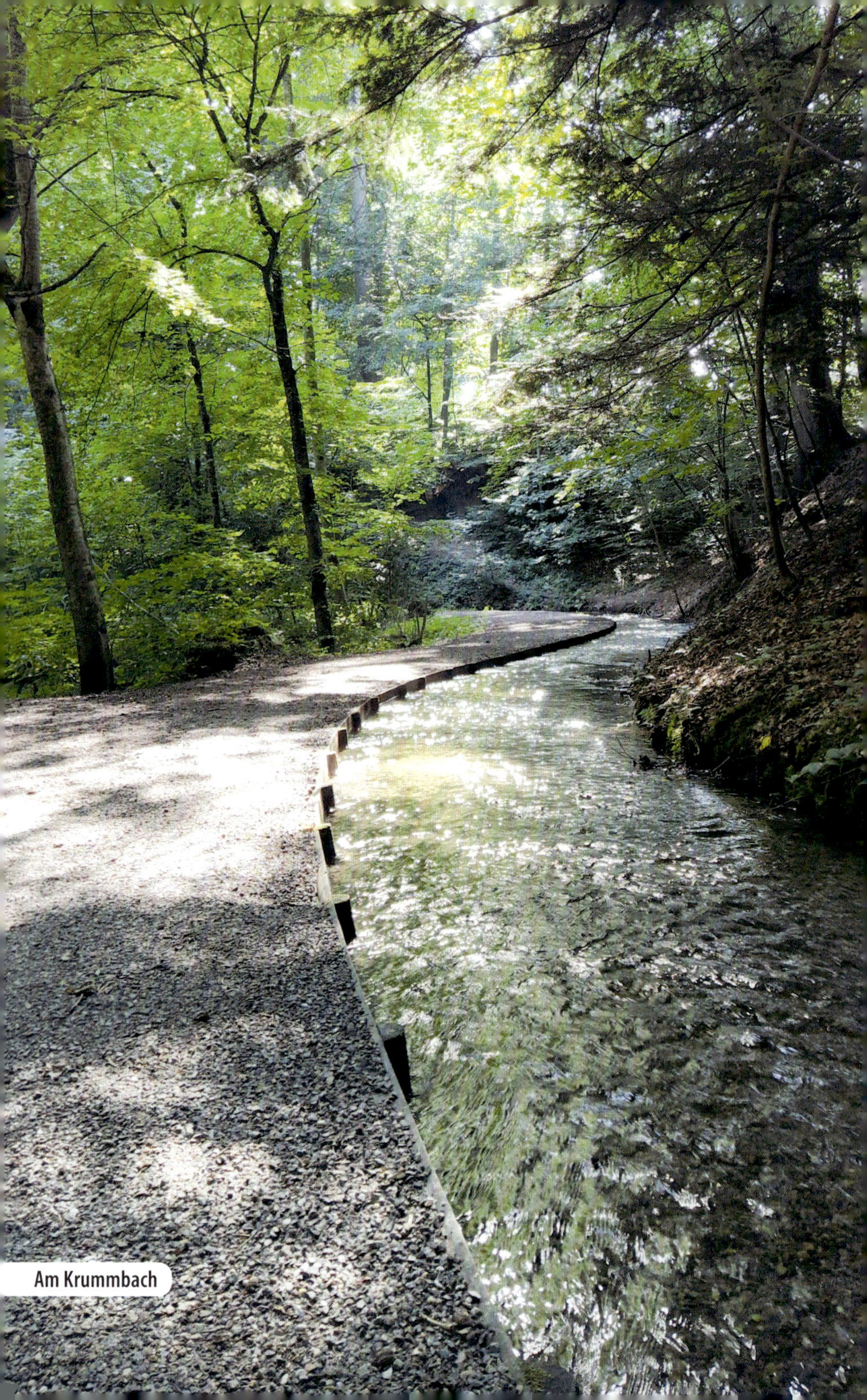

Am Krummbach

Bachgeflüster

Rund ums Kloster Ochsenhausen

Unsere Wanderung beginnt historisch interessant und äußerst idyllisch, nämlich entlang des malerischen ❶ **Krummbachs** auf einem künstlichen Damm. Dieser sollte einst sicherstellen, dass der Bach in seinem Bett blieb. Gleichzeitig diente er den Mönchen des Klosters Ochsenhausen als Ort der Erholung und inneren Einkehr. Gut nachvollziehbar, auch für uns!

Der Weg ist rund ums Jahr eine Wohltat für Augen und Seele, ob im frischen Frühlingsgrün, farbenfroh im Herbst oder mit Raureif geschmückt in der kalten Jahreszeit. Und im Sommer bummeln wir entspannt im Schatten uralter Baumriesen am seichten und glasklaren Bächlein entlang, das dazu einlädt, die Füße zu kühlen. Unseren Wissensdurst löschen wir an den Infotafeln entlang des Weges, die über die Historie des Krummbachs und seine Funktion im Klosterleben erzählen.

Übrigens können wir, wenn uns der breitere Weg gar zu bequem ist, den Krummbach an einer der kleinen Brücken überqueren. Am anderen Ufer finden wir einen schmalen Pfad, der parallel zum „großen" Wanderweg abwechslungsreich über Stock und Stein führt und dem wir bis zu einer kleinen Hütte, dem **„Hexenhäusle",** folgen können.

An einem Wasserspielplatz erreichen wir auch auf dem Hauptwanderweg nach etwa 700 Metern das „Hexenhäusle". In regelmäßigen Abständen laden Bänke zu einer Rast ein. Nach etwa 1,5 Kilometern gelangen wir an die **Quellen des Krummbachs,** markiert durch

*Der **Krummbach** war Teil eines ausgeklügelten Kanalsystems, das Wasser und Energie für das Kloster, die Klostermühle und das klösterliche Brauhaus lieferte. Schon in der Renaissance besaß das Kloster Ochsenhausen damit eine zentrale Wasserversorgung.*

Kilometer: 9,9

Höhenmeter: 80

Stunden: 2,5

RUNDWEG

einige Findlinge. Bänke verlocken noch einmal zu einer Pause – auf den nächsten Kilometern sind Sitzgelegenheiten rar.

Dann verabschieden wir uns mit einem letzten Blick vom Bach und wandern weiter geradeaus. Wir werden dem **HW 4** mit seinem **roten Balken** für etwa 1,7 Kilometer folgen. Nach einiger Zeit sehen wir rechts ein Brunnenhäuschen, wir befinden uns in einem Trinkwasserschutzgebiet. Leises Plätschern ertönt, von jetzt an begleitet uns die Obere Rottum auf der rechten Wegseite. Weiter geht es durch lichten Wald und, an einigen Fischweihern vorbei, bis zu einer Weggabelung. Wir orientieren uns weiterhin am roten Balken und halten uns links.

Nach ein paar Metern treffen wir schon wieder auf Wasser und überqueren auf einer kleinen Brücke die **Obere Rottum.** Kurze Zeit später lichtet sich der Wald, zu unserer Rechten öffnet sich eine sanfthügelige Wiesenlandschaft. Etwa 500 Meter weiter stoßen wir auf eine asphaltierte, jedoch wenig befahrene Straße. Hier gehen wir nach links und spazieren durch eine liebliche Szenerie. Rechts sehen wir weiterhin grüne Wiesen, links begleitet uns, zunächst etwas entfernt, dann direkt am Weg, die Obere Rottum. Bald nähern wir uns einer Autobrücke. Der Verkehr stört uns aber nicht, denn wir wandern einfach darunter hindurch und sehen dann die ersten Häuser des hübschen Ortes **Rottum.** Wir folgen unserer Straße bis zur nächsten Querstraße. Eine Tafel informiert uns über Jakob Fischer, den Entdecker der Apfelsorte gleichen Namens. Er wur-

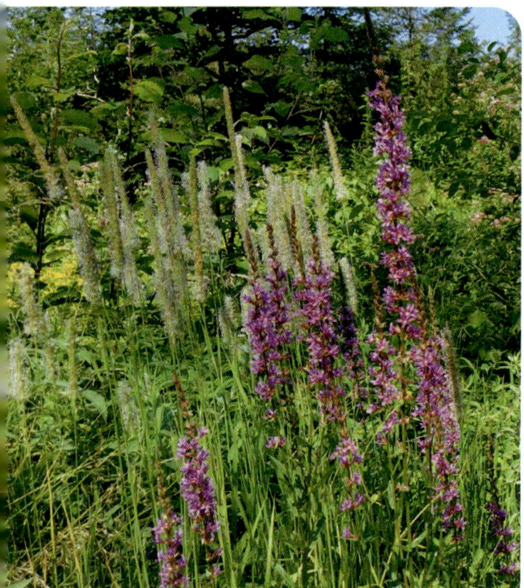

de in Rottum geboren und verbrachte hier einen großen Teil seines Lebens.

An dieser Stelle verlassen wir den HW 4 und folgen keinem Wanderzeichen mehr. Wir gehen links die **Welfenstraße** entlang, halten uns bei der nächsten Einmündung rechts und gelangen gleich darauf links in die **Krummbachstraße.** Sind wir an einem Sonntag unterwegs, können wir im ❷ **Gasthaus Löwen** einkehren, an Wochentagen hat es leider erst ab 18 Uhr geöffnet.

Für die Seele

Am idyllischen Krummbach lassen wir unsere Seele baumeln.

An der nächsten Querstraße gehen wir ein paar Schritte nach links und überqueren sie dann, um in die recht steil ansteigende **Irisstraße** zu gelangen. Diese teilt sich bald auf. Wir folgen ihrem unteren Zweig nach rechts. An der nächsten Kreuzung gehen wir an einem Wegkreuz links in die **Welfenstraße.** Wir passieren ein letztes Haus und steigen auf der asphaltierten Straße bergan. Schnell kommen wir ins Schwitzen, doch zum Glück ist die Straße von Bäumen beschattet. Oben angekommen, halten wir uns an einer Scheune links und folgen dem asphaltierten Sträßchen etwa 600 Meter durch Felder, bis wir den Waldrand erreichen. Auf einer Bank können wir uns im Schatten ausruhen und für die nächste Etappe stärken, ehe wir nach rechts gehen und dem Weg etwa 300 Meter am Waldrand entlang folgen. Bei nächster Gelegenheit biegen wir links ab in den lichten **Fürstenwald.**

Hier summt es im Sommer allerorten. Bienen und Schmetterlinge umgaukeln Wildblumen, riesige Farne säumen den Weg, dem wir immer geradeaus folgen. Nach etwa 1,5 Kilometern entdecken wir rechts einige dunkle Weiher, Heimat unzähliger Libellen. Bald darauf sehen wir links eine Buchenhecke, dahinter sind Stimmen zu hören, Wasser glitzert. Wir nähern uns dem **Ziegelweiher.** Auch er erzählt vom längst vergangenen Klosterleben, denn er lieferte den Mönchen das

Rohmaterial für die Ziegel, aus denen das Kloster Ochsenhausen erbaut wurde. Heute befindet sich am Weiher ein (kostenpflichtiges) 3 **Naturschwimmbad** – im Sommer eine willkommene Gelegenheit für einen erfrischenden Sprung ins kühle Nass. Ist bei schönem Wetter das **Café Seezeit** geöffnet, können wir uns hier stärken.

Danach geht es auf dem kleinen, wenig befahrenen Asphaltsträßchen **Zum Ziegelweiher** zurück in Richtung Ochsenhausen. Wieder entdecken wir eine Infotafel, die uns über den Hungerbach aufklärt, einen weiteren Bach, der zum Kanalsystem des Klosters gehörte und von dessen Lauf heute nur noch Reste vorhanden sind. Nach einem Parkplatz biegen wir auf Höhe des Friedhofs links in einen Weg ab, der in Richtung Kloster führt. Schon von Weitem sehen wir mit dem Fruchtkasten das erste Gebäude des majestätischen Klosterkomplexes.

*Wie **Ochsenhausen** zu seinem Namen kam? Der Sage nach fand ein Ochse dort, wo das Kloster erbaut wurde, einst beim Pflügen einen Schatz. Nonnen hatten diesen vergraben, als sie ein früheres Kloster wegen kriegerischer Auseinandersetzungen verlassen mussten.*

Nachdem wir die etwas stärker befahrene **Brühlstraße** überquert haben, spazieren wir rechts am Fruchtkasten entlang in die **Landgasse** und halten uns bei nächster Gelegenheit links. Wir könnten nun geradeaus zurück zum Parkplatz wandern – aber wir wollen zuvor noch den Klosterbezirk der 4 **ehemaligen Benediktiner-Reichsabtei Ochsenhausen** erforschen. Sie gehört zu den großen barocken Klosteranlagen in Oberschwaben und ist auch heute noch gut erhalten. Wir betreten das Areal durch ein Tor im Gebäudekomplex zu unserer Rechten. Ehemals befanden sich hier Stallungen und Ökonomiegebäude des Klosters, heute hat der Reitverein Ochsenhausen hier seine Heimat. Neben dem Torbogen befindet sich eine Informationstafel, die einen Überblick über das Kloster und seine Gebäude bietet. Ein Bummel durch die Anlage lohnt sich allemal. In einem stillen Winkel liegt das 5 **Klostercafé Ochsenhausen**, das an Wochenenden in schöner Atmosphäre zur Einkehr einlädt. Im **Fruchtkasten** hat die Städtische Galerie ihren Sitz und zeigt

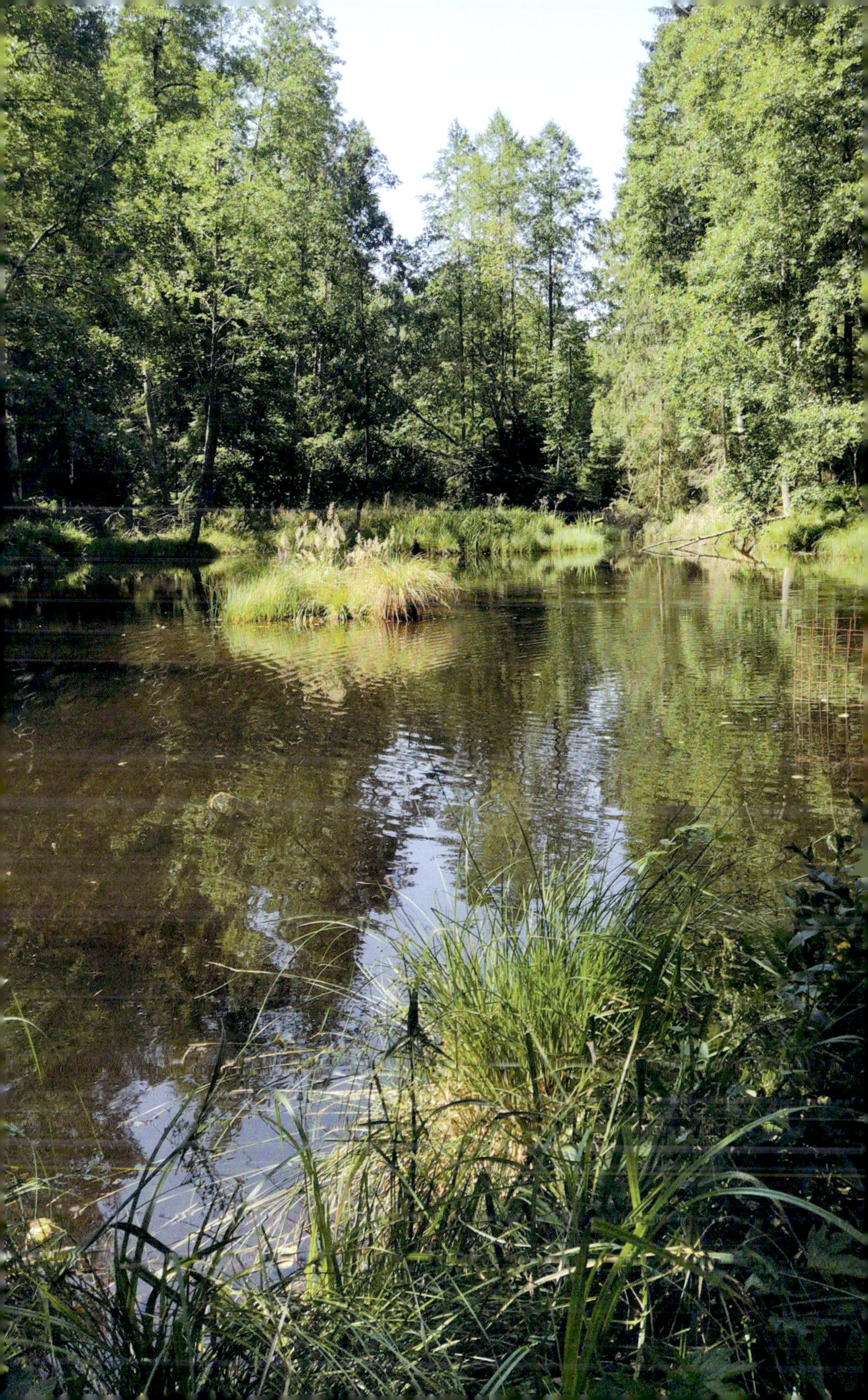

Eisenbahnfreunde können von Frühjahr bis Herbst eine Fahrt mit der ***Öchslebahn*** *von Ochsenhausen nach Warthausen unternehmen (www.oechsle-bahn.de). Sie ist die einzige noch komplett erhaltene Schmalspurbahn der Königlich Württembergischen Staatseisenbahn.*

wechselnde Ausstellungen in der historischen Zehntscheuer. Von Mai bis Oktober sind außerdem das **Klostermuseum** und die **Basilika** für den Besucherverkehr geöffnet.

Um geradewegs zurück zum Parkplatz zu gelangen, spazieren wir die Straße **Schloßbezirk** entlang und biegen an deren Ende links in die **Schloßstraße** ein. Hier staunen wir über das längste Alphorn der Welt, das die Fassade von **6 Schäfers Café und Wirtshaus** auf der gegenüberliegenden Straßenseite ziert. In dem historischen Gewölbe können wir uns noch einmal stärken, ehe wir die letzten Meter zum Parkplatz zurücklegen und dem Krummbach einen langen Abschiedsblick zuwerfen.

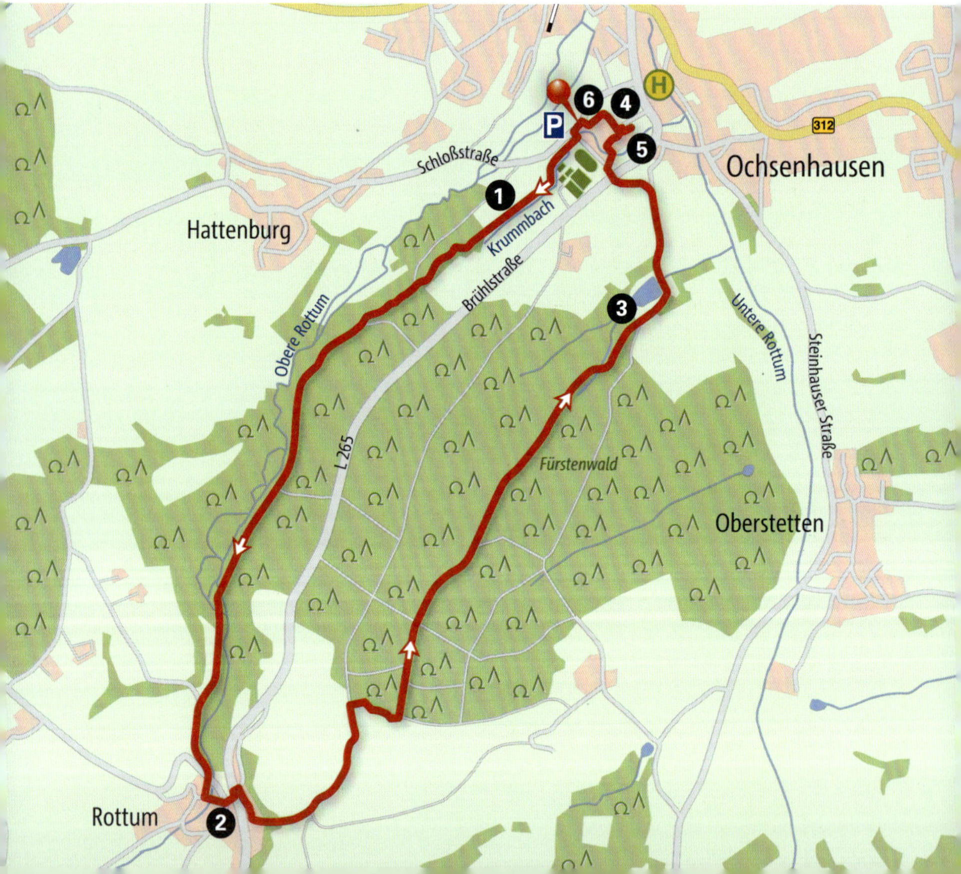

ALLES AUF EINEN BLICK

Entspannung 4/5
Abenteuer 2/5
Vielfalt 3/5

WIE & WANN

Überwiegend gut befestigte Forst- und Wanderwege, ansonsten kaum befahrene Asphaltstraßen; zu jeder Jahreszeit gut machbar, am schönsten von Mai bis Oktober, wenn die Bäume Laub tragen und Klostermuseum und Basilika geöffnet sind

HIN & WEG

Auto: Gebührenfreier Parkplatz in der Schloßstraße, 88416 Ochsenhausen
ÖPNV: Bus 255, 253 von Biberach oder Memmingen, Haltestelle ZOB Ochsenhausen, von dort etwa 500 Meter zu Fuß über Brühlstraße und Schloßstraße zum Start

ESSEN & ENTSPANNEN

2 **Gasthaus Löwen,** Krummbachstraße 15, 88416 Rottum, Tel. (0 73 52) 41 19, www.loewen-rottum.de

3 **Café Seezeit am Naturschwimmbad,** Ziegelweiher 1, 88416 Ochsenhausen, Tel. (01 76) 10 10 50 15

5 **Klostercafé Ochsenhausen,** Schloßbezirk 19/1, 88416 Ochsenhausen, Tel. (0 15 22) 6 64 51 66, www.klostercafe-ochsenhausen.de

6 **Schäfers Café und Wirtshaus,** Schloßbezirk 1/1, 88416 Ochsenhausen, Tel. (0 73 52) 94 14 28, www.kloster-ochsenhausen.de/besuchsinformation/gastronomie

ENTDECKEN & ERLEBEN

1 **Krummbach**

3 **Naturschwimmbad Ziegelweiher,** siehe ESSEN & ENTSPANNEN

4 **Ehemalige Benediktiner-Reichsabtei Ochsenhausen,** Schloßbezirk 6, 88416 Ochsenhausen, www.kloster-ochsenhausen.de

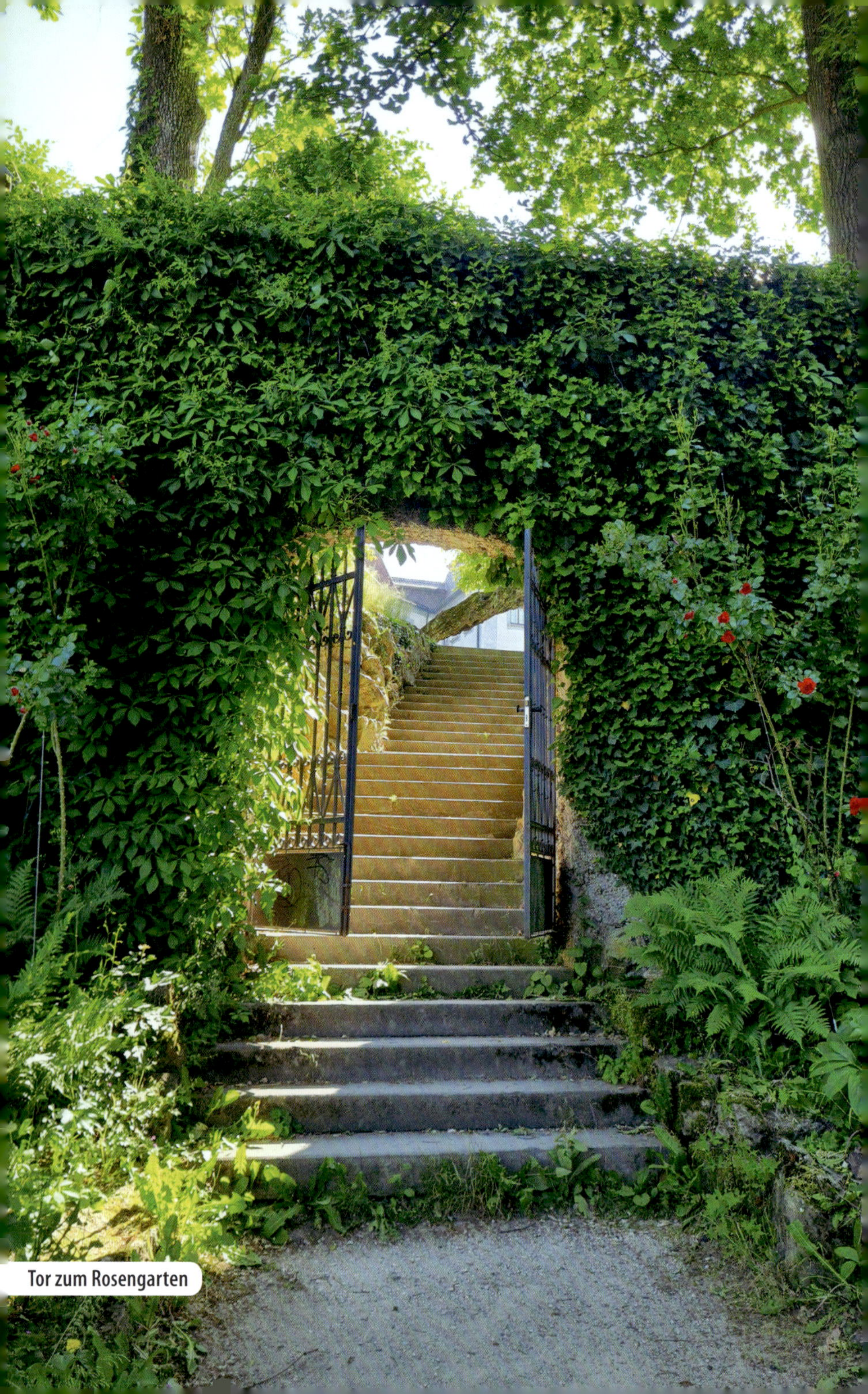

Tor zum Rosengarten

Im Schlosspark

Entschleunigen in Laupheim

Unsere Wanderung startet im **Rosengarten** beim ❶ **Schloss Großlaupheim,** das direkt neben unserem Parkplatz liegt. Wir erreichen ihn, wenn wir vor dem Schloss links in Richtung **Trauzimmer** gehen. Der idyllische kleine Garten mit seinen geometrischen Beeten voller Rosen und Lavendel verführt zu einem ersten Innehalten. Links steht ein Baum, dessen Stamm ganz verquer wächst und gestützt werden muss. Hier gehen wir die Treppe hinunter in den malerischen ❷ **Schlosspark,** wo ein von Rosen umrankter Turm eine märchenhafte Atmosphäre schafft. Viele Bänke laden uns ein, die Wohlfühlatmosphäre zu genießen und im Schatten der riesigen Bäume eine kleine Auszeit zu verbringen.

__Schloss Großlaupheim__ besteht aus vier historischen Gebäuden, nämlich aus Lehensburg, Neuem Schloss, Vogtei sowie dem ehemaligen Ökonomomiegebäude. Zuvor stand hier eine mittelalterliche Burg, die im Bauernkrieg niedergebrannt wurde.

Wir wenden uns nach rechts und schlendern auf einem malerischen Weg an der Schlossmauer entlang. Immer wieder haben wir eine schöne Sicht auf den tiefer gelegenen Teil des Parks mit seinen seerosengeschmückten Teichen und Wasserläufen. Etwa 300 Meter bleiben wir auf diesem Weg, dann gehen wir einige steile Stufen hinunter und halten uns rechts.

Bald führt unser Weg rechts wieder ein paar Stufen hinauf, wir überqueren schräg eine kleine Straße, schreiten durch ein Tor und erreichen den ❸ **Laupheimer Wildobstlehrpfad.** An einer Infotafel können wir einen Barcode scannen und bekommen verschiedene Obstsorten und ihren Standort auf dem Handy angezeigt. Tolle Idee – und das Beste: Naschen ist erlaubt! Der Weg lädt zum Spazierenstehen ein, gibt es doch viel zu entdecken.

Kilometer: 8,5
Höhenmeter: 60
Stunden: 2,5
RUNDWEG

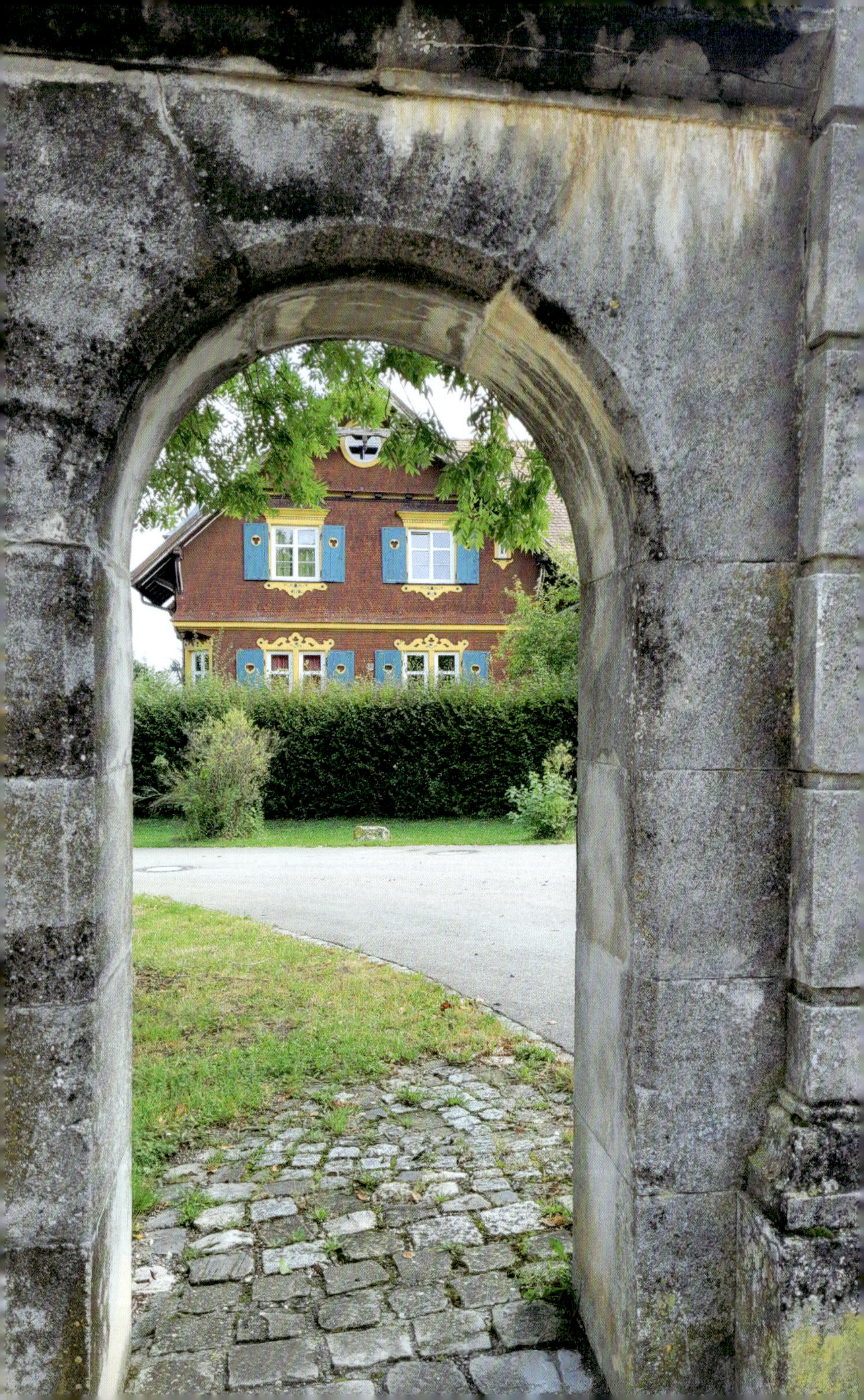

An der nächsten Wegkreuzung orientieren wir uns in Richtung **DAV-Kletterbrücke,** gehen am Rand eines gelb leuchtenden Rapsfeldes entlang und stehen bald vor einem alten Viadukt, den der Deutsche Alpenverein als ❹ **Kletterbrücke** nutzt. Wir gehen darunter hindurch, folgen dem schmalen Weg durch blühende Rapsfelder und wenden uns etwa 330 Meter nach dem Viadukt nach links. Nach ein paar Schritten gelangen wir an ein schön gestaltetes Wegkreuz mit einigen schattigen Bänken. Wir umrunden es auf einem Pfad und steigen weiter den Hang hinauf. Hier öffnet sich die Landschaft und erlaubt uns einen weiten Blick über das Donautal bis hin zur Schwäbischen Alb. Wir gehen an einer Hecke entlang und wenden uns an deren Ende nach rechts, wandern dann auf einem Grasweg etwa 900 Meter geradeaus, zunächst gesäumt von Getreidefeldern, dann durch ein Wäldchen. An der nächsten T-Kreuzung schwenken wir nach links und folgen einem asphaltierten Sträßchen, das bald in einen Schotterweg übergeht. Durch eine freundliche Landschaft mit Wiesen, Feldern, Streuobstwiesen und Hecken gelangen wir nach **Bronnen.** Kurz hinter dem Ortsschild biegen wir ohne Markierung rechts auf einen etwas abschüssigen Feldweg ein und folgen ihm 200 Meter zwischen Feldern und Wiesen. An seinem Ende gehen wir links auf einem Kiesweg Richtung Dorf.

Für die Seele

Im romantischen Schlosspark zaubern wir uns aus dem Alltagstrott.

*Während des Zweiten Weltkriegs sollte eine Bahnstrecke zur Versorgung des Fliegerhorsts Laupheim gebaut werden. Zum Glück war der Krieg schneller zu Ende als das Projekt fertig. Geblieben ist der **Viadukt** – der von Kletterern friedlich genutzt wird.*

Im Ort angekommen, folgen wir zunächst der Straße **Im Wiesengrund** geradeaus, biegen dann links in die **Brunnenstraße** ab und nach 150 Metern noch einmal links in den idyllischen **Weiherweg.** Hier kommen wir an einer ❺ **Ölmühle** mit einem Mühlrad vorbei, spazieren dann zwischen Kirche und Friedhof hindurch. Blühende Büsche und bunte Sommerblumen säumen den Weg. Am Ende des Weiherwegs überschattet eine große Linde eine Bank. Hier gehen wir nach links, einige Meter die **Brunnenstraße** entlang und gleich

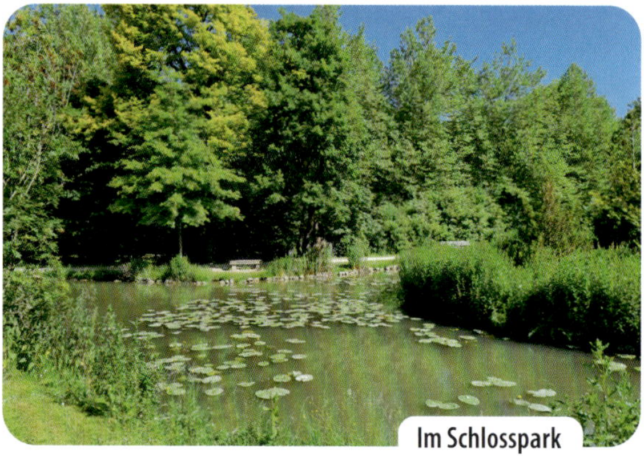

Im Schlosspark

darauf wieder links in die **Gartenstraße.** Ihr folgen wir etwa 250 Meter und wenden uns dann nach rechts in den von schönen Gärten gesäumten **Haldeweg.** An dessen Ende gehen wir wenige Meter nach rechts und dann links durch ein Neubaugebiet. Nach etwa 200 Metern stoßen wir auf ein asphaltiertes Sträßchen und gehen nach links. Wir passieren ein Feldkreuz unter zwei Bäumen, bald darauf wird die Straße zu einem Feldweg. In einer Rechtskurve führt ein grasbewachsener Weg geradeaus, wir folgen jedoch unserem größeren Weg bis zu einer T-Kreuzung. Hier gehen wir nach links, bis wir nach 150 Metern zu einer weiteren T-Kreuzung kommen, an der wir uns nach rechts wenden und in Richtung Laupheim spazieren.

Bald erreichen wir eine weitere Wegkreuzung. Links sehen wir die zum Wildobstlehrpfad gehörende **6 Streuobstwiese.** Auch hier gilt: Pflücken und Naschen erlaubt! Gegenüber der Streuobstwiese betreten wir den **7 Ringelhauser Park** und wählen den linken Weg, der am Gehölzrand entlangführt. Er ist schön schattig, wir können uns auf Bänken niederlassen und uns in die bunte, hoch mit Wildblumen und Gräsern bewachsene Wiese hinausträumen. Diese begleitet unseren Weg, bis wir wenige Meter neben dem Startpunkt des Obstlehrpfades wieder am **Schlosspark** ankommen.

Nun wollen wir dessen unteren Teil erkunden. Auf dem vom Hinweg schon bekannten Weg gehen wir zunächst einige Schritte nach links, dann rechts in den Park hinein. Eine außergewöhnlich gewachsene Buche zieht unsere Blicke auf sich. Hier wenden wir uns nach rechts. Bänke laden zum Entspannen ein, mal stehen sie romantisch unter einem Baum, mal in der Sonne. An der nächsten Weggabelung gehen wir nach links, um zwischen den Schlossparkseen hindurchzuspazieren, und stehen erneut vor einer Wahl: Nehmen wir den schattigeren Weg durch die Allee? Oder doch den sonnigen Weg am Teich entlang mit Blick auf die Seerosen? Beides geht, beides ist schön.

Am Ende des Teiches wenden wir uns nach links und vor einem Holzbrückchen wieder nach rechts. Zwischen weiteren Gewässern bummeln wir zum Stadtzentrum. Durch das **Färbergäßle** gelangen wir zum **Marktplatz,** wo wir uns mit einem Eis verwöhnen können. Wenn wir nach links gehen, kommen wir bald zum **oberen Marktplatz,** auf dem ein von Bonifatius

*Laupheim ist die Geburtsstadt von **Carl Laemmle** (eigentlich Karl Lämmle), der als einer der Gründerväter von Hollywood gilt. Er gründete die Universal Studios und gehörte zu den mächtigsten Studiobossen seiner Zeit.*

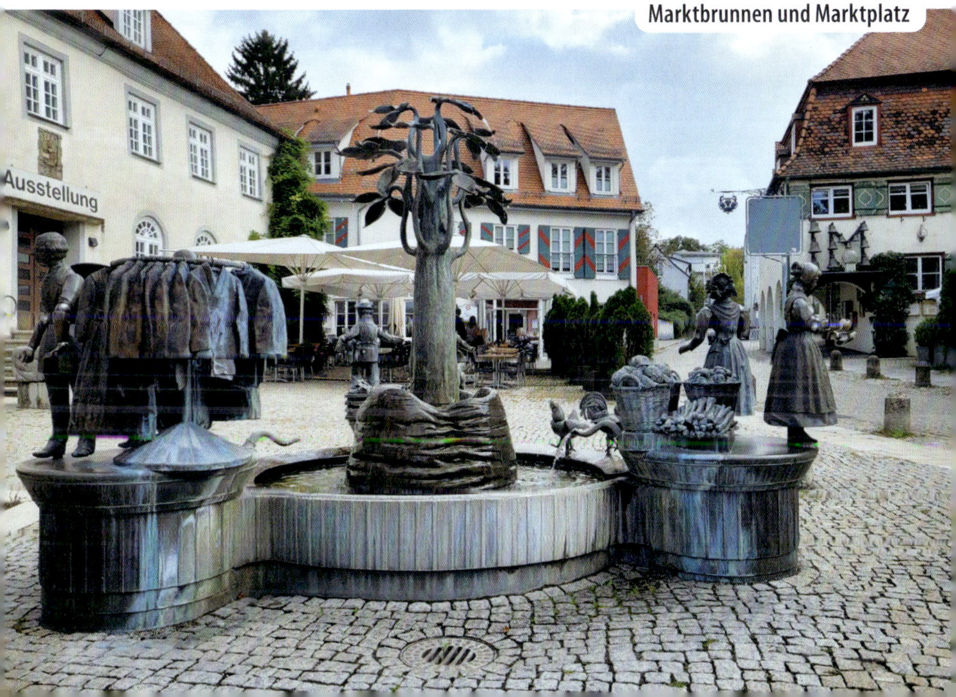

Marktbrunnen und Marktplatz

*Das **Museum zur Geschichte von Christen und Juden** erzählt von den Beziehungen zwischen christlicher Mehrheit und jüdischer Minderheit in Laupheim. Überlebende Mitglieder sowie Nachfahren der einst großen jüdischen Gemeinde trugen zur Entstehung des Museums bei.*

Stirnberg geschaffener **Marktbrunnen** mit beweglichen Figuren steht, den typische Marktszenen zieren. Hier befindet sich die **Bushaltestelle,** von der aus wir die Tour starten können, sollten wir mit dem öffentlichen Nahverkehr unterwegs sein. Wir können in einem der Gasthöfe einkehren, bevor wir vor dem **8 Restaurant Zum Hasen** links in einen kleinen Fußgängerweg einbiegen. Auf der Straße **Kirchberg** gehen wir bergauf auf die schöne **Stadtpfarrkirche St. Peter und Paul** zu. Gleich darauf erreichen wir das **Schlosstor** und sind am Ausgangspunkt unserer Wanderung angelangt. Zum Abschluss wäre jetzt noch ein Besuch im **9 Museum zur Geschichte von Christen und Juden** oder eine Einkehr im **10 Schlosscafé Laupheim** möglich.

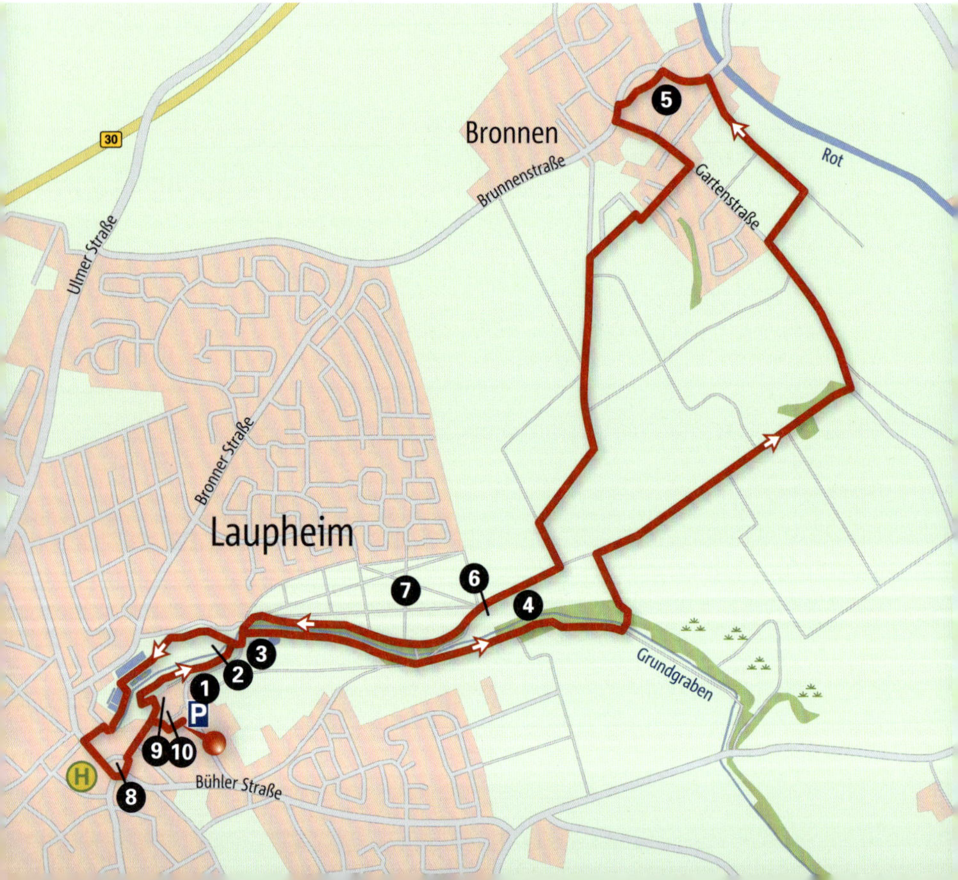

ALLES AUF EINEN BLICK

Entspannung 3 von 5
Abenteuer 2 von 5
Vielfalt 3 von 5

WIE & WANN

Gut befestigte Wander- und Feldwege, ansonsten kaum befahrene Asphaltstraßen; zu jeder Jahreszeit gut machbar

HIN & WEG

Auto: Gebührenfreier Parkplatz am Schloss Großlaupheim, Claus-Graf-Stauffenberg-Straße 18, 88471 Laupheim
ÖPNV: Bahnhof Laupheim West, von dort Bus 222; alternativ Bus 225 von Ehingen nach Laupheim oder Bus 240 von Schwendi nach Laupheim; Einstieg in die Tour von der Haltestelle Laupheim Marktplatz

ESSEN & ENTSPANNEN

8 **Restaurant Zum Hasen,** Marktplatz 19, 88471 Laupheim, Tel. (0 73 92) 1 68 73 33, www.hasen-laupheim.de
10 **Schlosscafé Laupheim,** Claus-Graf-Stauffenberg-Straße 15, 88471 Laupheim, Tel. (0 73 92) 9 00 79 85, www.schlosscafe-laupheim.de

ENTDECKEN & ERLEBEN

1 **Schloss Großlaupheim** mit Rosengarten, Claus-Graf-Stauffenberg-Straße 15, 88471 Laupheim, Tel. (0 73 92) 9 68 00-16, www.schloss-laupheim.de
2 **Schlosspark**
3 **Laupheimer Wildobstlehrpfad**
4 **Kletterbrücke**
5 **Ölmühle**
6 **Streuobstwiese**
7 **Ringelhauser Park**
9 **Museum zur Geschichte von Christen und Juden,** Schloss Großlaupheim, Tel. (0 73 92) 96 80 00, www.museum-laupheim.de

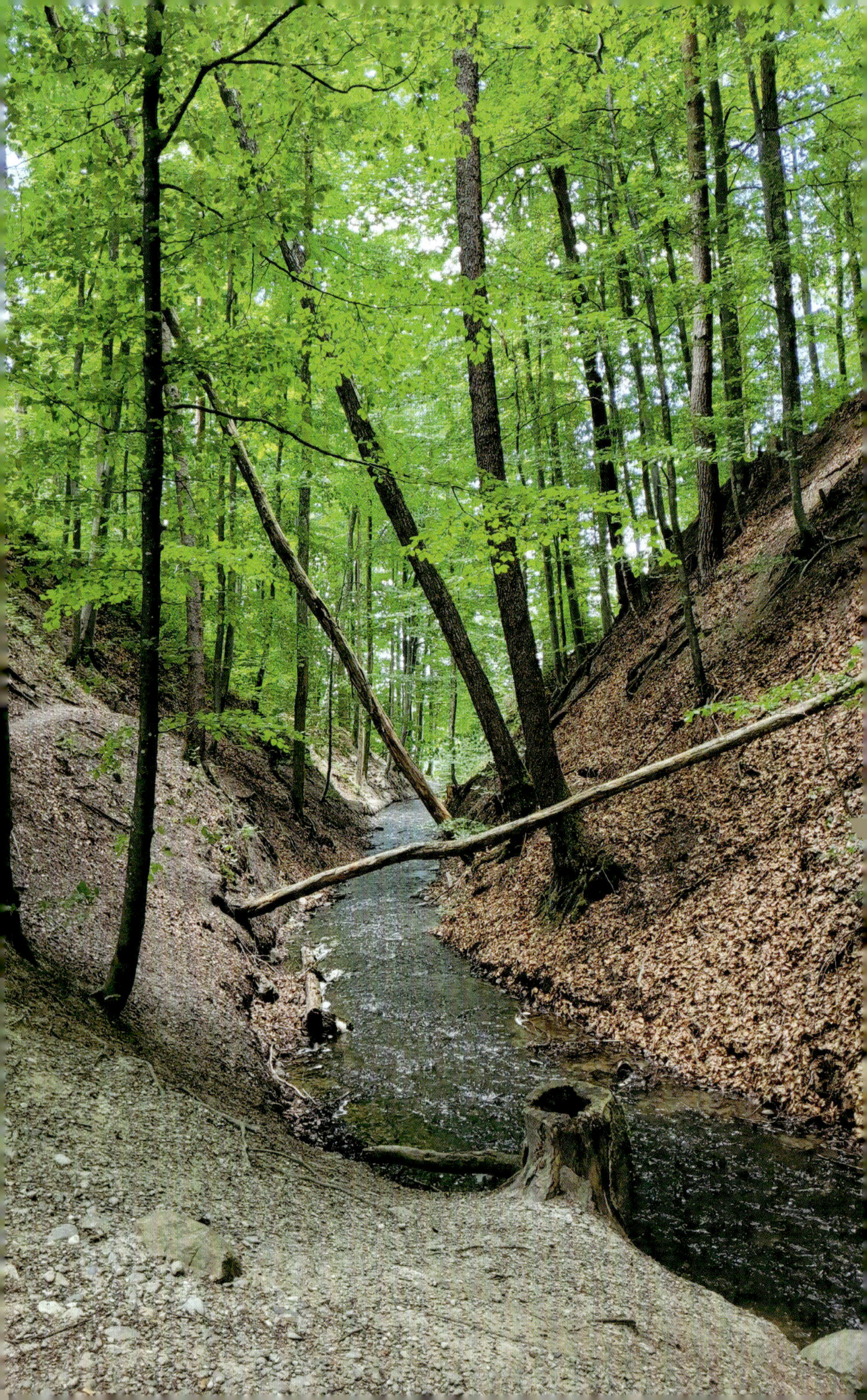

Wassergenuss

Am Stillen Bach in Weingarten

Wir beginnen unsere Wanderung am schönen **Rößlerweiher,** genauer gesagt am Parkplatz nahe der ❶ **Badestelle.** Den Weiher werden wir im Lauf unserer Wanderung einmal umrunden. Überhaupt ist diese Tour sehr wasserreich und daher im Sommer besonders schön.

Neben dem Zugang zur Badestelle steht eine Schautafel mit Informationen über den Rößlerweiher. Hier wenden wir uns nach links und folgen einem schmalen Pfad, der direkt am See entlangführt. Ein Wanderzeichen der **Gemeinde Schlier** begleitet uns hier. Auf der einen Seite den Weiher, lösen sich auf der anderen Seite Felder, Streuobstwiesen und Viehweiden ab. Nach etwa 750 Metern erreichen wir das Ende des Pfades und lassen uns auf einer Bank am Ufer nieder, um den Blick über das beschauliche Gewässer zu genießen. Dann gehen wir nach links und treffen ein erstes Mal auf den ❷ **Stillen Bach.**

An einer Informationstafel können wir uns über ihn informieren. Im Halbschatten bummeln wir durch ein Wäldchen und dann über einen wunderschönen Wiesenweg. Viele bunte Blumen blühen hier, Bienen summen, Grillen zirpen, sogar Libellen fliegen umher. Nach etwa 220 Metern überqueren wir eine kleine Straße und orientieren uns am Weg mit dem **roten Punkt** in Richtung **Lauratal.** Über ein paar recht steile Stufen geht es hinab in einen Tobel. Stets an einem Bächlein entlang folgen wir einem stellenweise sehr feuchten Pfad. Urwaldflair herrscht hier, zu beiden Seiten wachsen grüne Hänge empor. Nach einiger Zeit wird der Pfad breiter und wir

*Der **Stille Bach** ist Teil eines größeren Kanalsystems, das zu den ältesten in Deutschland gehört. Er wurde schon im 11. Jahrhundert von Mönchen angelegt, um das Kloster in Weingarten sowie die Mühlen und Sägen der Stadt mit Wasser zu versorgen.*

Kilometer: 9,5

Höhenmeter: 170

Stunden: 3,5

RUNDWEG

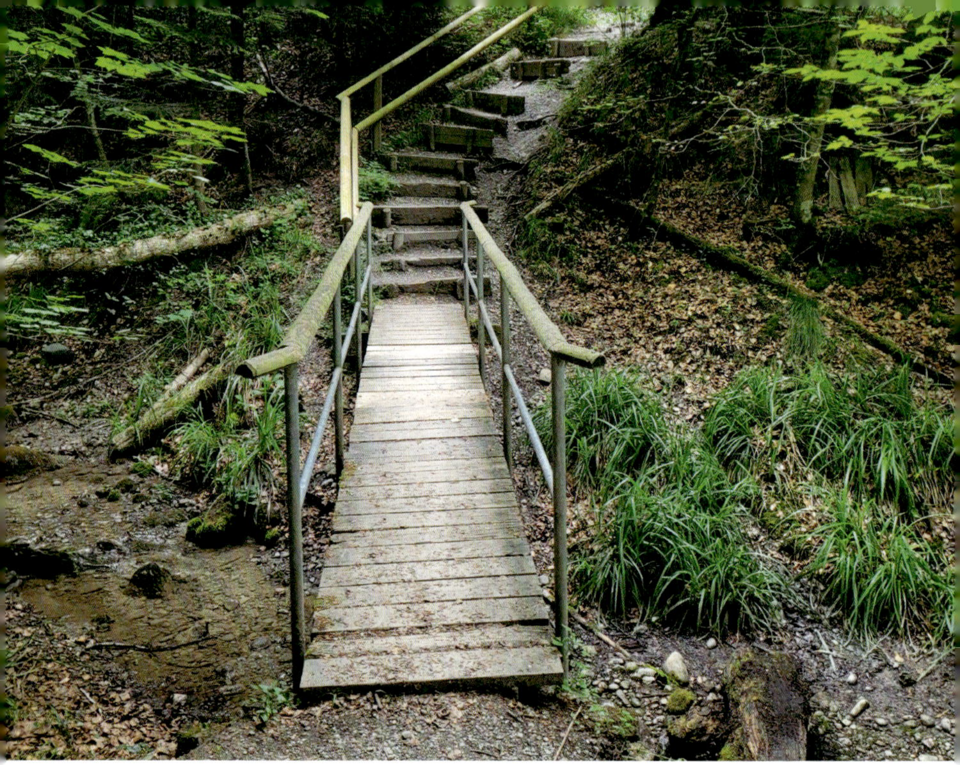

überqueren das Bächlein. Der Weg ist nun gemäßigter, immer noch sehr grün, aber weniger abenteuerlich. Ein Brückchen will uns rechts in Richtung Weingarten locken – doch wir ignorieren es. Bald jedoch sehen wir ein weiteres Brückchen, zu dem einige hölzerne Stufen im Hang steil hinunterführen. Dieses überqueren wir und wenden uns dahinter nach links. Ohne Wanderzeichen gehen wir weiter. Etwa 750 Meter folgen wir einem Pfad, der sich bald verbreitert und zu einem geschotterten Weg wird, bis zu einer Gabelung. Hier mündet unser Weg wieder in einen gekennzeichneten Wanderweg. Wir folgen dem **blauen Kreuz** des Schwäbischen Albvereins und gehen oberhalb der Scherzach entlang, die wir links plätschern hören. Die Hänge sind bedeckt von hohem Schachtelhalm. Bald erreichen wir eine kleine Landstraße, wenden uns rechts und folgen ihr etwa 200 Meter. Wir passieren dabei das Ortsschild **Weingarten** und gleich darauf den Wanderparkplatz im Lauratal. Bei nächster Gelegenheit gehen wir nach links und nach 50 Metern noch einmal nach links. Auf dem **Sontheimerweg** überqueren wir die Scherzach und stehen bald vor einer Autolackiererei, deren Besitzer mit viel Freude sehr kreative, bunte Objekte erstellt, bevorzugt aus alten VW Käfern. Hier wählen wir den rechten Wanderweg mit dem blauen Kreuz in Richtung **Münster.** Noch einmal teilt sich der Weg, wir halten uns rechts. Stets begleitet uns die Scherzach mit ihrem Plätschern, während uns ein schmaler Pfad in Serpentinen zum Fluss hinabführt. Wir queren eine kleine Brücke und gehen dann zwischen zwei Wasserläufen dahin, wobei einer tief unter uns und einer neben uns fließt. Nach etwa 520 Metern kommen wir an das Ende des Naturweges und gehen geradeaus weiter bis zur **Scherzachstraße.** Hier wenden wir uns nach rechts und schon nach etwa 35 Metern wieder nach links in die **Isenbartstraße.** Durch ein ruhiges Viertel mit schönen Stadthäusern wandern wir immer geradeaus bis zur **Wilhelmstraße** und folgen dieser wenige Schritte nach links bis zu einem kleinen Platz mit einem Brunnen. Hier gehen wir nach rechts und nach etwa 40 Metern noch einmal nach links und entlang der Klostermauer. Am Ende des Weges angekommen, folgen wir unseren Wanderzeichen rechts durch die **Obere Sterngasse,** wobei wir stets an den Klostermauern entlanggehen. Bald erreichen wir den Sankt-Martins-Brunnen und gehen über die breite Treppe zu unserer Rechten hinauf zur **3 Basilika St. Martin.** Von ihrem Vorplatz haben wir einen tollen Blick über Weingarten. Außerdem lädt das Restaurant **4 Martinus** mit seiner besonderen Atmosphäre und der tollen Lage zu einer Pause ein. Und natürlich lassen wir uns den Besuch der beeindruckenden Basilika nicht entgehen.

Nach Verlassen der Kirche gehen wir links von ihrem Eingang durch einen Torbogen und durchqueren

Für die Seele

Das Wandern entlang von Bach und Weiher erfrischt Geist und Seele.

*Mit 102 Metern Länge und der 67 Meter hohen Kuppel ist die **Basilika St. Martin** von Weingarten die größte Barockkirche nördlich der Alpen. In ihrem Inneren finden wir eine Orgel des berühmten Orgelbauers Joseph Gabler, die ähnlich gigantische Ausmaße hat.*

den **Schlosshof.** Hier ist heute eine pädagogische Hochschule untergebracht. Wir folgen dem Wanderweg schräg rechts über den Vorplatz und durchqueren das **Torhaus.** Auf der Straße wenden wir uns nach rechts und folgen dem **roten Kreuz,** das uns jetzt auf fast dem gesamten Rückweg begleiten wird, in Richtung **Nessenreben.** Rechts vor dem Gefängnisturm gehen wir durch das Tor und direkt hinter ihm wieder nach links. Wir überqueren den Gerbersteig in die **Schmidgasse,** dann den Zweierweg und folgen der **Schießplatzstraße** weiter geradeaus. Aus der Asphaltstraße wird ein Schotterweg, der recht steil bergauf führt.

Zum Glück umfängt uns bald angenehmer, tiefer Schatten. Wir durchqueren einen Mischwald mit riesigen Bäumen. Bei aller Anstrengung: Schön ist das hier! Immer geradeaus wandern wir weiter, bis wir zum Parkplatz des **5 Freibads Weingarten** kommen. Ihn überqueren wir und gehen dann links am Zaun des Schwimmbads entlang. Hier stehen Picknicktische, an denen wir verschnaufen können.

Durch eine beschauliche Wald- und Wiesenlandschaft wandern wir auf das **Gut Nessenreben** zu. An der nächsten Weggabelung gehen wir rechts am Gut vorbei und folgen auf einem Schotterweg dem roten Kreuz und der Beschilderung zum **Rößlerweiher.**

Nach wenigen Hundert Metern geht es in den Wald. Auf Höhe eines Spielplatzes folgen wir einem Hohlweg nach links. Der wunderschöne Weg schlängelt sich durch schattigen Laubwald. Rechts geht es steil den Hang hinab, links steil hinauf. Nach rund 500 Metern gelangen wir an eine Bank und treffen endlich wieder auf den **Stillen Bach.** Dieser begleitet uns nun eine ganze Weile, wir spazieren in einer besinnlichen, ruhigen Stimmung daneben einher, wobei wir ganz automatisch langsamer werden. Wir lauschen den Geräuschen des dahinplätschernden Bächleins, beobachten die Sonnenflecken im Wasser und auf dem Weg, schnuppern die Waldluft, genießen den Augenblick. Immer wieder laden uns Bänke zur stillen Einkehr im Waldesgrün ein. Nach 600 Metern verlassen wir etwas widerstrebend den Stillen Bach, der geradeaus weiterfließt, und folgen dem roten Kreuz nach rechts und leicht bergab.

Wieder kreuzen wir die kleine Straße, die uns schon vom Hinweg bekannt ist, wieder wandern wir über den schönen Wiesenweg, um an den **Rößlerweiher** zu gelangen. Dort angekommen, gehen wir diesmal geradeaus und etwa 400 Meter einen Pfad zwischen Wald und Schilf entlang. Rechts liegt der Weiher, links begleitet uns einmal mehr der Stille Bach, hier allerdings ganz schmal und unauffällig.

In einer kleinen Bucht mit einer Weide halten wir inne und genießen den schönen Ausblick über den Weiher. Viele Libellen gibt es hier, deren munteres Spiel wir gern beobachten. Schließlich überqueren wir den Bach an einem kleinen Holzwehr, halten uns

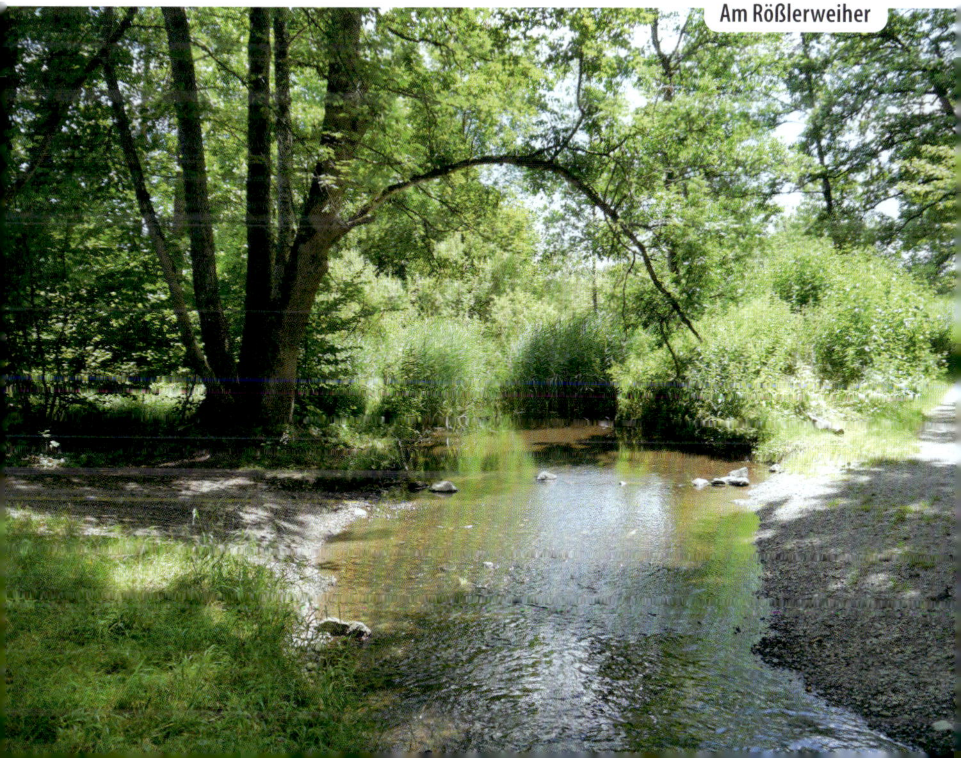

Am Rößlerweiher

rechts und folgen weiterhin dem roten Kreuz, jetzt in Richtung **Ravensburg.** Kurz darauf gabelt sich der Weg erneut, nun verlassen wir das rote Kreuz und wählen den rechten Pfad, der weiterhin in Richtung Ravensburg führt. Wieder begleitet uns ein ganz flaches Bächlein, diesmal der Kehrenberger Mühlkanal.

Unversehens wird der Pfad zu einem Bohlenweg, der durch sumpfige Wiesen führt. Wo die Bohlen enden, erreichen wir einen sehr schönen Waldweg, der bald auf eine kleine Asphaltstraße trifft. Hier folgen wir dem Wegweiser in Richtung **Wanderparkplatz** und **Ravensburg.** In der Ferne hören wir Stimmen, schon nähern wir uns dem Badeplatz am Rößlerweiher.

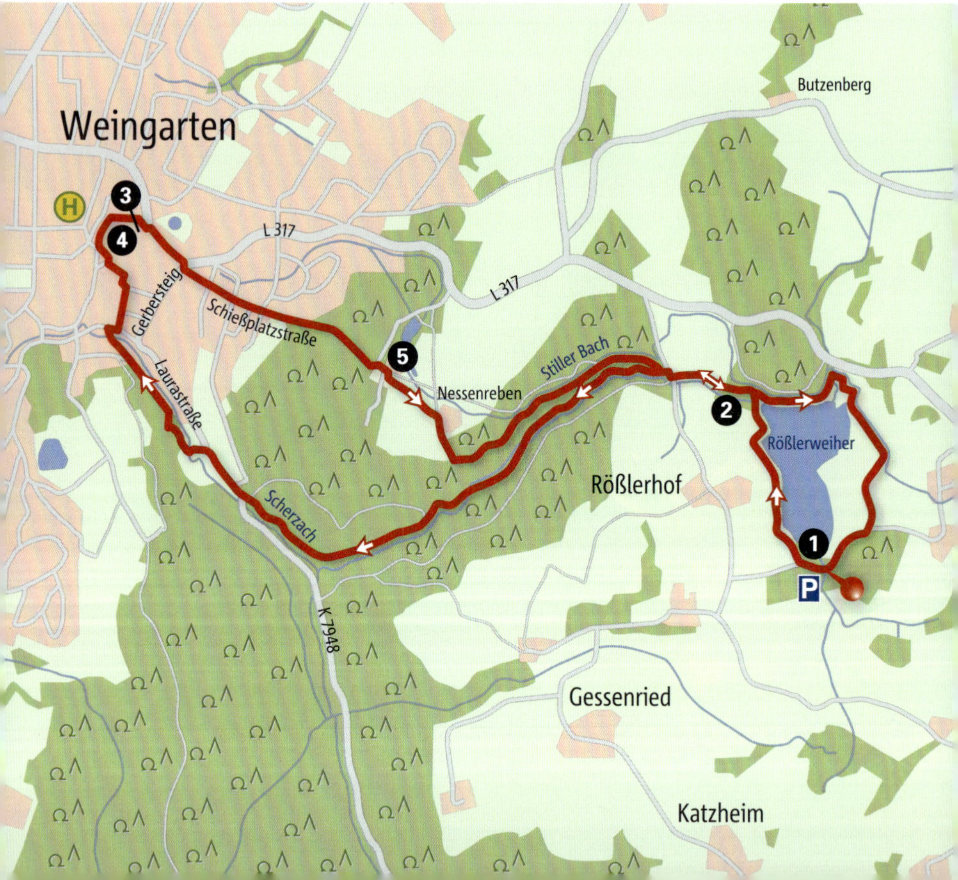

ALLES AUF EINEN BLICK

Entspannung

Abenteuer

Vielfalt

WIE & WANN

Überwiegend gut befestigte Wanderwege, Stadtstraßen, schmale Pfade, festes Schuhwerk empfehlenswert; zu jeder Jahreszeit gut machbar, am schönsten in den Sommermonaten

HIN & WEG

Auto: Gebührenfreier Parkplatz am Rößlerweiher, 88281 Schlier

ÖPNV: Bus 7534 von Ravensburg Bahnhof und Bad Wurzach, Haltestelle Postplatz, von dort zu Fuß etwa 200 Meter über Münsterplatz, Einstieg in die Tour an der Basilika

ESSEN & ENTSPANNEN

4 **Martinus,** Kirchplatz 4, 88250 Weingarten, Tel. (07 51) 56 01 28 80, www.dasmartinus.de

ENTDECKEN & ERLEBEN

1 **Badestelle am Rößlerweiher**

2 **Stiller Bach**

3 **Basilika St. Martin,** Kirchplatz 1, 88250 Weingarten, www.katholisch-weingarten.de

5 **Freibad Weingarten,** Nessenreben 3, 88250 Weingarten, Tel. (07 51) 56 01 58 50, www.baeder-weingarten.de

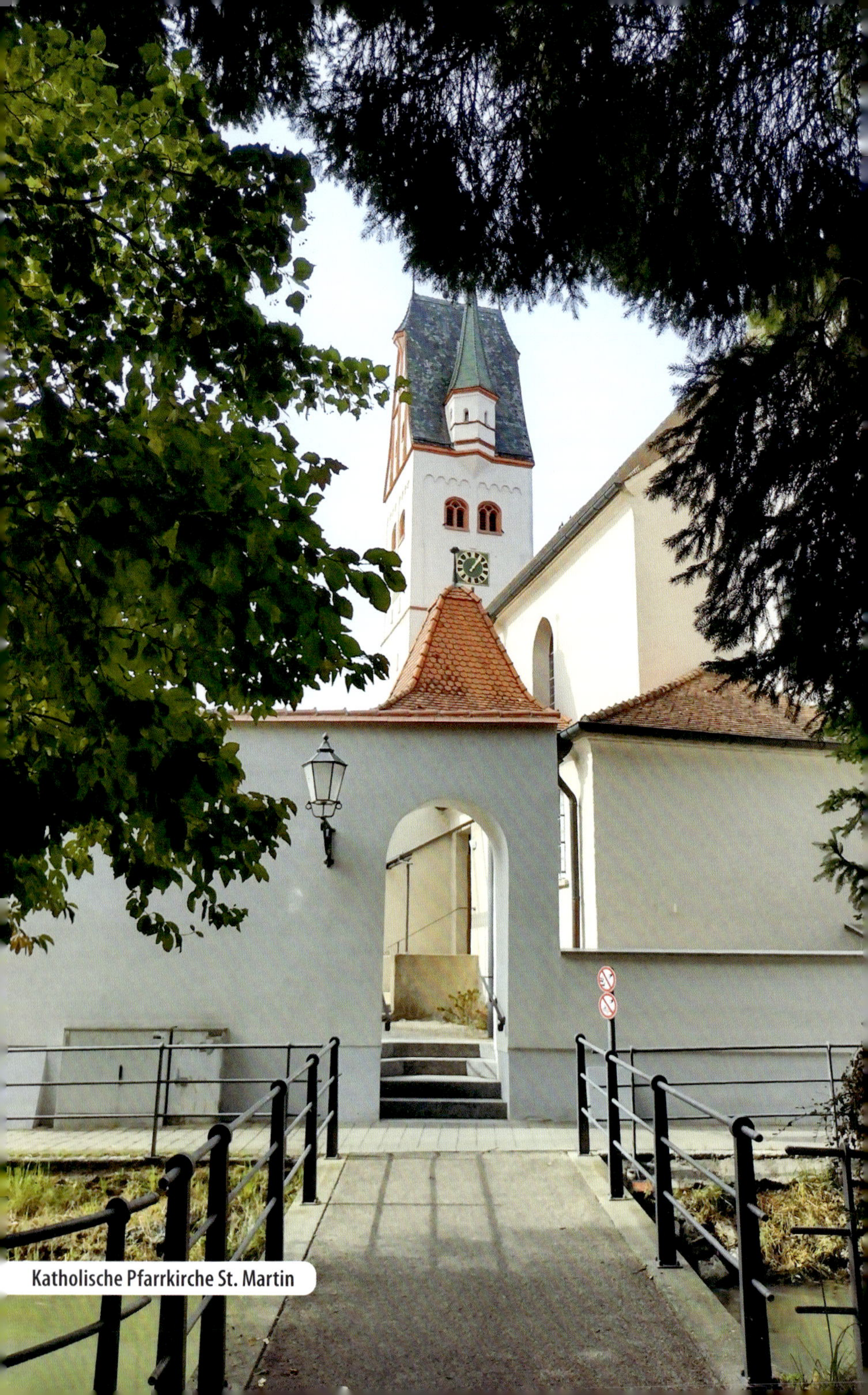

Katholische Pfarrkirche St. Martin

Stadt, Land, Fluss

Entlang der Iller bei Dietenheim

Während wir an der Iller entlangwandern, werden wir heute zu Grenzgängern und befinden uns mal in Bayern, mal in Baden-Württemberg. Die Iller gilt außerdem als östliche Grenze von Oberschwaben, ein guter Grund für eine Tour an ihren Ufern.

Unsere Wanderung beginnt beim **Bürgerhaus** in **Regglisweiler.** Wir überqueren die **Zollbergstraße** an der Fußgängerampel, dann folgen wir der **Friedensstraße** bis zu einer kleinen Treppe, die wir hinaufsteigen. Oben angekommen, gehen wir einen Fußweg entlang und überqueren an dessen Ende schräg rechts eine Wohnstraße, um in eine Straße mit dem schönen Namen **Lustgarten** zu gelangen, die uns aus dem Ort herausführt. Bald haben wir einen schönen Blick über eine dicht mit Löwenzahn bestandene Wiese. Zu unserer Rechten erahnen wir hinter den Bäumen Illertissen mit seinem Schloss und das Illertal.

Wir passieren ein Wegkreuz und spazieren weiter auf dem kleinen Asphaltsträßchen entlang. Links stehen die letzten Häuser von Regglisweiler, rechts fällt der bewaldete Hang steil zur Iller ab. Kurz hinter einem Spielplatz gehen wir nach rechts und haben bald einen schönen Blick über die sanfthügelige Landschaft und Pferdeweiden. Regelmäßig stehen Bänke am Wegesrand, wie gemacht für Genießer wie uns.

Wir kommen an einem weiteren Wegkreuz mit goldenen Figuren vorbei und erreichen bald darauf einen Picknickplatz, wo einige Bänke und Tische zu einem ersten Imbiss einladen. Nach einer kleinen Rast spa-

Kilometer: 15,8
Höhenmeter: 140
Stunden: 4,5
RUNDWEG

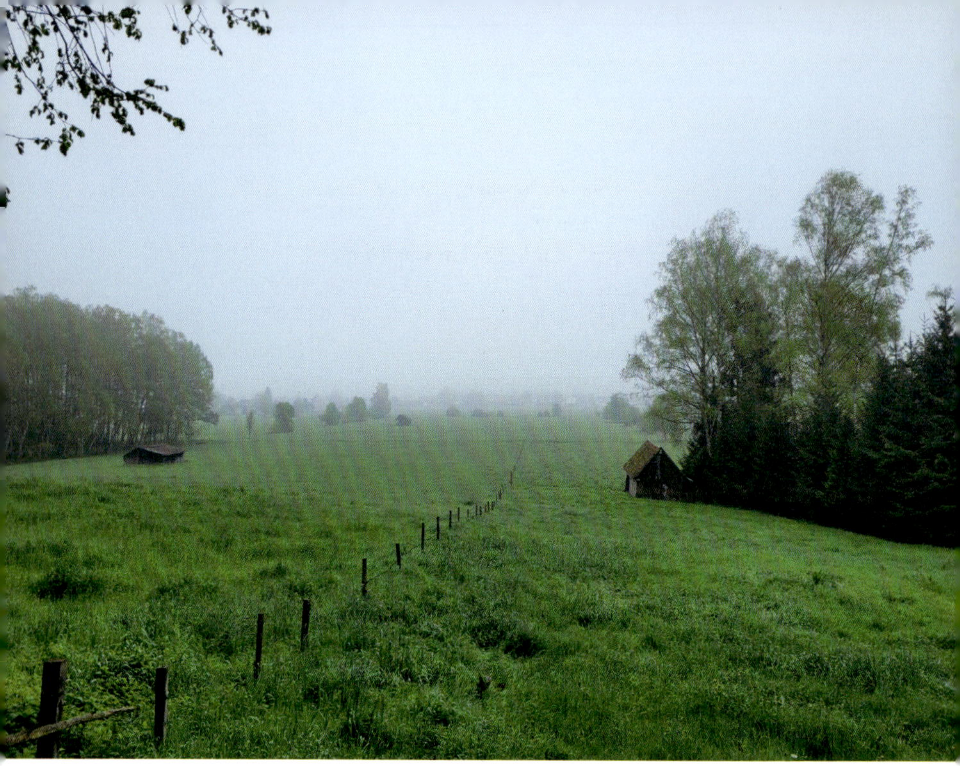

zieren wir auf dem Wirtschaftsweg weiter zwischen Wiesen und Feldern hindurch. Er macht eine Kurve nach links und führt dann an einem Waldrand entlang. Am Ende des Wäldchens folgen wir einem Wiesenweg mit dem Wegweiser **W 7** der Gemeinde Dietenheim nach rechts. Bei einer Kreuzung mit einer Bank geht es geradeaus auf einem Feldweg weiter. Wir spazieren zunächst am Waldrand entlang, dann durch Wiesen leicht bergab. Nach etwa 700 Metern kommen wir an eine T-Kreuzung. Hier wenden wir uns nach rechts und gelangen über einen kleinen Damm zum Auwald der Iller. Etwa 80 Meter hinter der Kreuzung gehen wir an einer Gabelung links und folgen diesem Weg etwa 450 Meter bis zur Iller. Dann treten wir hinaus auf den Spazier- und Fahrradweg, der entlang des Flusses führt. Wir bleiben auf dem W 7 und gehen rechts, bis wir zu einer Holzbrücke kommen. Iller, Illerkanal und Gießen fließen hier zusammen. Wir lassen uns auf einer der Bänke, die in regelmäßigen Abständen am Ufer des Flusses stehen, nieder und beobachten den Lauf des Wassers.

Nach weiteren 1,1 Kilometern kommen wir an eine Weggabelung. Wer möchte, kann die Wanderung an dieser Stelle abkürzen und rechts dem W 7 bis nach Regglisweiler folgen. Wir anderen wählen den linken Weg, folgen ab jetzt dem **blauen Punkt** und überqueren eine weitere Holzbrücke. Lichtreflexe glitzern im Wasser, die Bäume am gegenüberliegenden Ufer spiegeln sich darin. Eine ganze Vogelschar erfreut uns mit ihrem Gesang.

Für die Seele

Das Fluss-, Wald- und Wiesenidyll an der Iller schenkt uns Ruhe.

Bald führt eine Fußgänger- und Radfahrbrücke über die Iller. Wenn wir Lust haben, können wir einen kleinen Abstecher ans andere Ufer machen. Einige Schritte nach rechts finden wir dort eine kleine ❶ **Bucht,** die sich gut für eine Pause eignet. Ein Bächlein ergießt sich hier in den größeren Fluss, wir lassen uns im Gras nieder, strecken die Wanderbeine aus und lauschen dem beruhigenden Geräusch. Erfrischt wandern wir zurück und folgen unserem Weg flussaufwärts weiter. Wieder kommen wir an eine Holzbrücke. Einige Picknickbänke stehen hier, die Iller rauscht über eine Stufe im Flussbett.

Nach insgesamt 4,4 Kilometern am Fluss entlang sehen wir ein Schild, das rechts in Richtung **Badesee Dietenheim** weist. Diesem folgen wir auf einem schmalen Weg durch den Auwald. Nach etwa 260 Metern erklimmen wir einen kleinen Damm und gehen auf der anderen Seite auf einem schmalen Kiesweg weiter zum schönen ❷ **Dietenheimer Badesee,** der an heißen Tagen eine willkommene Erfrischung bietet. An einem **Kiosk** können wir an Sommertagen kleine Speisen und Getränke erstehen.

Nach unserer Pause gehen wir links an einem Biotop vorbei und folgen dem schmalen Weg durch den Auwald. Im Sommer kann er recht zugewachsen sein, doch ist er stets klar erkennbar. An der Stelle, wo ein breiterer Weg von rechts in unseren Weg mündet, halten wir uns links. Bald sehen wir die Sportanlagen von **Dietenheim** und erreichen kurz darauf den **Grenzweg** am Ortsrand. Dieser bringt uns links bis zur größeren **Illertisser Straße,** wo wir uns nach rechts wenden. Wir folgen der Straße rund 400 Meter und überqueren sie schließlich, um in die **St. Martinusgasse** zu gelangen. Schon nach 10 Metern gehen wir rechts in einen Fußweg. Bald überqueren wir die Gießen über eine Brücke, gehen auf der anderen Seite geradeaus durch ein Tor und stehen auf einem hübschen Platz vor der **3 katholischen Pfarrkirche St. Martin.**

*Der interessante Kirchturm der **katholischen Pfarrkirche St. Martin** im neugotischen Baustil wurde einst als Wehrturm für die Stadt gebaut, seine Grundmauern stammen aus dem Jahr 1180. Heute ist er Wahrzeichen der Stadt Dietenheim.*

Hier im Ortszentrum können wir uns in einem der Cafés oder Restaurants stärken, ehe wir uns gemächlich in Richtung **Regglisweiler** aufmachen. Hierzu gehen wir gegenüber der Kirche in die **Kirchstraße** und folgen dieser immer geradeaus. Am Ortsausgang passieren wir die hübsche kleine Annakapelle und gelangen kurz vor dem Waldrand zur **Herrgöttlekapelle,** hinter der wir das asphaltierte Sträßchen verlassen und rechts auf einem Feldweg durch die Wiesenlandschaft gehen. Dabei orientieren wir uns am **roten Balken** des **HW 4.** Bereits nach kurzer Zeit führt unser Weg uns an den Waldrand. Gelber Hahnenfuß und die weiße Knoblauchsrauke blühen am Wegesrand, links steigen sanft bewaldete Hügel an, rechts können wir Blicke auf die idyllische Wiesenlandschaft im Illertal erhaschen. Bald führt unser mit dem roten Balken markierter Weg eine recht steile Steigung hinauf. Oben stehen eine Bank und ein Wegkreuz. Wir orientieren uns an den Wanderzeichen, unter denen wir auch unseren roten Balken finden, und gehen auf einem breiten Forstweg in Richtung **Regglisweiler.** Etwa 900 Meter weiter überqueren wir eine Kreuzung etwas schräg nach links. Auch hier weist uns unser Wanderzeichen geradeaus.

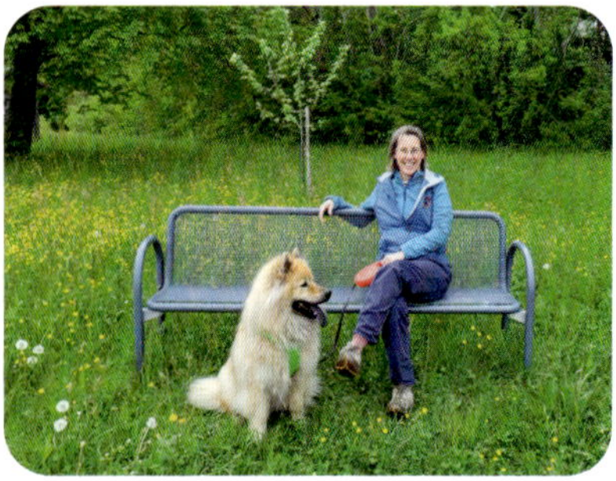

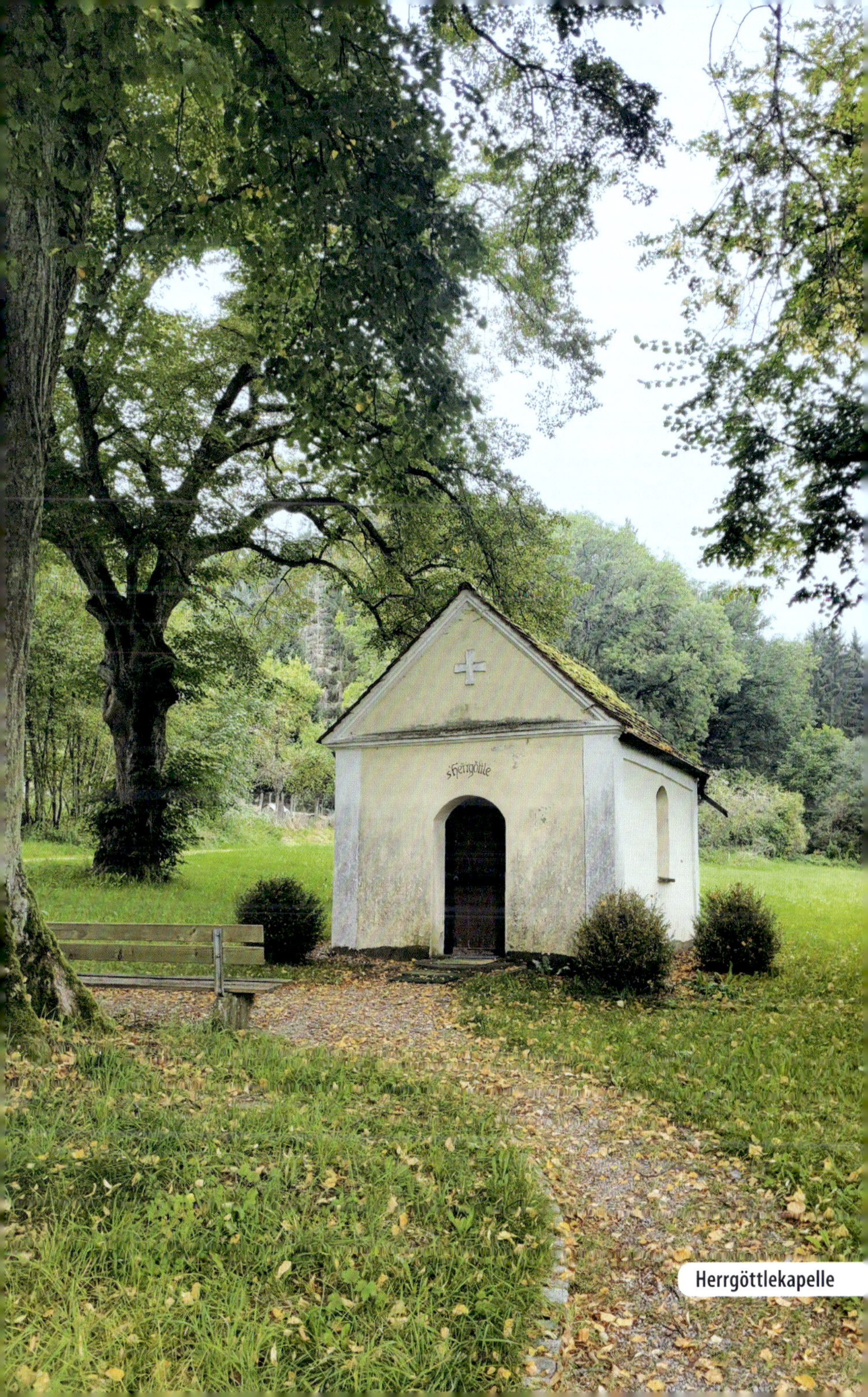

Herrgöttlekapelle

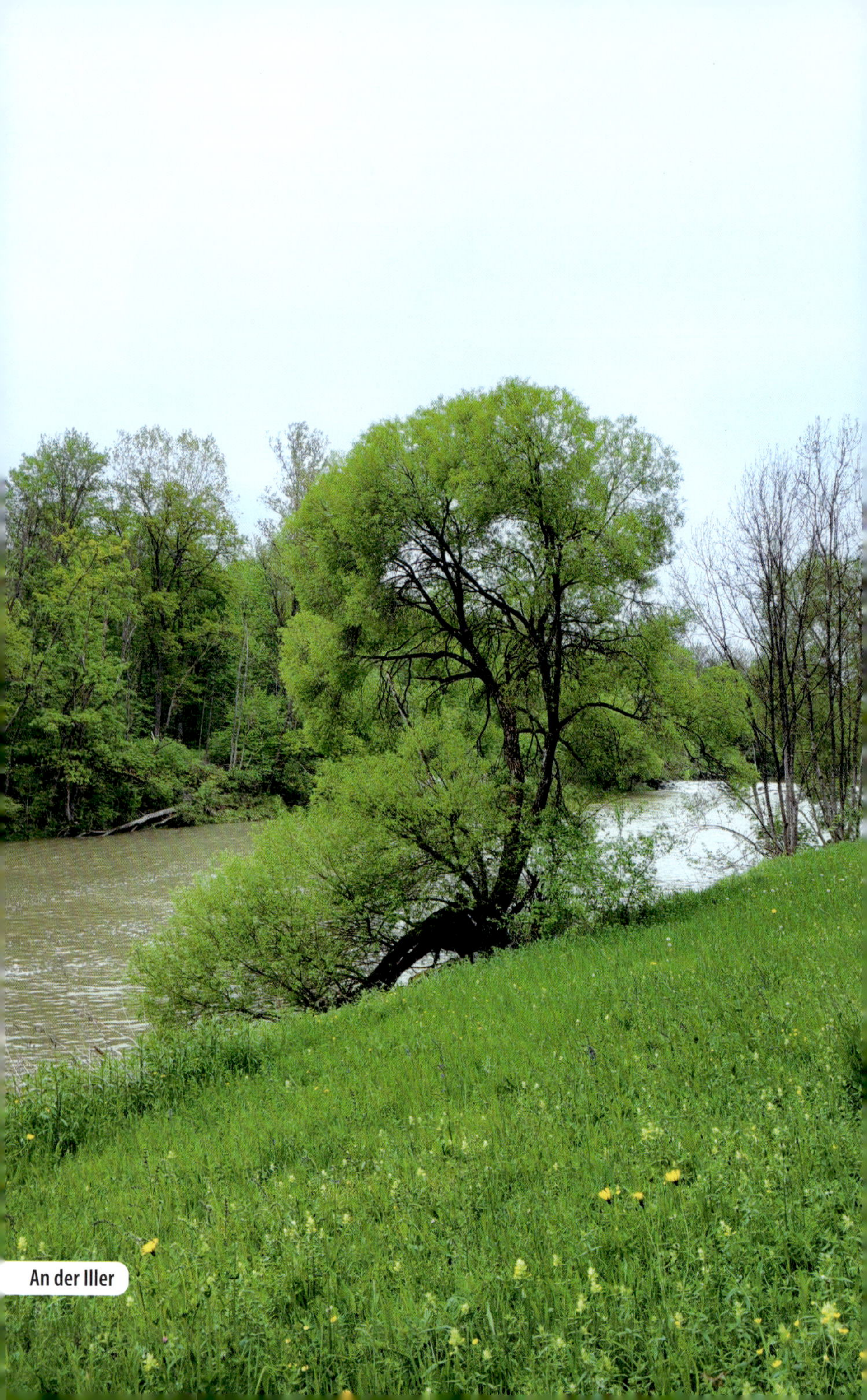

An der Iller

Wenn wir es ruhiger mögen, können wir auf diesem Weg bleiben – gerade bei Schnee oder Nässe ist das empfehlenswert. Doch gibt es hier eine lohnende Alternative, auf der allerdings Trittsicherheit und Schwindelfreiheit erforderlich sind.

Um sie zu erkunden, folgen wir nach etwa 50 Metern einem unmarkierten Weg nach rechts. 110 Meter weiter halten wir uns wieder rechts, ein Schild weist hier auf eine Burgstelle und eine Schanzenanlage unbestimmter Herkunft hin. Das lassen wir uns nicht entgehen! Wir folgen einem schmalen Pfad, steigen über einen Baumstamm und kraxeln kurz, aber sehr steil den Hang zur **4 Schanzenanlage** hinauf. Oben angekommen, gehen wir auf dem rechten Pfad in Richtung des Hangs, der steil zum Illertal hin abfällt. Der Boden ist übersät mit Waldmeister, der Bannwald ringsum leuchtet in kräftigen Grüntönen.

Wir bleiben auf unserem Pfad, bis wir einen etwas breiteren Weg erreichen. Um einen Abstecher zum alten **5 Burgberg** zu machen, folgen wir diesem etwa 50 Meter nach rechts. Vor uns ragt ein von Buchen bestandener, kuppelförmiger Hügel auf. Einst stand eine Burg hier, von der leider nichts mehr zu sehen ist. Ein klar erkennbarer Pfad führt auf den Hügel hinauf. Und oben ist es einfach schön! Besonders im Frühjahr, wenn die Bäume noch nicht belaubt sind, haben wir einen weiten Blick ins Illertal. Hier, irgendwo im Nirgendwo, können wir, den Rücken an einen Baumstamm gelehnt, die Seele baumeln lassen.

Erholt gehen wir den Pfad wieder hinunter und unten links. Jetzt bleiben wir auf dem etwas breiteren Weg und stoßen nach etwa 100 Metern auf unseren „richtigen“ Wanderweg.

Wir gehen rechts, zunächst im Wald, dann am Waldrand entlang, bis zu einer Kreuzung an einem Spielplatz. Hier wählen wir den rechten Weg und folgen für etwa 40 Meter einem Asphaltsträßchen geradeaus. Vor einer Reitanlage biegen wir rechts ab in Richtung

*Das **Christbaumloben** ist eine in Teilen Bayerns und Baden-Württembergs beliebte Tradition. Verwandte, Nachbarn und Familien besuchen einander und bestaunen (und loben!) die aufgestellten Weihnachtsbäume. Als Dankeschön wird mit einem Schnaps angestoßen.*

Regglisweiler, wo wir nach etwa 550 Metern ankommen. Wir passieren das Kloster und kommen 120 Meter weiter an ein Wegkreuz. Über eine Treppe, die mit **W 2** beschildert ist, erreichen wir die **Ziegelstraße,** folgen dieser einige Meter geradeaus und dann rechts. Hier kommen wir an der **6 Brennerei Feller** vorbei, deren Besuch sich für Liebhaber edler Spirituosen lohnt. Unter anderem können wir hier eine weihnachtliche Likörkollektion zum „Christbaumloben" erstehen.

Am Ende der Ziegelstraße folgen wir der **Brandenburger Straße** nach links bis zur **Mittelstraße.** Hier gehen wir nach rechts und bei nächster Gelegenheit links hinein und stehen bald wieder an unserem Parkplatz hinter dem Bürgerhaus.

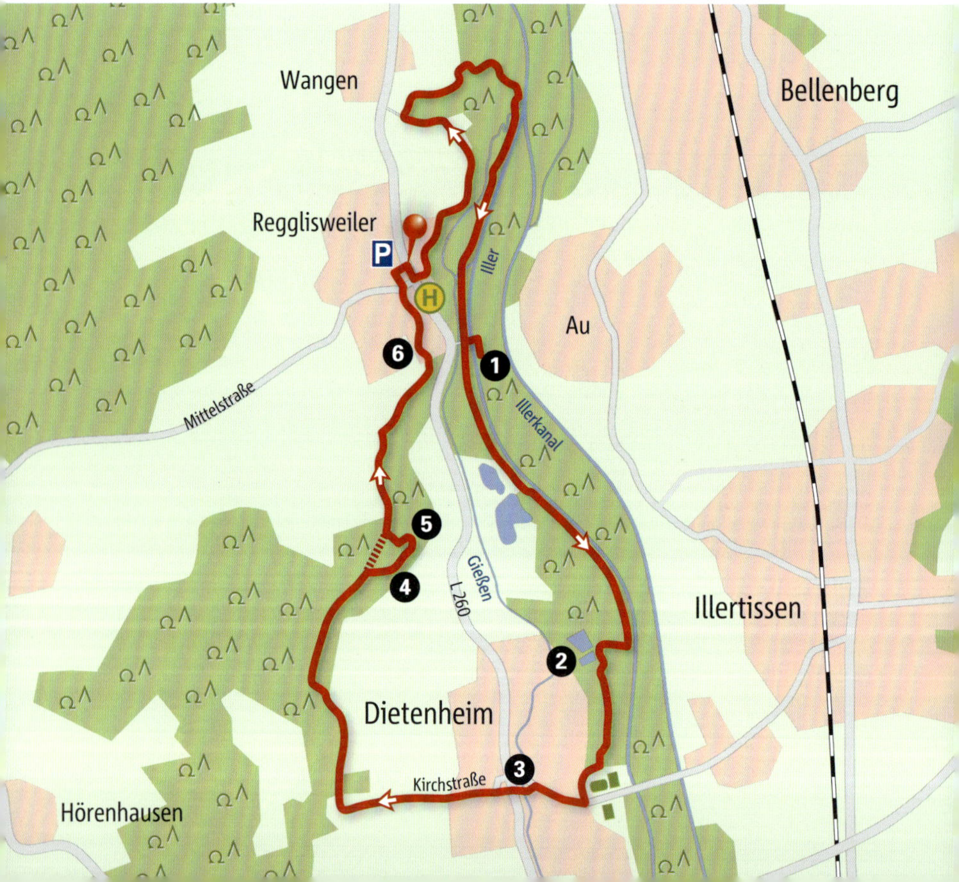

ALLES AUF EINEN BLICK

Entspannung (3 von 5)
Abenteuer (3 von 5)
Vielfalt (3 von 5)

WIE & WANN

Überwiegend gut befestigte Forst- und Wanderwege, ansonsten kaum befahrene Asphaltstraßen, an einer Stelle schmale Pfade, die bei Nässe oder Schnee umgangen werden können – daher zu jeder Jahreszeit gut machbar

HIN & WEG

Auto: Gebührenfreier Parkplatz hinter dem Bürgerhaus in Regglisweiler, Herrenweiher 2, 89165 Dietenheim
ÖPNV: Bus 70 von Ulm, Haltestelle Regglisweiler Raiffeisenbank, von dort 130 Meter zu Fuß über die Mittelstraße zum Bürgerhaus

ESSEN & ENTSPANNEN

2 **Kiosk am Badesee Dietenheim**
6 **Brennerei Feller,** Ziegelstraße 4, 89165 Dietenheim, Tel. (0 73 47) 75 48, www.brennerei-feller.de

Diverse Cafés und Restaurants in Dietenheim

ENTDECKEN & ERLEBEN

1 **Bucht an der Iller**
2 **Badesee Dietenheim**
3 **Katholische Pfarrkirche St. Martin,** Königstraße 66, 89165 Dietenheim, Tel. (0 73 47) 74 30
4 **Schanzenanlage**
5 **Burgberg**

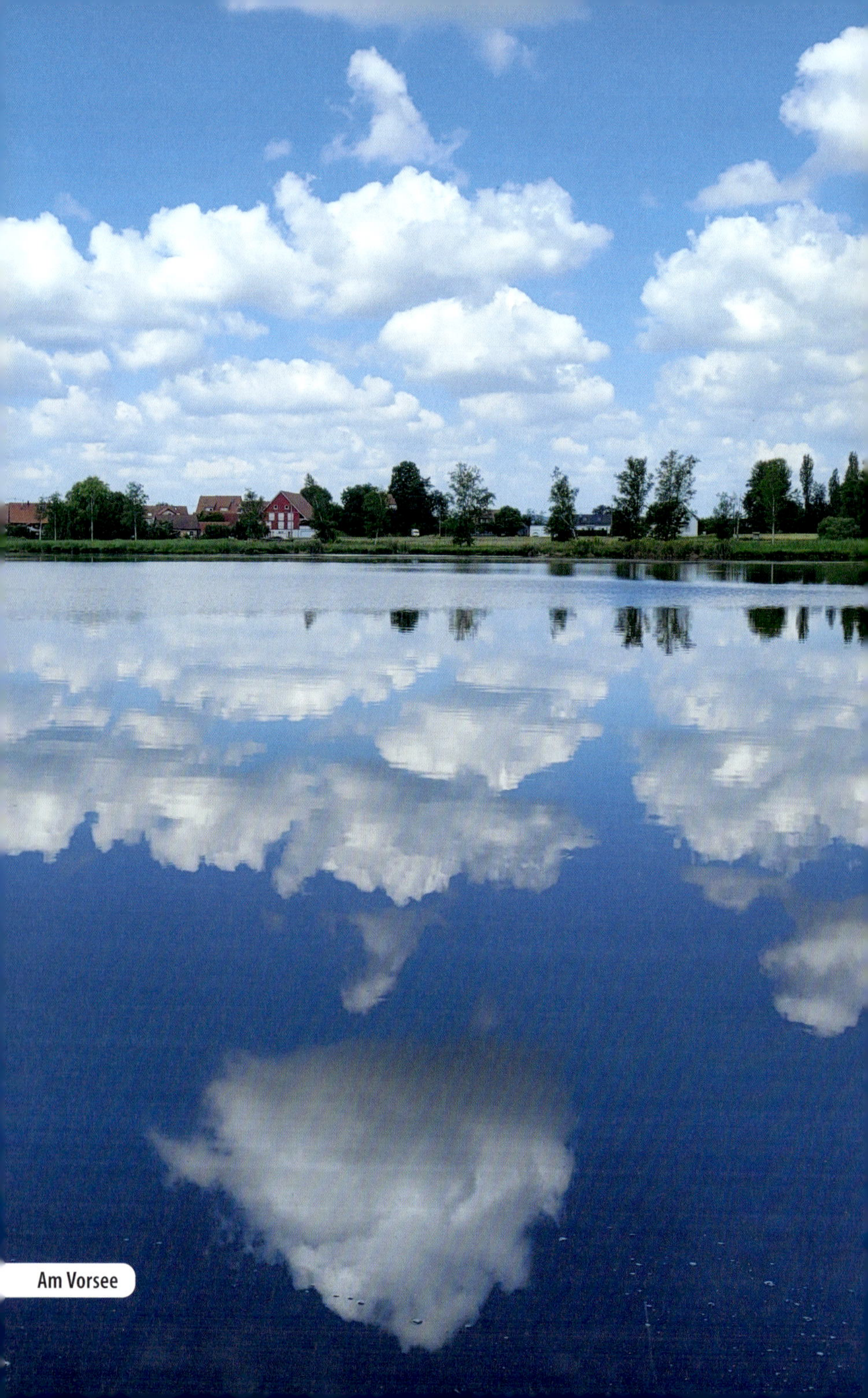

Am Vorsee

Seeblick

An der Blitzenreuter Seenplatte

Der Parkplatz am **Häcklerweiher** ist der Ausgangspunkt vieler Wanderwege, auch einen Grillplatz mit Picknicktischen und eine Bademöglichkeit gibt es hier. Schöne Aussichten für das Ende der Tour! Der Weiher ist ein Naturbadesee im Naturschutzgebiet Dornacher Ried.

Das Geländemodell am Häcklerweiher ist eine Station auf der ***DenkMAL-Route,*** *einem von drei Naturerlebniswegen, die durch das Gebiet führen. Unser Weg führt immer wieder über diese Routen, daher stoßen wir oft auf Schautafeln mit interessanten Informationen.*

Wir gehen auf einem schönen Waldweg an seinem Ufer entlang und folgen der **gelben Raute** in Richtung **Blitzenreute.** Regelmäßig stehen Bänke am Ufer. Spazieren sitzen statt wandern: Die Verlockung ist groß und der Entspannungsfaktor hoch. Das rostbraune Wasser des Moorsees plätschert sanft ans Ufer, von Bucht zu Bucht schlendern wir am See entlang. Bald entdecken wir ein **1 Geländemodell** der Umgebung, in das wir Wasser gießen können, um zu erfahren, wie das Wasser des Weihers zum Fluss Schussen gelangt.

Bald teilt sich unser Weg, wir gehen nach rechts und damit weiter am Ufer des Sees entlang. Ein schöner Mischwald umfängt uns, zart schimmert der Weiher zwischen den Bäumen hindurch. Noch einmal halten wir am Ufer inne und beobachten den Flug der Libellen über den Seerosen, ehe unser Weg eine Biegung nach links macht und wir das Ufer des Weihers verlassen. Bald führt ein Pfad einige Meter rechts in den Wald hinein. Eine Metallliege steht hier, auf die wir uns legen können, um in die Baumwipfel zu blicken. Die friedliche Stimmung des Waldes erdet und entspannt uns.

An einer Weggabelung mit vielen Wanderzeichen gehen wir rechts in Richtung **Blit-**

Kilometer: 10,5
Höhenmeter: 90
Stunden: 3
RUNDWEG

zenreute. Ein wunderschöner, federnder Waldweg führt uns durch den Bannwald. Sattgrünes Moos leuchtet rechts und links des Weges, Nadelbäume verströmen ihren würzigen Duft. Automatisch werden unsere Schritte langsamer. Nach etwa 370 Metern gelangen wir zu einem ❷ **Bohlenweg,** der uns sicher durch eine Moorlandschaft bringt. Der Wald lichtet sich, Birken und Kiefern säumen den Weg. Bald treten auch diese zurück, wir queren eine Wiese, wenden uns an ihrem Ende nach links und folgen dem **blauen Kreuz** des Schwäbischen Albvereins in Richtung **Wolpertswende.** Der Weg windet sich durch eine liebliche Feld- und Wiesenlandschaft, bis er nach 650 Metern eine Biegung nach rechts macht. Auf einem etwas breiteren Feldweg gehen wir auf einen allein stehenden Baum zu, der unsere nächste Abzweigung markiert. Wir lassen uns weiterhin vom blauen Kreuz leiten und halten uns links. Nachdem wir einen Wald durchquert haben, kommen wir an eine ❸ **Panoramatafel,** von wo

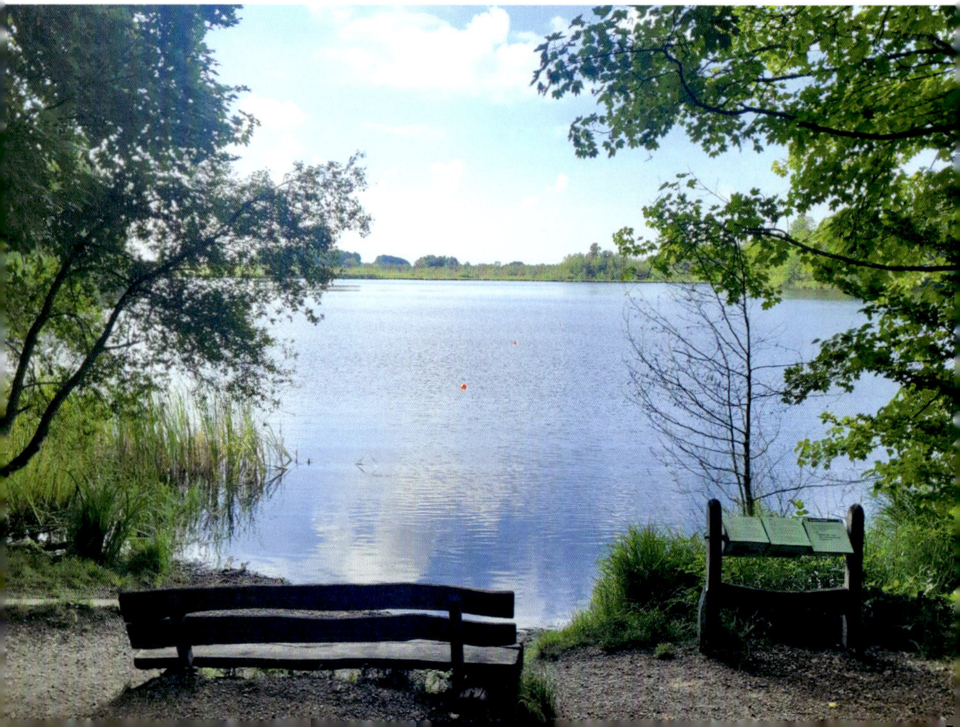

aus wir bei klarem Wetter einen großartigen Alpenblick haben. Kurz danach erkennen wir in der Ferne Wanderzeichen und streben diesen zu.

Dort angekommen, gehen wir links auf dem 4 **Riedmeckerlerweg** weiter. An einer Schranke vorbei gehen wir in den Wald hinein. Bald sind wir im Ried, zu den Seiten des Weges wird es morastig, an einem Tümpel plumpst ein Frosch ins Wasser. Heidelbeerbüsche stehen rechts und links, junge Birken beschatten uns, während wir durch die faszinierende Moorlandschaft wandern. Gemütlich ist er, unser Weg durchs Ried. Friedlich. Libellen und Schmetterlinge fliegen um uns herum, neben uns fließt ein kleiner Bach. Im Moorwasser spiegeln sich Bäume und Wolken. Auf einer Plattform im Moor lassen wir uns nieder und beobachten einfach.

Für die Seele

Moor, Wald und Seen verzaubern uns mit vielfältigem Naturerleben.

Im weiteren Verlauf wird der Weg steiniger, an einer Wiese empfängt uns eine Vielzahl von Wanderzeichen. Wir entscheiden uns für den **roten Punkt** und gehen in Richtung **Vorsee.** Bald umfängt uns erneut der Schatten des Waldes, wo wir nach wenigen Metern an einer weiteren Kreuzung nach rechts gehen und nach etwa 200 Metern an einen Wanderparkplatz kommen. Ein Picknicktisch steht dort, wo wir mit Blick auf die sanften Hügel der Umgebung eine Pause einlegen können. Vor diesem Picknickplatz folgen wir einem Wiesenweg ohne Wanderzeichen links hinein und spazieren mit schöner Aussicht am Waldrand entlang. Bald taucht auch der **rote Punkt** wieder auf, der uns durch wunderschöne, hoch bewachsene und bunte Feuchtwiesen leitet. Erneut sehen wir Libellen, das Vogelkonzert wird begleitet von Grillengezirpe. Mädesüß verströmt seinen herrlichen Duft.

Nach etwa 500 Metern folgen wir an einer Wegkreuzung einem malerischen Weg links in Richtung **Dornacher Ried** und **Blitzenreute.** Auf dem federnden

Waldweg zu gehen, ist purer Genuss. Bald sehen wir den 5 **Vorsee** zu unserer Rechten durch die Bäume schimmern. Eine Bank steht lauschig am Ufer und verlockt zu einer Auszeit mit Seeblick.

An der nächsten Kreuzung folgen wir unseren Wanderzeichen nach rechts. Für kurze Zeit begleiten uns nun alle drei Naturerlebnispfade. Doch schon nach etwa 100 Metern gelangen wir an eine weitere Kreuzung mit einem etwas verwitterten Picknicktisch und einem kleinen Waldspielplatz. Hier gehen wir ohne Wanderzeichen abermals nach rechts. Bald treten wir aus dem Wald heraus, der Weg wird schmaler und führt als Pfad zwischen einem goldgelb leuchtenden Weizenfeld und einer Wiese entlang. Etwa 360 Meter nach Verlassen der Kreuzung kommen wir an einen breiteren Weg und gehen auf diesem rechts in Richtung Vorsee. Idyllisch liegen die Häuser dieses Ortes zwischen Wiesen, Pferdeweiden, See und Wäldern. Kurz gehen wir auf einem asphaltierten Sträß-

Begehbare Sonnenuhr

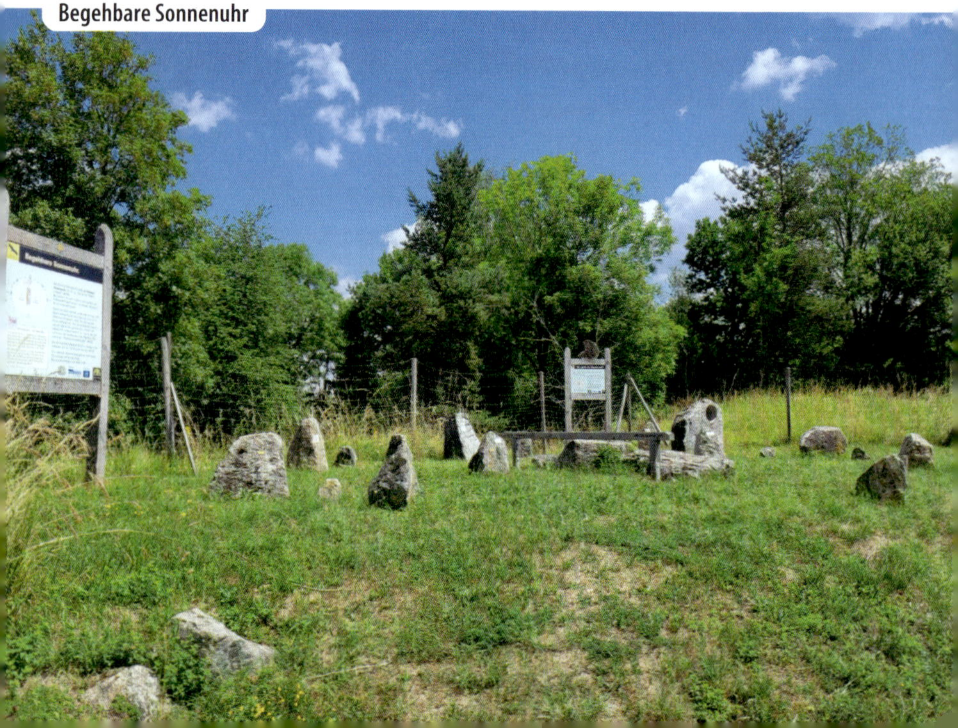

chen, biegen aber, kaum im Dorf angekommen, vor einem kleinen Spielplatz links in Richtung **Blitzenreuter Seenplatte** und **Schreckensee** ab. Dabei orientieren wir uns erneut am roten Punkt.

Am Wochenende könnten wir vorher noch einen Abstecher nach Vorsee hinein machen, um dort im **6 Gasthaus Hirsch** (150 Meter) oder im **7 Vorseer Stallbesen** (350 Meter) einzukehren.

So aber kommen wir auf unserem sonnigen Kiesweg nach etwa 200 Metern an einer **8 begehbaren Sonnenuhr** vorbei, weitere 100 Meter weiter teilt sich der Weg.

Auf dem linken Weg würde man nach rund 800 Metern den Ausgangspunkt am Häcklerweiher erreichen. Wir entscheiden uns jedoch für den rechten Weg, der, wieder ohne Wanderzeichen, zunächst 130 Meter am Waldrand entlangführt und sich schließlich als Feldweg der **Bundesstraße 32** nähert. Dort angekommen, gehen wir rechts auf dem Fuß- und Fahr-

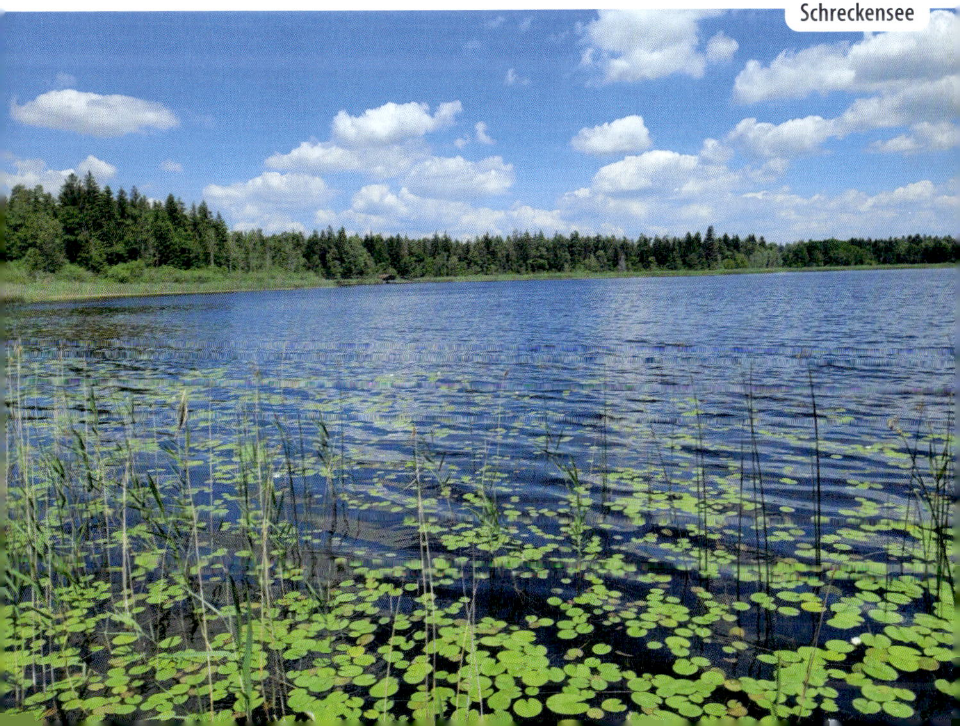

Schreckensee

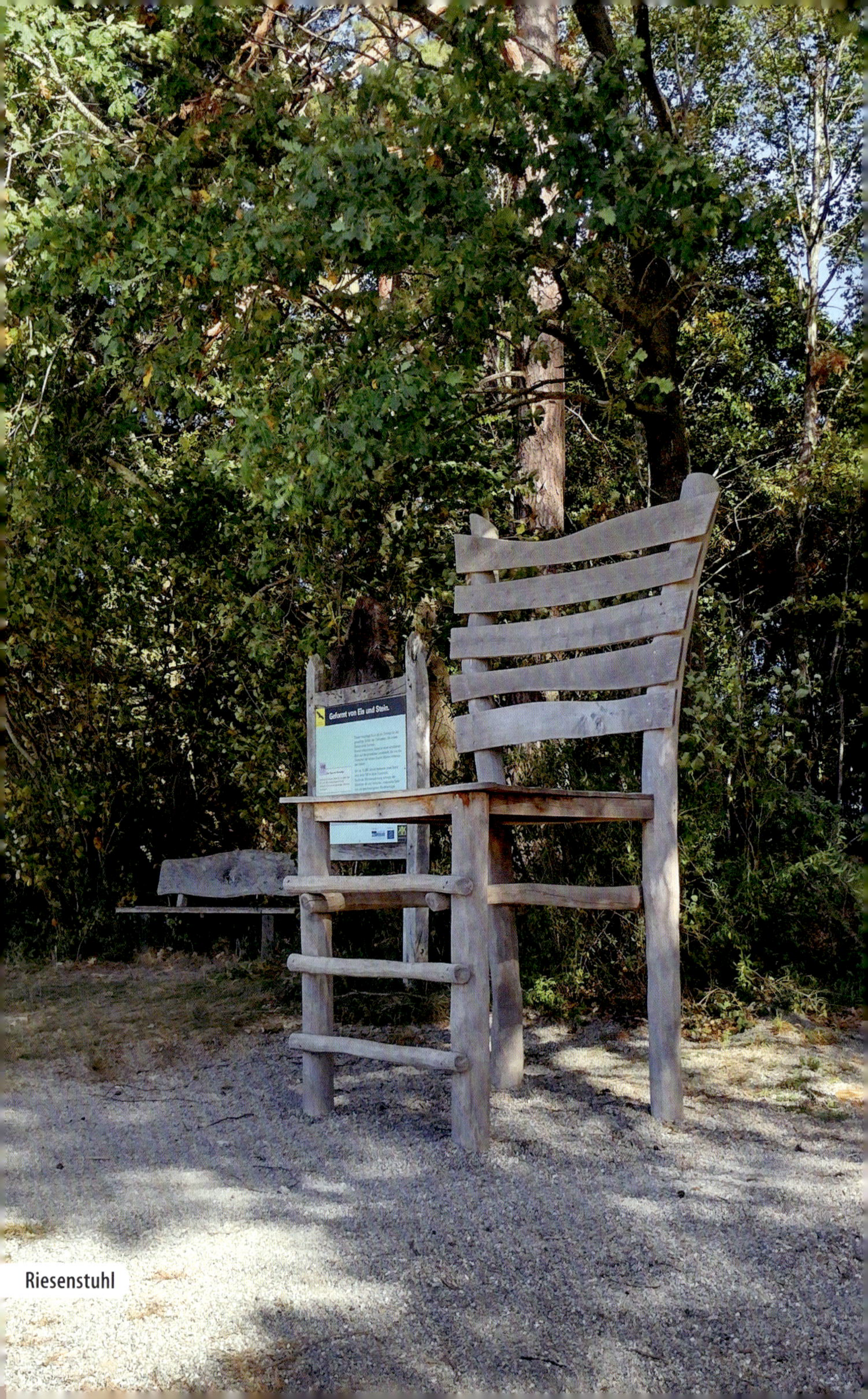

Riesenstuhl

radweg die Straße entlang. Wir passieren eine **Bushaltestelle** – der Startpunkt für die Wanderer, die mit öffentlichen Verkehrsmitteln anreisen – und erreichen nach etwa 280 Metern Marsch neben der Straße den **9 Hofladen Vorsee** mit seinem **Café**, der uns wie gerufen kommt.

Gestärkt und ausgeruht gehen wir durch die Unterführung direkt beim Hofladen und auf der gegenüberliegenden Seite auf einer glücklicherweise wenig befahrenen Straße etwa 900 Meter bis zu einer Wegkreuzung. Hier machen wir rechts einen Abstecher zum **10 Schreckensee.** Der wunderschöne Weg führt steil hinab zu einer Infotafel und einer **Beobachtungskanzel** im See. Sie ruht auf Pfählen, durch Schlitze in den Wänden können wir über die Wasserfläche blicken und unsere vom Pflastertreten müden Beine auf Bänken ausstrecken. Die Halbinsel, die wir rechts sehen, war schon in der Steinzeit besiedelt und gilt als wichtige Welterbestätte.

Es lohnt sich, den Pfad entlang des Sees noch ein wenig weiter entlangzubummeln, da der Weg durch den Bannwald wunderschön ist. Doch dann geht es zurück zur Kreuzung an der kleinen Straße. Wir überqueren diese und gehen gegenüber in Richtung **Blitzenreuter Seenplatte.** Wieder folgen wir der **gelben Raute.** Bald mündet unser Weg in einen etwas breiteren Schotterweg. Hier halten wir uns rechts, an der nächsten Gabelung links. Auch der **SCHAUmal-Weg** führt hier entlang und wird uns bis zum Parkplatz begleiten.

Am Waldrand angekommen, gehen wir zwischen Getreidefeldern hindurch. Der Weg macht eine Biegung nach links und führt anschließend durch ein kleines Waldstück, ehe wir an einer Weide mit Angusrindern entlanggehen. Wir folgen dem Wanderweg-Zeichen scharf nach rechts, an der nächsten Weggabelung gehen wir nach links. Endlich können wir einen Blick auf den **Buchsee** werfen, der sich bislang hinter einem Meer von Schilf verborgen hat. Unser Kiesweg

*Der **Riesenstuhl** nahe dem Buchsee dient als Symbol für die gewaltige Ausdehnung der Eismassen, die das Gebiet um die Blitzenreuter Seenplatte einst formten. Auf einer Informationstafel wird die Größe des Stuhls in Verhältnis zum Eis gesetzt.*

führt steil bergan und auf einen ⓫ **riesigen Panoramastuhl** am Wegesrand zu. Es ist gar nicht so einfach, ihn zu erklimmen, jedoch hat man von oben eine tolle Aussicht auf die typische Moränenlandschaft der Gegend. Wie angenehm es ist, hier zu sitzen, zu entspannen und zu schauen!

Jetzt setzen wir zum Endspurt an. An den beiden folgenden Abzweigungen halten wir uns links und gelangen bald zu einer Unterführung, die uns zum Ausgangspunkt der Tour zurückbringt. Die Abkühlung im Häcklerweiher haben wir uns redlich verdient und beschließen den Wandertag im weichen Wasser des Moorsees.

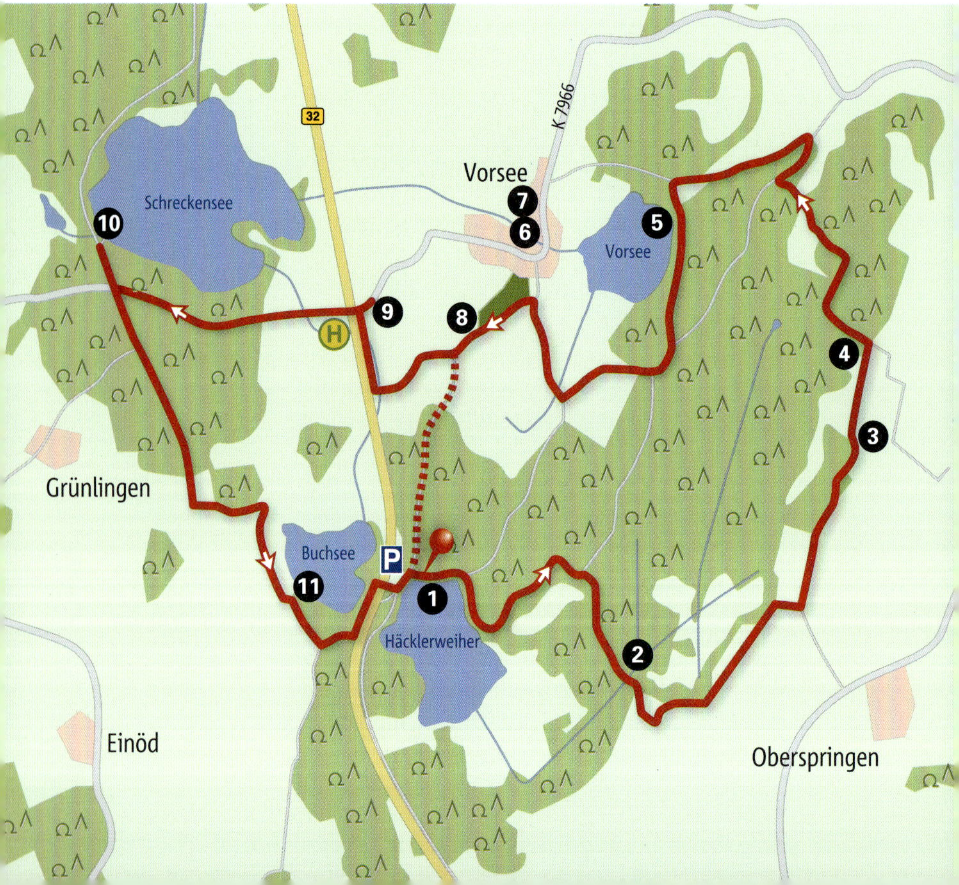

ALLES AUF EINEN BLICK

Entspannung ●●●●○

Abenteuer ●●●○○

Vielfalt ●●●●○

WIE & WANN

Überwiegend gut befestigte Wald- und Wanderwege und kaum befahrene Asphaltstraßen; zu jeder Jahreszeit gut machbar

HIN & WEG

Auto: Gebührenfreier Wanderparkplatz am Häcklerweiher, 88273 Fronreute

ÖPNV: Bus R 65 von Ravensburg und Bad Saulgau, Haltestelle Vorsee/Abzweigung B 32, dort Einstieg in die Tour

ESSEN & ENTSPANNEN

6 **Gasthaus Hirsch,** Vorsee 19, 88284 Wolpertswende, Tel. (0 75 02) 6 48

7 **Vorseer Stallbesen,** Vorsee 10, 88284 Wolpertswende, Tel. (0 75 02) 9 12 44 30, www.vorseer-stallbesen.de

9 **Hofladen Vorsee mit Hofcafé,** Vorsee 81, 88284 Wolpertswende, Tel. (0 75 02) 9 11 31 78, www.hofladen-vorsee.de

ENTDECKEN & ERLEBEN

1 **Geländemodell am Häcklerweiher**

2 **Bohlenweg**

3 **Panoramatafel**

4 **Riedmeckerlerweg**

5 **Vorsee**

8 **Begehbare Sonnenuhr**

10 **Schreckensee mit Beobachtungskanzel**

11 **Riesenstuhl**

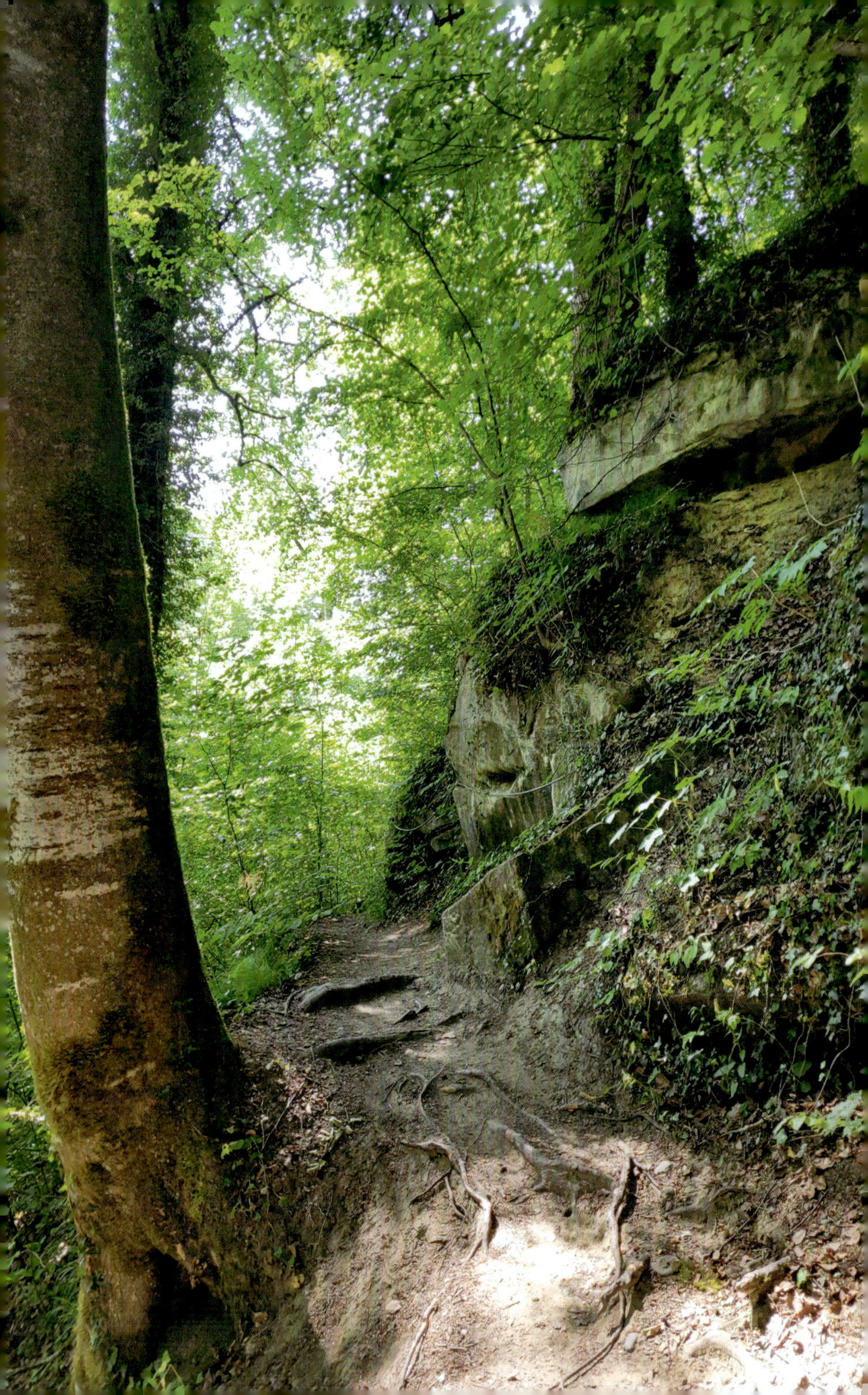

Dschungelfeeling

Traumtour entlang der Argen

Laut NABU gilt die Argen als einer der „letzten deutschen voralpinen ‚wilden' Gebirgsflüsse". Ein bisschen wild ist auch unsere Wanderung an ihrem Ufer, nicht immer auf gemäßigten Wegen, sondern auch mal dschungelig auf schmalen, steilen Pfaden. Ideal für ein paar Auszeitstunden inmitten von Wald und Wasser.

*Die **Argen** entspringt an zwei Orten: als Obere Argen bei Oberstaufen und als Untere Argen bei Missen im Allgäu. Beide Quellflüsse vereinigen sich am Argenzusammenfluss, um als drittgrößter Bodenseezufluss in den Bodensee zu münden.*

Vom Wanderparkplatz gehen wir zunächst in Richtung **Schloss Achberg.** Schon auf den ersten Metern begeistert der Waldweg, der entlang eines von Farnen gesäumten Baches führt. An der Abzweigung in Richtung Schloss Achberg gehen wir zunächst vorbei und wandern weiter in Richtung **Flunau.** Der Weg bereitet uns ein Fest für alle Sinne, schon nach wenigen Hundert Metern fühlen wir uns entschleunigt und entspannt. Von einer ersten Bank aus können wir einen Blick auf den ❶ **Flunauer Steg** werfen, eine Hängebrücke über die Argen. Unser wurzeliger Weg führt steil zur Brücke hinab, deren Überquerung Spaß macht. Sie bietet uns einen großartigen Blick auf die munter dahinfließende Argen mit ihren Kiesbänken.

Am anderen Ufer angelangt, gehen wir über eine Wiese auf **Flunau** zu. Am Ortsrand wenden wir uns an einem schwarz-goldenen Wegkreuz nach rechts und folgen den Wegweisern in Richtung **Goppertsweiler** und **Neukirch.** Wir spazieren an liebevoll gepflegten Anwesen vorbei. Bald verlassen wir Flunau wieder, entdecken einige Wanderzeichen und entscheiden uns für den **blauen Balken** des Schwäbischen Albvereins. Imposanter Schachtelhalm zeigt uns die Nähe von Wasser an und

Kilometer: 11,9
Höhenmeter: 170
Stunden: 3,5
RUNDWEG

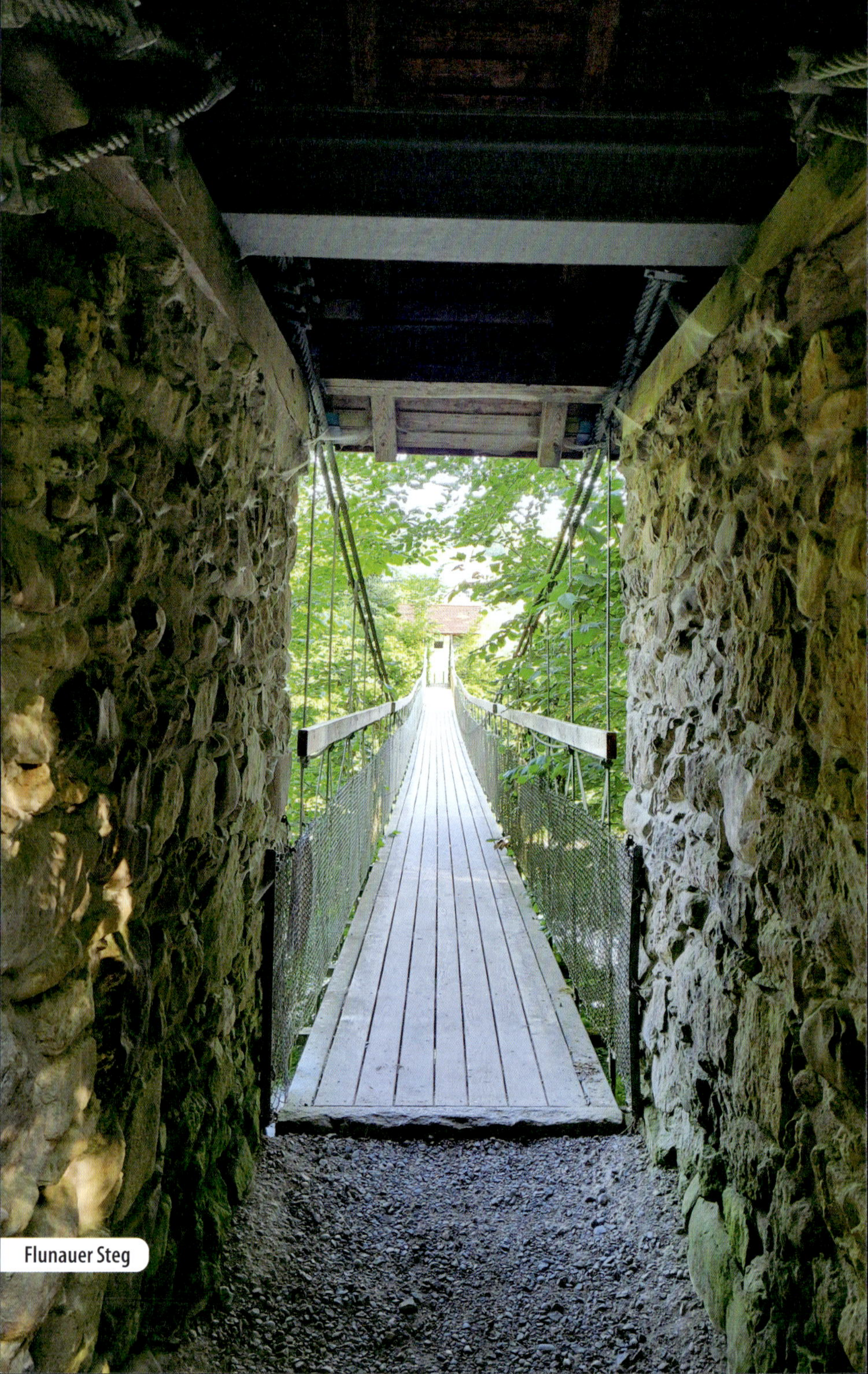

Flunauer Steg

verbindet sich mit den Gräsern am Wegesrand zu malerischen Kompositionen. Untermalt wird dieser Augenschmaus vom steten Rauschen der Argen und reichlich Vogelgezwitscher.

Bald wird das Plätschern lauter, durch das Laub der Bäume sehen wir den Fluss unter uns fließen. Etwa 1,2 Kilometer gehen wir durch den Wald, dann sehen wir, dass die Argen sich von unserem Weg entfernt. Wir sind am sogenannten ❷ **Flunauer Sack** angekommen, einer Landzunge, die von der Argen in einer engen Schlinge umflossen wird. Besonders denjenigen unter uns, die gern auf schmalen Pfaden unterwegs sind, sei angeraten, dieses Fleckchen Erde zu erkunden. Dafür gehen wir ohne Wanderzeichen nach rechts und folgen dem Lauf der Argen auf einem Pfad über weichen Waldboden. Dieser führt stetig bergab in Richtung der Argen und dann in einer Schlaufe wieder zurück. Am „Boden des Sacks" können wir einen Abstecher zu einer Kiesbank machen. Hier, mitten in der Natur, lassen wir uns ein wenig vom Wasser umströmen.

Für die Seele

Urwald, Wildfluss und schmale Pfade führen uns weit weg aus dem Alltag.

Dann folgen wir weiter unserem Pfad. Er trifft nach etwa 350 Metern wieder auf den Pfad, auf dem wir vorher bergab gegangen sind. Bei der nächsten Weggabelung halten wir uns rechts und treffen wenig später wieder auf den Hauptwanderweg, in den wir wiederum nach rechts einbiegen. Bald öffnet sich der bislang zumeist schattige Weg zu einer hügeligen, nach Heu duftenden Wiesenlandschaft. Der Weg, dessen Steigung bisher zwar stetig, aber moderat war, bringt uns jetzt gehörig ins Schwitzen. Zum Glück wird er ab und an von Bäumen beschattet! Die Wiesen stehen voller Gräser, Schmetterlinge laben sich am Nektar von Wildblumen. Endlich kommen wir im Dörfchen **Blumegg** an und folgen dem Wanderweg nach rechts über ein asphaltiertes Sträßchen. Gegenüber einem hübschen, mit Schindeln verkleideten Hauses nehmen wir rechts einen mit dem blauen Balken gekennzeichneten, schmalen Schotterweg in Richtung **Neuravensburg.** Zunächst durch herrlich duftende Wiesen, dann entlang eines Waldes führt er stetig bergab. An einem Wegkreuz wird er schmaler und führt etwas tiefer in den Wald hinein, bald erreichen wir eine kleine Straße und überqueren diese in Richtung **Argenzusammenfluss.**

Nun schimmert tief unter uns wieder die Argen. Nach etwa 250 Metern gabelt sich unser Weg. Ein Pfad, den wir jedoch ignorieren, führt steil bergab. Einige Meter weiter teilt sich der Weg erneut, hier weist unser Wanderzeichen mit einem Pfeil nach rechts unten. Wir folgen dem an dieser Stelle sehr steinigen, steilen Pfad rechts hinab, bis wir unten am Fluss ankommen. Dort wandern wir auf dem sehr schönen Pfad entlang des Flussufers. An der nächsten Gabelung gehen wir geradeaus. Einige Meter weiter entdecken wir eine verwitterte blaue Marke an einem Baum und wissen, dass wir auf dem richtigen Weg sind. Der Pfad ist mal sehr schmal, mal etwas breiter und führt stets geradeaus durch den Wald entlang der Argen. Auch an der nächsten Weggabelung gehen wir geradeaus. Bald wird der Pfad deutlich breiter, und kurz darauf kommen wir an eine Kreuzung. Wir folgen dem blauen Balken in Richtung **Argenzusammenfluss** und überqueren eine kleine Brücke. Am anderen Ufer angelangt, gehen wir einige Stufen hinauf und dann nach links. Auf einem schönen Waldweg schlendern wir dahin. An einer Stelle sehen wir ein Wanderzeichen mit einem Pfeil nach links, gehen aber geradeaus weiter. Mal spazieren wir auf Höhe des Flusses, mal einige Meter darüber. Wir kommen an einer weiteren Brücke vorbei, hinter der der Weg über Wurzeln steil bergab führt. An dieser Stelle sind Ketten angebracht, die wir als Handlauf nutzen können. Wir kraxeln den Hang hinab und kommen nach wenigen Metern an einer Kiesbank heraus, die von den mächtigen Ästen alter Baumriesen beschattet wird. Was für ein magischer Ort!

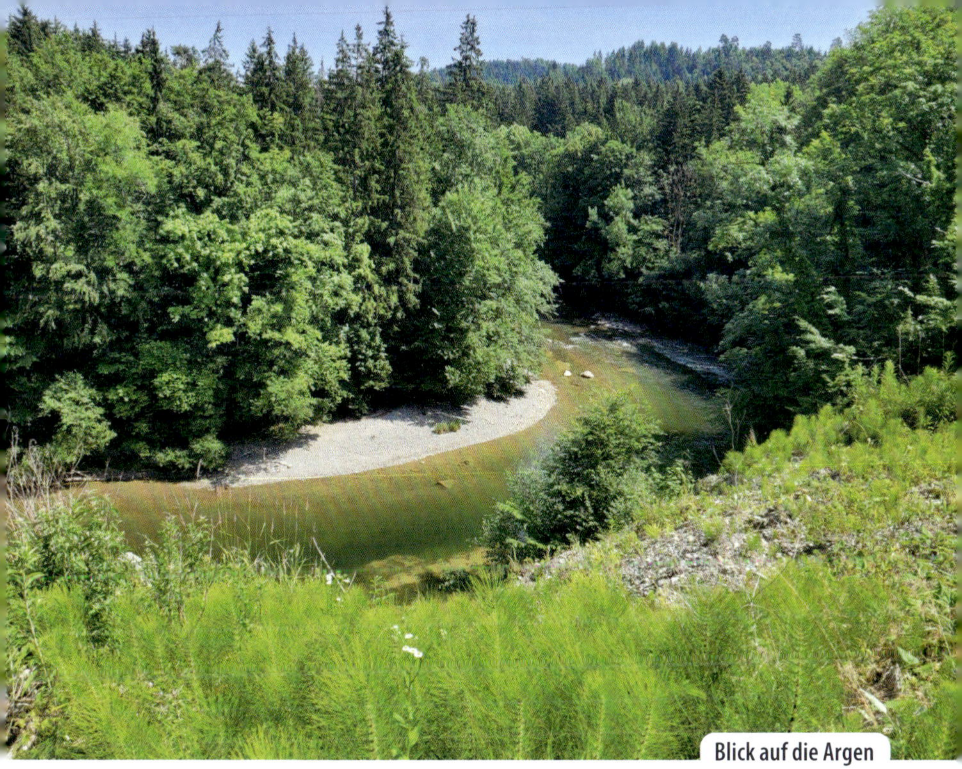

Blick auf die Argen

Im weiteren Verlauf des Weges kommt Urwaldfeeling auf. Über Holzstege und Wurzeln geht es, unter einem mit Efeu überwachsenen, umgestürzten Baum hindurch, über Baumstämme hinüber und über ausgetretene Stufen im Hang hinauf. Trittsicherheit ist erforderlich – und der Spaßfaktor auf diesem Streckenabschnitt hoch!

Dann weitet sich der Weg, eine Picknickhütte mit Grillstelle steht hier. Wir sind am ③ **Zusammenfluss der Oberen und Unteren Argen** angekommen. Ein Pfad führt zu einem kleinen Kiesstrand hinunter, wo wir uns gemütlich niederlassen. Unsere Füße plantschen im sehr erfrischenden Wasser, Hartgesottene baden hier sogar. Es ist der perfekte Platz für eine ausgedehnte Pause, daher lohnt es sich, eine Unterlage und ein Picknick einzupacken.

Erfrischt und ausgeruht gehen wir zurück zu unserer Abzweigung und folgen wieder dem Wanderzeichen mit dem blauen Balken, jetzt in Richtung

Neuravensburg. Unser Weg führt an der Oberen Argen entlang. Nach etwa 400 Metern gelangen wir an eine Kreuzung, an der wir nach links gehen. Wir passieren ein Schild mit der Aufschrift ④ **Waldrefugium.** Hier entsteht ein „Urwald von morgen". Und ein Refugium bilden sie auch für uns, dieser Wald und dieser Fluss, die uns so viele schöne Auszeitmomente schenken.

Auf und ab führt unser Weg durchs Grün, teilweise sogar recht steil. In umgestürzte Bäume wurden Durchgänge für uns Auszeitler geschnitten. Sogar einen kleinen Strand entdecken wir, bedeckt mit feinem Sand, der uns verführt, die Schuhe ein weiteres Mal auszuziehen.

Einen Pfad, der rechts hinaufführt, ignorieren wir und bleiben auf unserem Weg am Fluss. Kurz darauf verlassen wir den Lauf der Argen für ein kurzes Stück, folgen an der nächsten Kreuzung den uns bekannten Wegzeichen nach links und wandern nun auf einem schönen, ebenen und breiten Waldweg. Ein letztes Mal kommen wir der Argen ganz nah. Etwa 300 Meter weiter finden wir etwas versetzt im Wald Wanderzeichen und folgen unserem blauen Balken. Langsam mischt sich das Rauschen der Autobahn, der wir uns nähern, unter die Geräusche der Natur.

Schließlich stehen wir unter einer Autobahnbrücke, die hoch über uns aufragt. Direkt vor einem der gigantischen Brückenpfeiler gehen wir nach rechts und folgen dabei dem blauen Balken in Richtung **Ried, Regnitz, Roggenzell.** An einem Baum hängt außerdem ein Hinweis auf unser Ziel, **Schloss Achberg.** Der breite Wanderweg führt wieder von der Autobahn weg und stetig bergauf. Bald treten wir aus dem Wald heraus, kommen der Autobahn noch einmal recht nah, können aber neben dem Autolärm den beschaulichen Klang von Kuhglocken erahnen. Pferde grasen auf einer Weide, während wir den Weiler **Strohdorf** durchqueren. Bald wird der Weg wieder zu einem Feldweg, auf dem wir durch eine idyllische Wiesen- und Riedlandschaft spazieren. Kühe ruhen im Schatten, auch unser Weg führt durch ein Wäldchen. Rechts sehen wir den mit Schilf bewachsenen Regnitzer Weiher, links grüßt ein Hopfenfeld mit seinen charakteristischen Stangen aus der Ferne, Streuobstwiesen ergänzen das schöne Bild. An einer T-Kreuzung gehen wir links in Richtung **Schloss Achberg** und folgen etwa 1 Kilometer lang einem asphaltierten Sträßchen, durchwandern dabei den Ort **Regnitz** und sehen bald ferne Alpengipfel hinter einem Hügel hervorspitzen. Ein Schild weist uns den Weg **Zum Schloss,** und wir folgen einem sonnigen Kiesweg rechts den Hang hinauf. Nach etwa 450 Metern teilt sich der Weg, hier gehen wir nach rechts. Ein wenig Vorsicht ist geboten, denn neben dem Weg geht es tief hinunter. Eine schattige Bank mit einem schönen Blick in Richtung Achberg steht hier. An einer Wiese führt der schmale Pfad nun entlang, wir orientieren uns stets an den Wegweisern in Richtung Schloss, auf das wir bald erste Blicke erhaschen. Der Weg ist wunderschön zu gehen, führt mal schmal an einer Wiese entlang, dann schattig zwischen Bäumen hindurch, mal steil bergauf, dann steil

Schloss Achberg

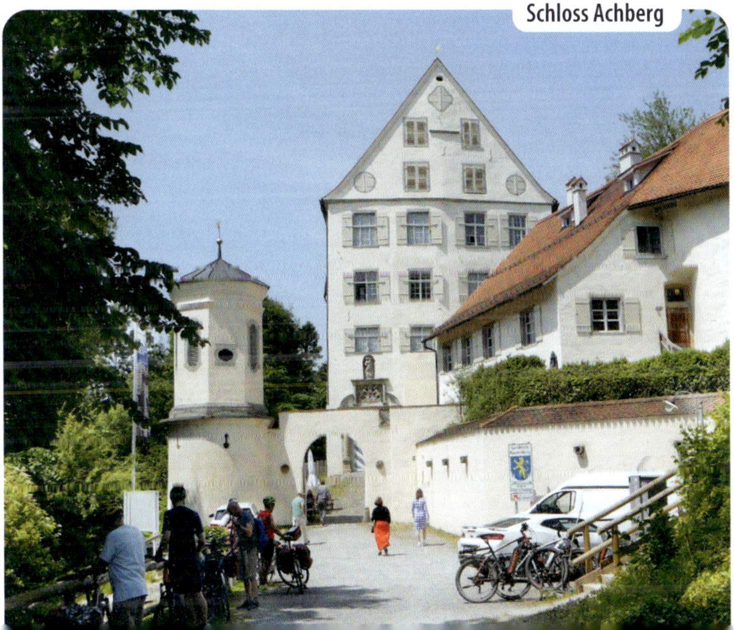

bergab. Wir gehen durch zwei mit einem **roten Kreuz** markierte Tore und kommen schließlich an einen breiteren Weg. Auf diesem gehen wir kurz links, dann rechts in Richtung **5 Schloss Achberg.** Ein Besuch lohnt, im Schloss finden Ausstellungen und Veranstaltungen statt; geöffnet ist von Freitag bis Sonntag. Zum Abschluss unserer Wanderung bietet sich eine Einkehr im gemütlichen **Schlosscafé** an.

Um zurück zum Parkplatz zu gelangen, gehen wir direkt vor dem Schloss nach links und einen steilen Weg bergab. Unten überqueren wir das kleine hölzerne Brückchen, das wir zu Beginn unserer Wanderung gesehen haben, und halten uns dann links.

Schloss Achberg wurde vom Deutschritterorden gegründet. Äußerlich schlicht, ist es innen opulent im barocken Stil ausgestattet. Besonders eindrucksvoll ist die detailreiche Decke des Rittersaals, an der 30 Tonnen Stuck hängen.

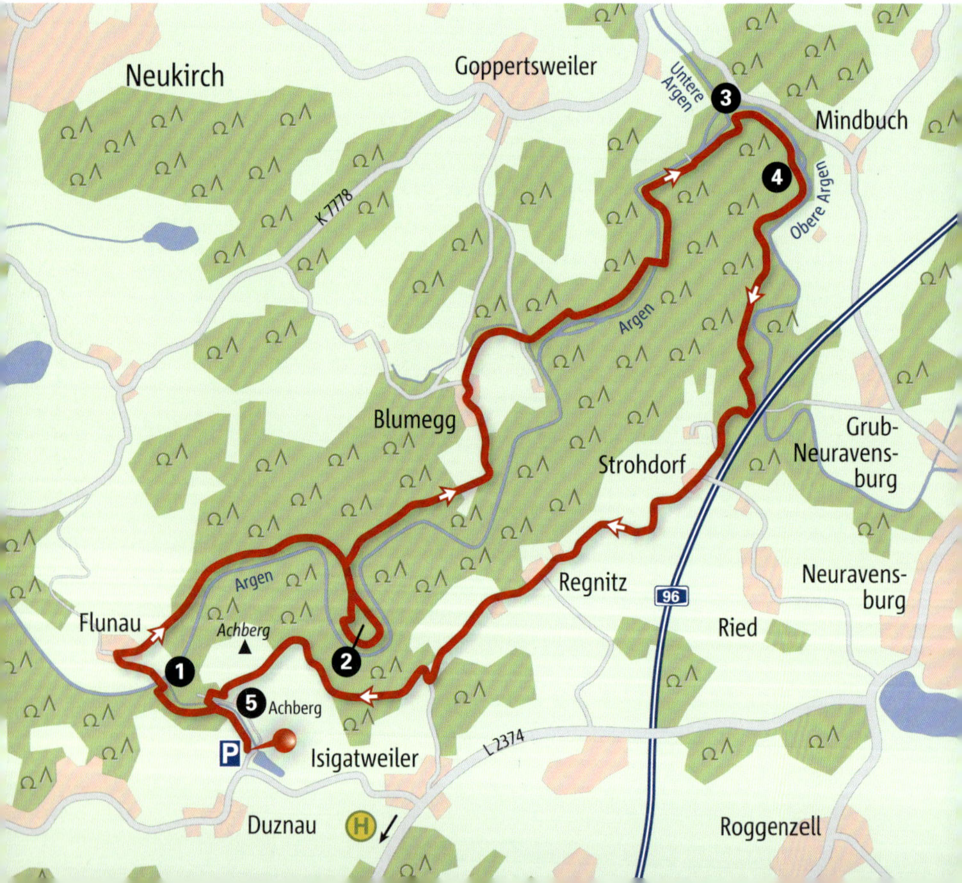

ALLES AUF EINEN BLICK

Entspannung ●●○○○

Abenteuer ●●●●●

Vielfalt ●●●●○

WIE & WANN

Schmale, teils steile Pfade, wenige gut befestigte Wanderwege und kaum befahrene Asphaltstraßen, streckenweise Trittsicherheit erforderlich; am schönsten von Mai bis Oktober

HIN & WEG

Auto: Gebührenfreier Parkplatz am Schloss Achberg, 88147 Achberg
ÖPNV: Bus 19 von Wangen und Lindau, Haltestelle Esseratsweiler, von dort 1,9 Kilometer zu Fuß über Duznau zum Ausgangspunkt

ESSEN & ENTSPANNEN

5 **Café im Schloss Achberg,** Achberg 2, 88147 Achberg, Tel. (01 51) 23 95 95 11, www.schloss-achberg.de

Für unterwegs Rucksackverpflegung/Picknick empfohlen!

ENTDECKEN & ERLEBEN

1 **Flunauer Steg**
2 **Flunauer Sack**
3 **Argenzusammenfluss**
4 **Waldrefugium**
5 **Schloss Achberg,** Tel. (07 51) 85 95 10, siehe ESSEN & ENTSPANNEN

Die GPS-Daten zu jeder Tour gibt es auf
www.droste-verlag.de

Konzeption/Satz: Droste Verlag, Düsseldorf
Einbandgestaltung: Britta Rungwerth, Düsseldorf, unter Verwendung von Bildern von © Fotolia.com: Andrey Kuzmin, undrey, dabost, niroworld; © www.shutterstock.com: lzf
Fotos: Kirsten Klahold
Textlektorat: Bernhard Edlmann, Raubling
Karten: Angelika Solibieda, Karlsruhe
Druck und Bindung: LUC GmbH, Greven

Alle Angaben in diesem Buch wurden sorgfältig recherchiert und geprüft. Für die Richtigkeit der Angaben, für etwaige Unfälle und Schäden jeglicher Art kann keine Haftung übernommen werden; die Nutzung erfolgt auf eigenes Risiko. Abweichungen, die nach Redaktionsschluss erfolgten, konnten im Buch nicht mehr berücksichtigt werden. Hinweise und Änderungen nehmen wir gern entgegen.

ISBN 978-3-7700-2395-0
www.droste-verlag.de

MIX
Papier | Fördert gute Waldnutzung
FSC® C011279
www.fsc.org